Mayer
Heim
Scheithauer

Papilio

Theorie und Grundlagen

Heidrun Mayer
Petra Heim
Herbert Scheithauer

Papilio®

Kinder
brauchen
Flügel

Ein Programm für Kindergärten zur Primärprävention
von Verhaltensproblemen und zur Förderung
sozial-emotionaler Kompetenz.
Ein Beitrag zur Sucht- und Gewaltprävention

Theorie und Grundlagen

beta Instituts Verlag

Herausgeber:
beta Institut für sozialmedizinische Forschung und Entwicklung gGmbH
Geschäftsführer: Horst Erhardt, Peter Walter, VS Vasudevan
Kobelweg 95, 86156 Augsburg • www.beta-institut.de

Redaktion und Koordination:
Heidrun Mayer und Andrea Nagl

Weitere Mitarbeiterinnen im Projekt:
Sabine Meir-Brenner, Dipl. Sozialpädagogin
Nicoletta Kling, Dipl. Sozialpädagogin
Maike Brandes, Dipl. Psychologin
Cornelia Stuhler, Assistentin der Projektleitung
Renate Weber, Teamassistentin
Renata Tukac, Dipl. Pädagogin

Umschlaggestaltung: AES Augsburg
Satz & Layout: Kay Niebank,
Fotos: Gregor Eisele, Alexander Kaya
Druck: skala druckagentur mailservice gmbh
Printed in Germany

ISBN 978-3-934942-06-6

Inhaltsverzeichnis

Ein Ganzes ist die Summe seiner Teile
Förderer und Projektpartner 8

Papilio – von der Idee zum Programm
Geschichte und Namenswahl CSR 11

Verantwortung tragen im Sinne unserer Kinder
Vorwort Horst Erhardt 13

Für unsere Kinder – mit unseren Kindern
Grußwort des Autorenteams 15

1 Einleitung 17

2 Theoretische Grundlagen 23

2.1 Sucht- und Gewaltphänomene unter Jugendlichen 25
2.1.1 Definition von Sucht 26
2.1.2 Definition von Aggression und Gewalt 29
2.1.3 Auftretenshäufigkeit von Sucht- und Gewaltproblemen 34
2.2 Entwicklung zu Sucht und Gewalt im Jugendalter 39
2.2.1 Entwicklungsbedingungen von Sucht und Gewalt: Risiko- und Schutzbedingungen in der Entwicklung von Kindern und Jugendlichen 41
2.2.2 Entwicklungsmodelle: Von Verhaltensproblemen und weiteren Risikobedingungen zu Sucht und Gewalt 49

2.3 Verhaltensprobleme bei Vorschulkindern 52
2.3.1 Aggressives Verhalten im Kindesalter 56
2.3.2 Sozial unsicheres Verhalten im Kindesalter 58
2.3.3 Konsequenzen von Verhaltensproblemen für die weitere Entwicklung 60
2.4 Emotionale, soziale Kompetenz und Entwicklungsaufgaben . 63
2.4.1 Emotionale Kompetenz 65
2.4.2 Soziale Kompetenz 69
2.4.3 Zusammenhang von sozialer und emotionaler Kompetenz.... 72
2.4.4 Einflussfaktoren auf die emotionale und soziale Kompetenzentwicklung von Kindern.................... 75
2.4.5 Entwicklungsaufgaben im Vorschulalter 84
2.5 Entwicklungsorientierte Prävention im Kindergarten 89
2.5.1 Was ist Prävention? 90
2.5.2 Was ist entwicklungsorientierte Prävention?............... 92

3 Papilio-Maßnahmen im Kindergarten 95

3.1 Ziele im Gesamtkontext............................ 99
3.2 Entwicklungsförderndes Erzieherinnenverhalten.......... 99
3.2.1 Theoretischer Hintergrund.............................. 103
3.2.2 Lernpsychologische Grundlagen 107
3.2.3 Inhalte des entwicklungsfördernden Erzieherinnenverhaltens 110
3.3 Kindorientierte Maßnahmen 117
3.3.1 Spielzeug-macht-Ferien-Tag........................... 117
3.3.2 Paula und die Kistenkobolde 123
3.3.3 Meins-deinsdeins-unser-Spiel........................... 132
3.4 Elternarbeit..................................... 139
3.4.1 Erziehungspartnerschaft 140
3.4.2 Bedeutung und Ziele der Elternarbeit bei Papilio 142
3.4.3 Elternabende... 144

3.5 Allgemeine Prinzipien der Umsetzung 147
3.5.1 Das Implementierungskonzept 148
3.5.2 Einführung im Kindergarten 156
3.5.3 Kooperation im Kindergartenteam 161
3.5.4 Die Rolle der Erzieherin im Papilio-Programm 164
3.5.5 Die Erzieherin im Spannungsfeld von
Verhaltensregulation und Interaktion 170
3.6 Perspektiven von Papilio im Gesamtkontext des
frühkindlichen Erziehungs- und Bildungsauftrags 177

4 Evaluation zum Programm Papilio 185
4.1 Zielsetzung der ALEPP 187
4.2 Studiendesign und Stichprobe 189
4.3 Verwendete Instrumente zur Datenerhebung 196
4.3.1 Elternbefragung (t_1 und t_3) 197
4.3.2 Erzieherinnenbefragung (t_1, t_2 und t_3) 200
4.3.3 Kinderbefragung (t_1, t_2 und t_3) 202
4.4 Erwartete Effekte 203
4.5 Ergebnisse 204
4.6 Zusammenfassung, Diskussion und Ausblick 214

Literaturverzeichnis 221

Das Autorenteam 241

Ein Ganzes ist die Summe seiner Teile

Projektpartner und Förderer

Ein Programm wie Papilio entsteht und gelingt nur durch die engagierte Zusammenarbeit und den Einsatz unterschiedlichster Partner, die an dieser Stelle genannt und gewürdigt werden sollen.

Wissenschaftliche Begleitung

Die Entwicklung sowie die Überprüfung des Programms auf Wirksamkeit und Machbarkeit gelangen durch die Beratung und konstruktive Zusammenarbeit mit den Wissenschaftlern verschiedener Fachbereiche, insbesondere Frau Dr. Beatriz Barquero-Santander, die die Evaluation engagiert und professionell in Augsburg leitete.

Dank gilt:

Universität Bremen

Prof. Dr. Dr. Franz Petermann und Prof. Dr. Ulrike Petermann, Zentrum für klinische Psychologie und Rehabilitation, Universität Bremen, für ihre beratende und unterstützende Arbeit im wissenschaftlichen Beirat. Den ehemaligen Mitarbeitern Frank Mehren, Kay Niebank für die Entwicklung des Studiendesigns und Dr. Ute Koglin für die Mitarbeit an der 1. Auflage dieses Buches.

Prof. Dr. Leonie Herwartz-Emden, Lehrstuhl für Elementarpädagogik, Universität Augsburg, für ihre Mitwirkung im wissenschaftlichen Beirat des Projekts.

Prof. Dr. Gabi Reimann und Dr. Frank Vohle, Lehrstuhl für Medienpädagogik, Universität Augsburg, für ihre Unterstützung in Medienpädagogischen Fragen.

Seit 2004 unterstützt Prof. Dr. Herbert Scheithauer (bis 2004 Universität Bremen), Arbeitsbereich Entwicklungswissenschaft & Angewandte Entwicklungspsychologie, Freie Universität Berlin, die wissenschaftliche Begleitung des Programms und die Programmevaluation.

Freie Universität Berlin

Kinderkulturpädagogik

Über die reine pädagogische Maßnahme hinaus entstand mit der Geschichte „Paula und die Kistenkobolde" in Zusammenarbeit mit der Augsburger Puppenkiste ein mitreißendes Stück Kinderkulturpädagogik.

Augsburger Puppenkiste®

Aus Peter Scheerbaums Feder stammt die bezaubernde Geschichte, mit deren Hauptfigur, der fünfjährigen Paula, sich Jungen und Mädchen gleichermaßen identifizieren können. Die Musiker Wolfgang Lackerschmid und Stefanie Schlesinger steuerten die Lieder bei, die inzwischen Tausende von Kindern begeistert singen. Jürgen Marschall von der Augsburger Puppenkiste gab den Kobolden ihre Gesichter und ihre Gestalt. Die Marionettenspieler der Augsburger Puppenkiste lassen mit ihrem ausdrucksvollen Spiel die Kobolde auf der Bühne lebendig werden.

Finanzielle Unterstützung

Papilio hätte weder entwickelt und evaluiert werden können, noch könnte es jetzt verbreitet werden, wenn nicht viele Partner ideelle Unterstützung leisten würden und auch bereit sind, sich finanziell zu beteiligen und zu engagieren.

Der wichtigste Projektpartner von Papilio ist die betapharm Arzneimittel GmbH mit ihrer Stiftung. Die betapharm unterstützte Papilio von der ersten Idee an. Sie finanzierte die Studie und Entwicklung zu einem Drittel

beta pharm STIFTUNG

und engagiert sich darüber hinaus anhaltend in der Verbreitung von Papilio in ganz Deutschland. Aus dem Engagement im Papilio-Projekt zieht die betapharm keinen direkten Nutzen, sondern sieht das als Teil ihrer unternehmerischen Verantwortung für die gesellschaftliche Entwicklung.

Zwei weitere Partner ermöglichten die Entwicklung und wissenschaftliche Evaluation von Papilio:

Das Bayerische Staatsministerium für Umwelt, Gesundheit und Verbraucherschutz trug seine finanziellen Mittel vor allem dazu bei, eine standardisierte Fortbildung für ErzieherInnen zu entwickeln.

Den dritten Part bei Entwicklung und Studie trug die BMW-Group im Rahmen ihres gesellschaftlichen Engagements zur Entwicklung und Bildung junger Menschen.

Das Unternehmen Playmobil stellte für die Kinderbefragung kostenlos Fahrzeuge zur Verfügung.

Die bundesweite Verbreitung von Papilio unterstützen vor allem zwei Stiftungen: die betapharm Stiftung und die Robert Bosch Stiftung. Außerdem wurden auf regionaler und Länderebene viele weitere Partner und Förderer gewonnen. Einen Überblick über alle Länder und die jeweiligen Papilio-Partner finden Sie auf www.papilio.de/werwannwo-deutschland.php.

Papilio – von der Idee zum Programm

Papilio geht zurück auf eine Initiative von Rotary-Clubs im Raum Rosenheim. Suchtprävention wurde bei Rotary bereits 1994 erstmals thematisiert, 1998 entstand die „Aktion Leben ohne Sucht und Gewalt für Kinder" (LOS). Sie wurde in der Pilotphase vom Rosenheimer Antidrogenmodell fachlich begleitet.

Zunächst trugen die Rosenheimer Rotary-Clubs LOS finanziell und ideell, 2001 erfolgte eine Ausweitung auf Distriktebene. In diesem Rahmen kam die Frage nach wissenschaftlicher Begleitung auf, um die Wirksamkeit von LOS zu überprüfen. Dafür wurde das beta Institut gewonnen.

In einer Vorstudie stellte das beta Institut in Zusammenarbeit mit Wissenschaftlern des Zentrums für klinische Psychologie und Rehabilitation in Bremen, Leitung Prof. Dr. Franz Petermann, fest, dass die vorhandenen LOS-Maßnahmen in ihrer beliebigen Zusammenstellung für eine vergleichende sozialwissenschaftliche Evaluation ungeeignet und Ergebnisse nicht messbar sein würden.

Das beta Institut entschied sich daraufhin zu einer Neuentwicklung. Gemeinsam mit den Wissenschaftlern der Universität Bremen wurden 2002 neue pädagogische Inhalte sowie ein Studiendesign entwickelt. Diese neuen Maßnahmen waren evidenzbasiert, d.h. sie waren bereits einzeln auf ihre Wirksamkeit überprüft. Zudem wurde Wert darauf gelegt, dass sie sich einfach umsetzen und in den Kindergartenalltag integrieren lassen.

Das Projektteam suchte lange nach einem geeigneten Namen für das wissenschaftlich fundierte und gleichzeitig spielerische Primärpräventionsprogramm. Der Name sollte möglichst beide Aspekte deutlich machen. Die entscheidende Idee hatte schließlich Thomas Erhardt, Auszubildender zum Veranstaltungskaufmann: Papilio, lateinisch für Schmetterling, steht für die Neugier und Unbeschwertheit, mit der Kinder das Leben entdecken. Die Entwicklung des Schmetterlings mit Ei, Raupe und Puppe erinnert an die lange Entwicklung, die Kinder durchlaufen. Gleichzeitig lässt sich Papilio im wissenschaftlichen Kontext als Name gut einprägen und zitieren.

2003 bis 2004 wurde die Papilio-Studie durchgeführt: „Augsburger Längsschnittstudie zur Evaluation des Programms Papilio (ALEPP)". Die Papilio-Maßnahmen wurden in der Modellregion Augsburg (Stadt und Landkreis Augsburg, Landkreis Aichach-Friedberg) in 25 Modellkindergärten eingeführt und mit 700 Kindern, deren Eltern und 100 ErzieherInnen auf ihre Wirksamkeit und Machbarkeit im Kindergartenalltag überprüft.

Die Ergebnisse der Evaluationsstudie waren positiv und überzeugten viele Pädagogen, Eltern, Politiker und Verantwortliche, so dass Papilio inzwischen bundesweit in vielen Kindergärten umgesetzt wird.

Verantwortung tragen im Sinne unserer Kinder

Sucht und Gewalt sind fehlgeleitete Verhaltensmuster und ungeeignete Strategien zur Lösung von Problemen. Sie entstehen oftmals bereits in frühester Kindheit. Sichtbar werden sie später im Jugend- oder auch erst im Erwachsenenalter, wenn es meist schon zu spät ist. Neben den gesundheitlichen und sozialen Folgeerscheinungen für einen suchtabhängigen Menschen entsteht daraus ein hoher volkswirtschaftlicher Gesamtschaden.

Deshalb liegt der beste Schutz vor einer Sucht- und Gewaltentwicklung bereits in den „Kinderschuhen". Schon im Kindergarten sollten Fertigkeiten entwickelt werden, einen angemessenen Umgang mit den eigenen Bedürfnissen und Problemen zu ermöglichen. Eine starke Persönlichkeit wehrt Ängste und Sorgen besser ab und entwickelt ein gesundes Selbstvertrauen. Auch der Umgang mit Konflikten muss gelernt werden, und zwar in einer für das einzelne Kind und seine Umgebung sinnvollen Art. Dies ist ein wichtiger Bestandteil hin zu einer psychosozial gesunden Persönlichkeitsentfaltung. Diese Kompetenzen erhöhen die Lebensqualität und verringern die Sucht- und Gewaltbereitschaft in allen Lebensabschnitten.

Selbstwert und Kreativität sind gerade im Kindesalter von hoher präventiver Wirkung. Der Kindergarten bietet einen geeigneten Rahmen für die Förderung jener Lebenskompetenzen, die das Kind benötigt, damit es mit diesen Einflüssen kritisch umgeht. Dadurch entsteht eine offene und für das Kind befriedigende Lösung: den Dingen wird auf den Grund gegangen und Gefühle werden gelebt statt unterdrückt. Dies wiederum ist Voraussetzung für ein befriedigendes Leben ohne Sucht und Gewalt.

Wir wünschen uns, mit Papilio einen Beitrag zu einer lebensbejahenden Zukunft leisten zu können – ganz im Sinne unserer Kinder.

Mit freundlichen Grüßen
Ihr

Horst Erhardt
Geschäftsführer beta Institut

Grußwort

Für unsere Kinder – mit unseren Kindern

Liebe LeserInnen,

zu diesem Buch haben uns Kinder motiviert – die Kinder, die Sie in einem wichtigen Lebensabschnitt im Kindergarten begleiten. Berufliche und persönliche Erfahrungen haben uns bewusst gemacht, welche lebenswichtigen Fähigkeiten und Fertigkeiten ein Kind in dieser Phase entwickeln muss, um künftigen Anforderungen und Aufgaben gewachsen zu sein.

Heranwachsende sind in unserer Gesellschaft immer mehr Risiken ausgesetzt. Dazu gehören zunehmend Sucht- und Gewaltphänomene. Bereits die Kindergartengruppe ist geeignet, jene Lebenskompetenzen zu fördern, die das Kind später braucht, um mit diesen Einflüssen selbstbewusst und kritisch umgehen zu können.

Papilio richtet sich daher an ErzieherInnen und erreicht auf diesem Weg die Kinder und Eltern. Papilio, lateinisch für Schmetterling, ist mit seiner Leichtigkeit für uns Sinnbild dessen, was wir Kindern wünschen: Fröhlich und unbeschwert den Tag zu entdecken und neugierig all das zu lernen, was zur Gestaltung eines positiven Lebensweges wichtig ist.

Das Papilio-Programm will alle unterstützen, die ihre Erziehungsaufgabe verantwortlich und wertschätzend wahrnehmen. Es enthält praxiserprobtes Handwerkszeug, um Kindern hohe soziale und emotionale Kompetenz zu vermitteln. Gleichzeitig ist es uns wichtig, mit Papilio Aufmerksamkeit zu erregen. Papilio soll in der bildungs- und gesundheitspolitischen Diskussion die Bedeutung der Elementarpädagogik stärken und die Schlüsselrolle der ErzieherInnen in der allgemeinen und der politischen Wahrnehmung bewusster machen.

In diesem Sinne wünschen wir uns, dass möglichst viele ErzieherInnen, SozialpädagogInnen und andere pädagogische Fachkräfte dieses Handbuch lesen und das Papilio-Programm mit Freude und Engagement zum Wohle unserer Kinder und deren Familien umsetzen.

Für das Projekt-Team

Heidrun Mayer
beta Institut
Projekt- und Studienleitung

Prof. Dr. Herbert Scheithauer
Freie Universität Berlin

Petra Heim
beta Institut
Implementierung

1 Einleitung

Sucht und Gewalt als Themen in der Elementarpädagogik – Was soll das?

Diese Frage taucht unwillkürlich auf, denn Substanzmissbrauch, -abhängigkeit und aggressiv-dissoziales Verhalten – so die genaueren fachlichen Bezeichnungen – zeigen Kinder im Kindergartenalter tatsächlich *nicht*.

Trotzdem haben wir uns dieses Themas angenommen, denn empirische Befunde aus Studien belegen, dass es sinnvoll ist, den Risiken, die bei älteren Kindern und Jugendlichen zu Substanzmissbrauch und aggressiv-dissozialem Verhalten führen können, möglichst schon im frühen Kindesalter vorzubeugen. Wir sollten uns zudem bereits in diesem Alter mit den entgegenwirkenden Schutzfaktoren befassen, die Kinder in ihrer Entwicklung unterstützen und beispielsweise auch das Erzieherinnenverhalten darauf abstimmen. Denn, wenn Kinder eine hohe soziale und emotionale Kompetenz entwickeln, können Sie sich später besser negativen Einflüssen selbstbewusst und kritisch stellen.

Primärprävention auf drei Ebenen

Papilio richtet sich primärpräventiv an Kinder im Kindergartenalter, um bereits hier der Entwicklung von Problemverhaltensweisen vorzubeugen und gleichzeitig aggressiv-dissoziales und sozial unsicheres Verhalten zu vermindern. Wir sprechen immer vom Kindergarten, denn das Programm zielt auf die Alterstufe der 3- bis 7-Jährigen.

Im Unterschied zu anderen Präventionsprogrammen bietet Papilio ein Drei-Ebenen-Programm: In erster Linie wendet sich Papilio an die ErzieherInnen. Diese wirken als VermittlerInnen und setzen im zweiten Schritt die kindorientierten Maßnahmen im pädagogischen Alltag um.

Auf der dritten Ebene unterstützen sie die Eltern in deren entwicklungsförderndem Erziehungsverhalten.

Einfach und dauerhaft

Besonders wichtig ist, dass die Papilio-Maßnahmen einfach, ohne große Umstrukturierung und finanziellen Aufwand, in den pädagogischen Alltag eingeführt und zu festen Bestandteilen werden können. Das Programm ist so konzipiert, dass die ErzieherInnen auch nur ein Papilio-Jahr durchführen könnten. Sinnvoller und wesentlich effektiver ist es, die Papilio-Maßnahmen als einen festen Bestandteil in die Konzeption und tägliche Arbeit aufzunehmen. Die Entscheidung treffen das pädagogische Personal und der Träger, ggf. im Gespräch mit den Eltern. TrainerInnen unterstützen die ErzieherInnen fachlich bei der Einführung und Umsetzung vor Ort. Die Erfahrung zeigt zudem, dass sich die KollegInnen in der Praxis untereinander vernetzen und einen regen Austausch pflegen. Wir sehen es als einen andauernden Prozess, das eigene Verhalten zu reflektieren und sich gegenseitig und die Eltern in einem entwicklungsfördernden Erziehungsverhalten zu unterstützen.

Der Aufbau

Das vorliegende Buch stellt zunächst theoretische Grundlagen zu den Themen Sucht, Gewalt und Prävention dar (Kapitel 2). Um die dem Programm zugrunde liegende Präventionstheorie zu verstehen und um die Zusammenhänge zwischen präventivem Handeln im Kindergarten einerseits und möglichen positiven Auswirkungen in der kindlichen Entwicklung bis ins Jugendalter hinein andererseits zu verdeutlichen, spannen wir zunächst einen weiten Bogen: wir beginnen bei den Problemen im Jugendalter und gehen in der Darstellung langsam auf der Zeitachse zurück bis zu den Ursprüngen von Sucht- und Gewaltproblemen, die bis ins frühe Kindesalter, bis in die Kindergartenzeit hinein zurückreichen können. Die Begrifflichkeiten werden definiert und eingegrenzt, damit einheitliche Termini zugrunde liegen. Dabei ruht der Schwerpunkt darauf, die Einbettung des Programms in die Bewältigung wesentlicher Entwicklungsaufgaben im Kindesalter und die zu fördernden Schutzbedingungen darzustellen. Hieraus ergibt sich der Ansatz der entwicklungsorientierten Prävention. In diesem Zusammenhang werden die Ziele und damit die Bedeutung der Elementarpädagogik dargestellt.

Der dann folgende Teil stellt das Papilio-Programm im Zusammenhang vor (Kapitel 3). Vordergründig sind hierbei die einzelnen Bausteine sowie deren Ziele und theoretischen Hintergründe. Es wird erklärt, weshalb welche Maßnahmen ausgewählt worden sind und wie sie in der Praxis verwendet und umgesetzt werden können. Besonders berücksichtigt wird das System, in dem sich das Kind befindet. Eine Vernetzung der einzelnen Ebenen, Kooperationen und die Einführung im Kindergarten bzw. in der Kindergruppe erweisen sich in der Praxis als hilfreich und für den Erfolg zielführend.

Weitere Hintergründe und Grundlagen liefert die wissenschaftliche Begleitstudie zum Programm: Die Augsburger Längsschnittstudie zur Evaluation des Programms Papilio (ALEPP) (Kapitel 4). Dabei geht es nicht um „trockene Statistik", vielmehr wird veranschaulicht, wie eng verknüpft und sinnvoll-bereichernd Praxis und Wissenschaft zusammengearbeitet haben: Das erklärt, warum das Papilio-Programm praxisnah sein kann und sich gleichzeitig durch hohe wissenschaftliche Qualität auszeichnet.

Das gesamte Papilio-Programm

Das vorliegende Buch beschreibt die Grundlagen des Papilio-Programms und dient als Basis für die Fortbildung im Papilio-Programm. Weitere Publikationen ergänzen das Handbuch zu einem umfassenden Fortbildungssystem:

- *Papilio-Praxis- und Methodenhandbuch.* Zertifizierte Papilio-TrainerInnen vermitteln und vertiefen die Inhalte in Seminaren und erarbeiten anhand des Papilio-Praxis- und -Methodenhandbuchs die Umsetzung der Maßnahmen Schritt für Schritt: Das Praxis- und Methodenhandbuch unterstützt die Erzieherin und gibt ihr ein Repertoire von Ideen und Tipps an die Hand, die alle bereits in der Praxis erprobt wurden.
- *Trainerhandbuch.* Für angehende Trainer wird das Theorie- und Grundlagenbuch durch ein Trainerhandbuch ergänzt, das die Inhalte vertieft und Qualitätsmerkmale für die einzelnen Teile der Fortbildung vermittelt.
- *Elternmaßnahme.* Das Papilio-Programm beinhaltet zudem eine Elternmaßnahme, welche sich explizit mit der erziehungsfördernden Arbeit der Eltern beschäftigt.
- *Praxismaterialien.* Zur Unterstützung der Durchführung des Programms sind eine Reihe von Praxismaterialien entwickelt worden, die die Arbeit im Kindergarten – aber auch im häuslichen Umfeld – ermöglichen: z.B. ein Vorlesebuch oder eine Hörspiel-CD.

Wir bitten alle männlichen Kollegen um Verständnis, wenn wir im fortlaufenden weiterhin von Erzieherinnen sprechen, da die Mehrzahl der pädagogischen Mitarbeiterinnen im Kindergarten Frauen sind und wir den Lesefluss durch Schrägstriche und Klammern nicht unnötig beeinträchtigen möchten. An anderer Stelle übernehmen wir im Weiteren die männliche Form (z.B. Trainer).

2 Theoretische Grundlagen

Mit der Darstellung der theoretischen Grundlagen zu Papilio soll verdeutlicht werden, wie ein Programm zur Förderung sozial-emotionaler Kompetenz und zur Prävention von frühen Verhaltensproblemen langfristig einen Beitrag zur Sucht- und Gewaltprävention leisten kann.

Zunächst wird auf die Phänomene „Sucht" und „Gewalt" im Jugendalter eingegangen, um zu verdeutlichen, dass es sich um das negative Ergebnis eines Entwicklungsweges handeln kann, also mögliche Risikobedingungen für eine solche Entwicklung bereits in der frühen Kindesentwicklung zu finden sind. Anschließend wird die emotionale und soziale Entwicklung von Kindern im Kindergartenalter behandelt. Dabei wird sowohl die „normale" Entwicklung als auch die Entwicklung hin zu Verhaltensproblemen. beschrieben So genannte Entwicklungsmodelle (vgl. Petermann, Niebank & Scheithauer, 2004) verdeutlichen dabei die Verbindungen zwischen frühen Verhaltensproblemen bei Kindern und Substanzkonsum/-missbrauch (bezogen auf Alkohol und Drogen) sowie aggressivem und delinquentem bis hin zu gewalttätigem oder kriminellem Verhalten im Jugendalter. Schließlich werden Grundaspekte so genannter entwicklungsorientierter Prävention beschrieben, denn auch das Papilio-Programm kann als entwicklungsorientierte Prävention von Sucht und Gewalt verstanden werden.

2.1 Sucht- und Gewaltphänomene unter Jugendlichen

Die Folgen von Sucht- und Gewaltproblemen im Jugendalter sind für die Betroffenen – abgesehen von den Opfern gewalttätigen Verhaltens – meist erheblich. Das Jugendalter ist eine besonders kritische Entwicklungsphase, in der sich Jugendliche verstärkt mit den Regeln und Grenzen der Gesellschaft und ihres sozialen Umfeldes auseinander setzen und die Weichen für ihre persönliche und berufliche Zukunft stellen müssen. Probleme mit Sucht und Gewalt können – neben gesundheitlichen Folgen – die Jugendlichen daran hindern, diese wichtigen Entwicklungsschritte zu bewältigen; Sucht- und Gewaltprobleme können so die weitere Entwicklung nachhaltig negativ beeinflussen. Betroffene Jugendliche haben oft Schwierigkeiten in der Schule. Sie erzielen schlechtere Leistungen und bleiben vermehrt unentschuldigt dem Unterricht fern (Armstrong & Costello, 2002). Als Folge davon haben sie größere Schwierigkeiten, später einen Ausbildungsplatz zu erhalten und einen Beruf zu erlernen. Aufgrund dieser nachhaltig negativen Effekte auf die weitere körperliche und psychosoziale Entwicklung von Jugendlichen und die bislang nur geringe bis moderate Wirksamkeit präventiver und therapeutischer Maßnahmen, die sich an *Jugendliche* richten (Botvin, 2000), wird empfohlen, bereits im Kindesalter präventive Maßnahmen anzubieten und diese günstiger Weise mit speziellen Ansätzen im Jugendalter zu kombinieren (Botvin, 2000; Loeber & Farrington, 1998; Yoshikawa, 1994; vgl. Scheithauer, Petermann, Meyer & Hayer, 2005).

Mit den Begriffen „Sucht" und „Gewalt" werden dabei in der Regel viele unterschiedliche Probleme und Verhaltensweisen verbunden. Dieses Kapitel will die Begriffe Sucht und Gewalt genau definieren. Dies ist für die Präventionsarbeit besonders wichtig, denn nur wenn deutlich ist, worauf die Präventionsarbeit abzielen soll, können die Maßnahmen genau geplant werden.

2.1.1 Definition von Sucht

Der Begriff „Sucht" wird meist mit Alkohol oder Drogen verbunden. Zunehmend werden aber weitere Suchtformen öffentlich wahrgenommen (z.B. Glücksspielsucht). Das vorliegende Programm zielt langfristig besonders auf Probleme im Umgang mit Alkohol und Drogen, also Substanzen ab. Die Beschreibung und die Definition von Sucht werden sich daher auf Schwierigkeiten im Umgang mit diesen Substanzen beziehen.

Es gibt viele Versuche, Sucht zu definieren und viele Definitionen werden aufgrund der Definitionsbreite (z.B. Schwierigkeit der Abgrenzung von Suchtmitteln zu Genussmitteln, wie Kaffee) kritisiert. Die Schwierigkeit, diesen Begriff exakt zu erklären, begründet sich u. a. darin, dass es viele verschiedene Substanzen (z.B. Alkohol, Haschisch, Klebstoffe) gibt, die Süchte hervorrufen können. Ferner kann der *gelegentliche Konsum* bestimmter Substanzen unproblematisch sein (z.B. Alkohol), während er bei anderen Substanzen (z.B. bei Ecstasy) aufgrund der möglichen negativen Folgen schon als problematisch bezeichnet werden muss. Es ist daher nicht immer einfach, zu entscheiden, welches Verhalten als *Substanzmissbrauch* oder in stärkerer Form als Sucht (*Substanzabhängigkeit*) zu bezeichnen ist und welches als gelegentlicher, kontrollierter Konsum. Zudem muss die Beurteilung, ob der Konsum bestimmter Substanzen problematisch ist oder nicht, immer das Alter des Konsumenten berücksichtigen. So ist der gelegentliche Konsum von Alkohol bei einem Vierzehnjährigen anders zu bewerten als bei einem Achtzehnjährigen.

Sucht stellt ein psychisches Problem dar, dass in der Regel mit sekundär auftretenden körperlichen und sozialen Folgen einhergeht. Sucht ist gekennzeichnet durch einen eigengesetzlichen Ablauf und durch den fortschreitenden Verlust freier Handlungsfähigkeit und Kontrolle über das eigene Verhalten. „Sucht liegt dann vor, wenn eine prozesshafte Abfolge in sich gebundener Handlungen kritisch geprüfte, sorgfältige und folgerichtig gesteuerte Handlungsabläufe ersetzt" (Wanke & Täschner, 1985, S. 13).

Sucht zeigt sich als latente Suchthaltung, also als eine Haltung, die sich der Einschätzung durch die betreffenden Personen entzieht oder von diesen nicht vorgesehen war, und als süchtiges Verhalten. Ein Suchtverhalten liegt vor, wenn dieses zu einem eigendynamischen, zwanghaften Verhalten wird. Suchthaltungen als Folgen beispielsweise von mangelndem Selbstvertrauen und Minderwertigkeitsgefühlen oder von Ängsten werden meist bereits in der Kindheit und im Jugendalter erworben.

Papilio greift zur Definition des Suchtbegriffs auf die Ausführungen der Weltgesundheitsorganisation (WHO) zurück. Diese unterscheidet in der Internationalen Klassifikation psychischer Störungen (ICD-10; WHO, 1993) bei den Störungen durch psychotrope Substanzen zwei hier besonders relevante Störungen:

- *Störung durch den schädlichen Gebrauch von Substanzen* und
- Störung durch die Abhängigkeit von Substanzen: *Abhängigkeitssyndrom.*

Kasten 2.1: Unterscheidung zwischen schädlichem Gebrauch von Substanzen und einem Abhängigkeitssyndrom (Substanzabhängigkeit) nach ICD-10.

Ein **schädlicher Gebrauch von Substanzen** liegt vor wenn:

> „ein Konsummuster psychotroper Substanzen, ... zu einer Gesundheitsschädigung führt. Diese kann eine körperliche Störung, ... oder eine psychische Störung..." sein (WHO, 1993, S. 91).

Ein Konsum wird als schädlich angesehen, wenn er zu gesundheitlichen Problemen führt. Dazu gehören körperliche oder psychische Probleme, die zudem häufig zu Kritik von Personen aus dem sozialen Umfeld des Betroffenen führen. Von „schädlichem Gebrauch" wird nur gesprochen, wenn dieser längere Zeit besteht. Als zeitlicher Rahmen wird ein wiederholter schädlicher Konsum über einen Zeitraum von einem Monat angegeben.

Das **Abhängigkeitssyndrom** (Substanzabhängigkeit) ist hingegen charakterisiert durch ein Muster körperlicher, verhaltensbezogener und kognitiver Symptome:

- Starkes Verlangen oder Zwang, die Substanz zu konsumieren

- Verminderte Kontrolle über den Substanzgebrauch
- Körperliche Entzugssymptome, wenn weniger oder gar nichts von der Substanz konsumiert wurde
- Toleranzentwicklung gegenüber den Effekten der Substanz
- Aufgabe oder Vernachlässigung wichtiger Interessen
- Anhaltender Substanzkonsum trotz eindeutig schädlicher Folgen

Liegen von diesen Symptomen innerhalb von zwölf Monaten drei vor, kann von einem Abhängigkeitssyndrom ausgegangen werden.

Diese Definitionen der WHO machen deutlich, dass in der Regel nicht aufgrund eines einmaligen Konsums von Substanzen beurteilt werden kann, ob eine Person Probleme im Umgang mit Alkohol oder Drogen hat – unabhängig von der Gefährlichkeit des einmaligen Konsums bestimmter Substanzen. Wichtig ist, ob eine Person aufgrund des Substanzkonsums eine körperliche, psychische oder psychosoziale Schädigung erfährt.

2.1.2 Definition von Aggression und Gewalt

Die Begriffe „Aggression" und „Gewalt" werden im Alltag häufig gleichbedeutend verwendet und miteinander vertauscht. Auch die Forschungsliteratur führt viele unterschiedliche Definitionen an, so dass es sinnvoll ist, an dieser Stelle Definitionen von Aggression und Gewalt zu geben, auf die wir uns im Papilio-Programm beziehen.

Aggression

Zur Beschreibung dessen, was wir unter Aggression verstehen, lassen sich drei Ebenen unterscheiden (vgl. Scheithauer, 2003), die im Kasten 2.2 dargestellt sind.

Kasten 2.2: Die drei Ebenen von Aggression (nach Scheithauer, 2003).

Motivationale Ebene. Es liegt die Absicht vor, jemanden direkt oder indirekt zu schädigen, z.B. Zerstören von Sachen, die der Person gehören.

Emotionale Ebene. Mit Aggression gehen Emotionen einher, wie zum Beispiel Ärger. Auch Angst kann zu einem aggressiven Verhalten führen (im Sinne eines Verteidigungsverhaltens).

Verhaltensebene. Aggression kann sich auf der Verhaltensebene sehr unterschiedlich äußern und reicht von Schlagen, Treten, Türen knallen (offen-körperlich) bis hin zu Schimpfen (verbal) oder eine andere Person aus der sozialen Gruppe ausschließen und Gerüchte über sie verbreiten (relationale, also „Beziehungsaggression").

Den meisten Aggressionsdefinitionen gemein ist, dass sie sich auf ein Verhalten beziehen, das darauf abzielt, jemanden zu schädigen. Aggressives Verhalten bleibt dabei nicht auf körperlich-aggressives Verhalten beschränkt, sondern kann auch indirekt, über das absichtliche Zerstören von Gegenständen, oder auf der Beziehungsebene, durch das absichtliche Ausschließen anderer Personen, gezeigt werden. Offen-aggressives Verhalten lässt sich in der Regel besser beobachten als beispielsweise indirekte Aggression (z.B. ein anderes Kind bei beliebten Aktivitäten nicht mitspielen zu lassen). Diese auf der Beziehungsebene angesiedelte Form der Aggression, auch relationale Aggression genannt, wird häufig von Mädchen gezeigt (Crick & Grotpeter, 1995); sie ist allerdings auch bei Jungen zu beobachten. Jungen zeigen dabei häufiger als Mädchen in intensiver Form in Kombination *sowohl* körperlich- *als auch* relational-aggressives Verhalten (Scheithauer, 2003; 2005). Die Beobachtung aggressiven Verhaltens erweist sich – insbesondere bei Jungen – zudem als schwierig, da aggressives Verhalten oftmals von Beobachtern mit Tobespielen verwechselt wird (s. Kasten 2.3).

relationale Aggression ▶

Kasten 2.3: Abgrenzung von Aggression und Tobespielen.

Tobespiele ...
... erweisen sich oft als „scheinbar aggressives Verhalten", sind jedoch vom aggressiven Verhalten abzugrenzen. Sie werden besonders gerne von Jungen gespielt und beinhalten Verhaltensweisen wie Ringen, Festhalten und andere Verfolgen, aber mit spielerischer Absicht. Die etwas wilden oder rauen Spiele sind zunächst nicht negativ zu bewerten, denn sie haben durchaus einen positiven Effekt auf die sozialen Beziehungen der Kinder. Sie dienen u.a. dem Erhalt der Freundschaft und drücken oft eine Bindung und Intimität zum Spielpartner aus (Pellegrini, 1988; Reed & Brown, 2001).

Die Ausdrucksformen aggressiven Verhaltens sind jedoch nicht nur vom Geschlecht abhängig, es können auch entwicklungsbedingte Veränderungen beobachtet werden (vgl. Scheithauer, 2003; Scheithauer & Petermann, 2004). So wenden junge Kinder vermehrt körperlich aggressives Verhalten an. Dieses nimmt mit wachsenden kognitiven Fähigkeiten und verbalen Fertigkeiten bis zum Schulalter ab (Tremblay, 2000). Es kann zunehmend dissoziales Verhalten wie Lügen und Stehlen, aber auch bei einigen Kindern ein grausames Verhalten gegenüber anderen Kindern oder gegenüber Tieren auftreten (Loeber & Hay, 1997). Ab dem frühen Jugendalter treten zunehmend auch delinquente Verhaltensweisen auf.

Aggressives und/oder dissoziales Verhalten umfasst eine Vielzahl unterschiedlicher Verhaltensweisen und reicht im Jugendalter von körperlicher Aggression bis hin zu Delinquenz und Substanzmissbrauch. Bei den interventionsbedürftigen Formen aggressiv-dissozialen Verhaltens werden beispielsweise nach dem Diagnostischen und Statistischen Manual Psychischer Störungen (DSM-IV) oder der Internationalen Klassifikation Psychischer Störungen (ICD) die Störung des Sozialverhaltens (SSV) und die Störung mit Oppositionellem Trotzverhalten (SOT) unterschieden. Im Kapitel 2.3 gehen wir im Zusammenhang mit Verhaltensproblemen auf Störungen im Kindesalter ein, die mit oppositionellem oder mit aggressivem bzw. aggressiv-dissozialem Verhalten einhergehen.

Gewalt

Der Begriff „Gewalt" wird oft ausschließlich auf Verhalten bezogen, welches auf eine physische Schädigung abzielt. Fast allen Definitionen von zwischenmenschlicher Gewalt liegt zugrunde, dass es sich um Verhaltensweisen handelt, die anderen Personen körperliche Schäden zufügen (vgl. Repucci, Fries & Schmidt, 2002). Gewalt beinhaltet beispielsweise nach Kruttschnitt (1994) die in Kasten 2.4 dargestellten Elemente.

Kasten 2.4: Elemente zwischenmenschlicher Gewalt (nach Kruttschnitt, 1994).

Elemente zwischenmenschlicher Gewalt

- Verhaltensweisen einer oder mehrerer Personen, die zu einer körperlichen Schädigung führen, diese androhen bzw. eine körperliche Schädigung versuchen, d.h. eine Gewalttat muss nicht konkret ausgeführt worden sein.
- Intention einer körperlichen Schädigung (ausgeschlossen sind demnach Fahrlässigkeit und Rücksichtslosigkeit).
- Eine/mehrere Personen, an die sich die Verhaltensweisen richten (Opfer).

Nach Nolting (2001) bezieht sich Gewalt auf schwerwiegende Formen aggressiven Verhaltens, die zumeist in körperlicher Form in Erscheinung treten. Demnach wäre Gewalt eine Steigerung der Aggression. *Mit Gewalt muss aber auch körperliche oder psychische Macht einhergehen*, d.h. wenn eine körperlich/sozial stärkere eine körperlich/sozial schwächere Person bedroht oder schädigt, spricht man von Gewalt (Selg, Mees & Berg, 1997). Eine besondere Form gewalttätigen Verhaltens in diesem Sinn ist das so genannte Bullying (Kasten 2.5), das in Gruppen auftreten kann, zum Beispiel in Schulklassen, aber auch schon in Kindergartengruppen.

Kasten 2.5: Bullying als eine Form von Gewalt.

Bullying ...
... umfasst wiederholt ausgeführte negative Handlungen (z.B. körperliche Übergriffe, Spott, sozialer Ausschluss) einer oder mehrerer Personen gegenüber einer anderen Person über einen längeren Zeitraum, mit dem Ziel der betreffenden Person Schaden zuzufügen. Dabei muss ein Ungleichgewicht in der Stärke zwischen Opfer und Täter/n zu Ungunsten des Opfers bestehen (Scheithauer, Hayer & Petermann, 2003). Die häufigsten Formen von Bullying sind Spotten und Beschimpfen, gefolgt von Schlagen, Bedrohen und Gerüchte verbreiten, aber auch der Ausschluss aus der Gruppe. Bullying weist somit große Überschneidungen zum Aggressions- bzw. Gewaltbegriff auf, beschreibt jedoch bestimmte Merkmale, die darüber hinausgehen.

Es werden zuweilen unterschiedliche Begriffe für das Phänomen Bullying verwendet. So spricht man in Deutschland auch von psychischer Gewalt, vom Mobbing oder vom Schikanieren, in Österreich vom Sekkieren und in der Schweiz vom Plagen. Die Arbeitsgruppe um Françoise Alsaker (2003) konnte eindrucksvoll zeigen, dass Bullying bzw. Plagen auch schon im Kindergarten auftritt und dass man diesem mit entsprechenden Maßnahmen entgegen wirken kann.

In dieser kurzen Darstellung wird deutlich, dass der Begriff „Gewalt" oftmals in sehr unterschiedlicher Bedeutung verwendet wird. Wir gehen davon aus, dass Gewalt jede Form von körperlicher oder psychischer Schädigung oder die Androhung einer solchen Schädigung beschreibt. Das Opfer, gegen das sich Gewalt richtet, ist körperlich und/oder psychisch schwächer, kann sich also gegen den/die Täter nicht wehren, möchte aber die gewalttätige Handlung vermeiden (deshalb spricht man z.B. nicht von Gewalt, wenn man eine möglicherweise schmerzhafte Zahnbehandlung beim Zahnarzt über sich ergehen lassen muss).

2.1.3 Auftretenshäufigkeit von Sucht- und Gewaltproblemen

Suchtprobleme

Betrachtet man die Häufigkeit des Konsums verschiedener Substanzen in der Allgemeinbevölkerung, wird das Ausmaß des Problems deutlich. Die Deutsche Hauptstelle für Suchtfragen e.V. (DHS) stellt regelmäßig auf Ihrer Internetseite aktuelle Befunde zusammen[1]:

- Nach Schätzungen des IFT München aus dem Jahre 2005 weisen ca. 10,4 Mio. Personen einen riskanten Alkoholkonsum auf, zeigen 1,7 Mio. Personen einen Substanzmissbrauch und weisen ca. 1,7 Mio. Personen eine Alkoholabhängigkeit auf.
- Beim Tabakkonsum lassen sich 13,1 Mio. Personen mit riskantem Konsum und 4,3 Mio. Personen mit einer Abhängigkeit anführen.
- Bei der Medikamentenabhängigkeit sind es ca. 1,9 Mio. Personen.
- Schätzungsweise konsumieren ca. 250.000 bis 300.000 Personen illegale Drogen (ohne Cannabis), weisen 275.000 Personen einen riskanten Konsum und 175.000 Personen eine Abhängigkeit von Opiaten auf. 140.000 Personen weisen einen Cannabismissbrauch und 240.000 Personen eine Cannabisabhängigkeit auf.
- Nach Schätzungen des Bundesministeriums für Gesundheit liegen allein die Kosten alkoholbezogener Krankheiten (ohne Kriminalität und intangible Kosten) pro Jahr bei ca. 20,6 Mrd. €, wobei sich der größte Teil des volkswirtschaftlichen Schadens auf die alkoholbezogene Sterblichkeit bezieht. Hinzu kommen die jeweils im zweistelligen Milliarden-Bereich liegenden Kosten im Zusammenhang mit anderen Substanzen (Tabak, Drogen etc.).

---

[1] http://www.optiserver.de/dhs/daten_zahlen.html (Zugriff: 20.09.2006)

Der Konsum von Alkohol ist auch bereits im Jugendalter weit verbreitet. Neben den Jugendlichen, die einen angemessenen Umgang mit Alkohol erlernen, gibt es auch Jugendliche, die dies nicht schaffen: Sie trinken zu häufig und/oder zu viel (z.B. so genanntes binge drinking), so dass sie Schwierigkeiten mit der Gesundheit, der Bewältigung von Alltagsanforderungen, ihren Bezugspersonen oder sogar mit dem Gesetz bekommen. Ein Maß zur Beurteilung des Ausmaßes betroffener Jugendlicher sind Prävalenzraten, die im Rahmen von epidemiologischen Studien ermittelt werden. Sie geben an, wie viel Prozent bestimmter Bevölkerungsgruppen zu einem bestimmten Zeitpunkt von Krankheiten oder Störungen – wie zum Beispiel *Substanzmissbrauch und -abhängigkeit*, betroffen sind. In einer nationalen Befragung gaben 95% der 14- bis 18-Jährigen an, bereits Alkohol konsumiert zu haben (Holly, Türk, Nelson, Pfister & Wittchen, 1997). Alkoholkonsum ist im Jugendalter eher die Regel denn die Ausnahme. Nach einer Repräsentativbefragung der Bundeszentrale für gesundheitliche Aufklärung (2001) haben lediglich 8% der Jugendlichen in Deutschland im Hinblick auf Alkohol bisher völlig abstinent gelebt. 30% der 12- bis 25-Jährigen gehören zu regelmäßigen Konsumenten, d. h. sie trinken mindestens einmal in der Woche Alkohol (Wittchen, Lieb & Perkonigg, 1999). Dabei sind Jungen und Mädchen in gleicher Weise betroffen (Ittel, Begann & Scheithauer, im Druck). In der Bremer Jugendstudie konnte für Jugendliche ab dem 12. bis zum 17. Lebensjahr festgestellt werden, dass 12,3% der Jugendlichen Probleme durch schädlichen Konsum oder Substanzabhängigkeit aufwiesen, davon 9,3% durch Alkohol und 6,9% durch illegale Drogen (vgl. Essau, Stigler & Scheipl, 2002).

Die Häufigkeit und das Ausmaß des Alkoholkonsums erfahren im Jugendalter einen besonders starken Anstieg, erreichen im frühen Erwachsenenalter ihren Höhepunkt und nehmen dann wieder ab (Kandel & Yamaguchi, 1999; White, Bates & Labouvie, 1998; Windle, 1995; Wittchen, Höfler, Perkonigg, Sonntag & Lieb, 1998).

Es gibt verschiedene entwicklungsbedingte Gründe für den Anstieg des Alkoholkonsums (und des Konsums anderer Substanzen) im Jugendalter, die von Freitag und Hurrelmann (1999) an anderer Stelle ausführlich diskutiert werden und den Bedarf an frühzeitiger Intervention und Prävention des Alkoholkonsums Jugendlicher verdeutlichen. Ein Grund dafür ist u. a. in der besonderen gesellschaftlichen Funktion von Alkohol zu sehen. So wird beispielsweise zu bestimmten Feierlichkeiten oder zu besonderen Anlässen regelmäßig Alkohol konsumiert, um die Bedeutung eines Ereignisses zu unterstreichen. Die meisten Jugendlichen probieren Alkohol erstmals im Kreis der Familie, während Erfahrungen mit illegalen Drogen in der Regel im Kontext der Peergruppe gesammelt werden. Besonders bemerkenswert ist, dass das Einstiegsalter beispielsweise beim Rauchen bereits ab dem Alter von 11 Jahren zu ermitteln ist; in diesem Alter sammeln Jugendliche auch erstmalig Erfahrungen mit Alkohol. Zudem werden Jugendliche zunehmend als Konsumenten von der Industrie „entdeckt" und spezielle Produkte entwickelt (z.B. Modedrinks, wie die so genannten Alkopops), die von Jugendlichen bevorzugt konsumiert werden.

Der gemeinschaftliche Alkoholkonsum – aber auch der Konsum anderer Substanzen – eröffnet zudem für einige Jugendliche den Zugang zu gemeinschaftlichen Erlebnissen in der für sie wichtigen Gleichaltrigengruppe. Letztlich besteht auch die Möglichkeit, dass Jugendliche Alkohol und andere Substanzen konsumieren, um sich von Erwachsenen abzugrenzen, d.h., dass der gemeinschaftliche Konsum von Alkohol oder anderen Substanzen

- den Jugendlichen ein gemeinschaftliches Gefühl gibt,
- ihnen den Zugang zur Gleichaltrigengruppe und zu jugendlichen Subkulturen sowie
- die Abgrenzung von Erwachsenen erleichtert.

Dies bedeutet, dass Jugendliche in unserem Kulturkreis einen angemessenen Umgang mit Alkohol und anderen Substanzen erlernen müssen. Dieser Lernprozess findet in der Regel im Jugendalter statt. Wichtige Grundlagen, die einen solchen Lernprozess begünstigen, werden allerdings bereits im (frühen) Kindesalter erworben (z.B. sozial-emotionale Kompetenzen; s. Kap 2.4).

Aggression und Gewalt

Die *Auftretenshäufigkeit von gewalttätigem Verhalten* im Jugendalter kann erschlossen werden über die Häufigkeit aggressiv-dissozialen, delinquenten Verhaltens, beispielsweise in Form der Störung des Sozialverhaltens, die im Kapitel 2.3.1 näher dargestellt werden; Jugendliche mit einem aggressiven Verhalten weisen zudem oft auch dissoziales bis hin zu delinquentem Verhalten auf (Scheithauer & Petermann, 2004). Die *Auftretenshäufigkeit von aggressiv-dissozialem Verhalten* im Kindes- und Jugendalter zeigt, dass diese Verhaltensprobleme ebenfalls nicht als Randerscheinung bewertet werden können. Etwa 10% der Kinder und Jugendlichen weisen schwerwiegendere Probleme mit aggressiv-dissozialem Verhalten auf. Dabei schwanken die Zahlen international in den verschiedenen Studien zur Auftretenshäufigkeit der Störung des Sozialverhaltens bei Jungen zwischen 6% und 16%, bei Mädchen zwischen 2% und 9% (vgl. Scheithauer & Petermann, 2004).

Bei der *Auftretenshäufigkeit von Delinquenz/Kriminalität* kann auf die Angaben in der Polizeilichen Kriminalstatistik zurückgegriffen werden. In der Polizeilichen Kriminalstatistik (PKS) werden Tatverdächtige eines Jahres erfasst, bei denen nach Abschluss der Ermittlungsarbeit ein Tatverdacht bestehen bleibt. Einer Zusammenfassung des Deutschen Bundestages (1997) zufolge, lassen sich für die Versorgungsstruktur wichtige Aspekte in der Entwicklung der Kinderdelinquenz und Jugendkriminalität laut BMSFSJ (2002, S. 233) wie folgt darstellen (nach Scheithauer & Petermann, 2005):

- Die Tatverdächtigenbelastung unter Kindern und Jugendlichen hat in den letzten Jahren bis 1999 stetig zugenommen; beispielsweise wurden im Jahr 1999 bundesweit 150.626 Kinder (bis unter 14 Jahre) und 396.781 Jugendliche (14-18 Jahre) als tatverdächtig ermittelt (vgl. BKA, 2000).
- Unter den Tatverdächtigen überwiegt die Anzahl männlicher Kinder und Jugendlicher.
- Bezogen auf ihren Gesamtbevölkerungsanteil weisen Jugendliche und Heranwachsende (18-21 Jahre) die höchste Delinquenzbelastung auf (vgl. Lösel, 2003).
- Zwar wird der überwiegende Anteil tatverdächtiger Kinder und Jugendlicher verdächtigt, Eigentumsdelikte, Diebstähle usw. begangen zu haben, die Zahl an Gewaltdelikten (z.B. Körperverletzung) hat jedoch in den letzten Jahren erheblich zugenommen (für 1999 20% aller als tatverdächtig ermittelten männlichen Jugendlichen). Viele Gewalttaten werden in alkoholisiertem Zustand ausgeübt.
- Zwar liegen keine verlässlichen Zahlen über die prozentuale Belastung von Kindern und Jugendlichen nicht-deutscher Herkunft vor, in stadtbezogenen Erhebungen konnte aber ermittelt werden, dass

gerade „jene jungen Migrantinnen und Migranten, die sozial nicht integriert sind, ... die Polizei beschäftigen" (BMFSFJ, 2002, S. 234).

- Eine kleine Gruppe tatverdächtiger Mehrfach- und Intensivtäter macht zwar absolut nur einen sehr kleinen Anteil der Täter aus, ist jedoch für mehr als die Hälfte der Delikte verantwortlich.

Die Anzahl der tatsächlichen Verurteilten wird in der Verurteiltenstatistik der Justiz erfasst. Diese Anzahl liegt erheblich unter der Anzahl Tatverdächtiger. Neben der PKS geben auch Dunkelfelduntersuchungen zur Verbreitung delinquenten Verhaltens wichtige Aufschlüsse, zumal ein Großteil der vornehmlich von Kindern und Jugendlichen begangenen Delikte (z.B. Eigentumsdelikte mit relativ niedrigen Schadenssummen) höher sein dürfte, als in der PKS ausgewiesen. Gewalttaten werden zudem häufig von den Opfern nicht zur Anzeige gebracht. Einer Studie von Wetzels, Enzmann, Mecklenburg und Pfeiffer (1999) zu Jugendgewalt an verschiedenen Studien im Bundesgebiet erbrachte beispielsweise für den Raum München, dass lediglich 8,3% der Vorfälle unter Jugendlichen letztlich der Polizei gemeldet wurden.

2.2 Entwicklung zu Sucht und Gewalt im Jugendalter

Substanzkonsum und -missbrauch sowie aggressiv-dissoziales Verhalten treten oft zusammen (komorbid) und zusammen mit anderen Störungen auf (vgl. Scheithauer, Al-Wiswasi & Petermann, im Druck). Einige ausgewählte Studienbefunde sind in Kasten 2.6 zusammengefasst.

Kasten 2.6: Störungen durch Substanzkonsum, aggressiv-dissoziales Verhalten und andere psychische Störungen.

In der Bremer Jugendstudie waren beispielsweise 50% der Jugendlichen mit einer Störung durch Substanzkonsum (d.h. schädlicher Konsum oder Abhängigkeitssyndrom) von zusätzlichen psychischen Problemen betroffen (Essau, Karpinski, Petermann & Conradt, 1998). Bei 37% der Jugendlichen mit einer Störung durch Substanzkonsum lag eine weitere Störung und bei weiteren 13% lagen sogar mindestens zwei weitere Störungen vor. Besonders häufig treten zusätzlich Störungen des Sozialverhaltens und Depressionen auf (Essau et al. 1998).

Ähnlich hohe Zahlen berichten Armstrong und Costello (2002) auf der Basis einer Analyse von 15 Studien: Demnach haben rund 60% der Jugendlichen, die Substanzen konsumieren, wenigstens in einem weiteren Erlebens- oder Verhaltensbereich bedeutsame Schwierigkeiten. Am häufigsten tritt bei den Jugendlichen aggressiv-dissoziales Verhalten auf. Knapp 20% der Jugendlichen berichteten zusätzlich von depressiven Symptomen wie beispielsweise Traurigkeit, einem geringen Selbstwertgefühl und Antriebslosigkeit.

Da Probleme mit Alkohol, Drogen und aggressiv-dissozialem Verhalten so häufig gemeinsam auftreten, wird auch – neben weiteren Entwicklungsverläufen – ein gemeinsamer Entwicklungsverlauf angenommen. Verschiedene Entwicklungsmodelle legen dar, dass ein in der Kindheit auftretendes aggressiv-dissoziales Verhalten das Risiko für Probleme mit Alkohol- und Drogen im Jugendalter deutlich erhöht (z.B. Loeber, Stouthamer-Loeber & White, 1999). Dies trifft besonders auf Jugendliche zu, die sich mit Gleichaltrigen mit ähnlichen Problemen zusammenschließen (Webster-Stratton & Taylor, 2001).

2.2.1 Entwicklungsbedingungen von Sucht und Gewalt: Risiko- und Schutzbedingungen in der Entwicklung von Kindern und Jugendlichen

Um die Entwicklungsbedingungen von Sucht und Gewalt zu erklären, kann auf die Ergebnisse aus Längsschnittstudien zurückgegriffen werden. Heute kann man daher schon eine Reihe von Bedingungen benennen, die mit hoher Wahrscheinlichkeit zu Problemen mit Sucht und Gewalt führen können.

Generell kann festgestellt werden, dass so komplexe Probleme wie Sucht und Gewalt kaum auf einzelne Ursachen zurückgeführt werden können. Entsprechend geht man heute davon aus, dass sie am besten durch multifaktorielle Entwicklungsmodelle erklärt werden können. In solchen Modellen wird zu Grunde gelegt, dass die Entwicklung eines Kindes aus dem Zusammenwirken von biologischen, psychischen und sozialen Bedingungen resultiert (vgl. Petermann et al., 2004; Scheithauer, Niebank & Gottlieb, 2007). Dabei ist das Kind nicht passiv seiner Umwelt ausgesetzt, sondern gestaltet diese durch sein Verhalten aktiv mit. Über den Entwicklungsverlauf beeinflussen sich – einfach ausgedrückt – das Kind und seine Umwelt (Familie und andere soziale Systeme) wechselseitig.

In diesem Zusammenhang sind die Begriffe „Risikobedingung" und „Schutzbedingung" wichtig und werden hier zum besseren Verständnis kurz erklärt.

Wie angeführt, geht man nicht mehr von einzelnen Bedingungen aus, die in der weiteren Entwicklung zu Sucht oder zu aggressiv-dissozialem Verhalten führen. In verschiedenen Studien kristallisierten sich jedoch wiederholt Bedingungen heraus, die bei Jugendlichen mit

Substanzmissbrauch oder -abhängigkeit häufiger vorkommen als bei unauffälligen Jugendlichen, zum Beispiel eine familiäre Häufung von Problemen mit Alkohol. Da aber nicht jedes Kind eines Elternteils mit Alkohol- oder Drogenabhängigkeit später ebenfalls eine Abhängigkeit entwickelt, spricht man von einer Risikobedingung (s. Kasten 2.7).

Kasten 2.7: Definition Risikobedingung.

> Risikobedingungen sind alle zeitlich, im Entwicklungsverlauf vorausgehende Bedingungen, die die Wahrscheinlichkeit für das Auftreten eines Problemverhaltens (z.B. aggressives Verhalten) erhöhen.
>
> Die Kinder von alkohol- oder drogenabhängigen Eltern weisen zum Beispiel ein höheres Risiko auf, diese Störung später einmal selbst zu entwickeln, als Kinder „gesunder" Eltern; es ist aber nicht ihr unabänderliches Schicksal (vgl. Scheithauer & Petermann, 1999; Scheithauer, Niebank & Petermann, 2000).

Die Definition von „Schutzbedingung" ist eng an die der Risikobedingung angelehnt (s. Kasten 2.8).

Kasten 2.8: Definition Schutzbedingung.

> Von einer Schutzbedingung wird gesprochen, wenn positive Aspekte im sozialen Umfeld oder Ressourcen des Kindes dabei helfen, die Auswirkungen einer Risikobedingung zu reduzieren oder ganz zu verhindern. Der Effekt einer Schutzbedingung kann als „Puffer" bezeichnet werden (vgl. Scheithauer & Petermann, 1999; Scheithauer et al., 2000).

Entwicklungsbedingungen von Subtanzmissbrauch

Bei der Frage nach den Entwicklungsbedingungen von Suchtphänomenen im Jugendalter muss berücksichtigt werden, dass viele Jugendliche zeitweilig oder einmalig Erfahrungen mit Alkohol und auch Drogen machen (s. Abschnitt 2.1.3). Somit stellt sich die Frage, welche Jugendlichen besonders anfällig sind, eine schädliche Form des Konsums oder gar ein Abhängigkeitssyndrom zu entwickeln: Was unterscheidet diese

Jugendlichen von denen, die einen angemessen Umgang mit Alkohol erlernen?

Um diese Frage zu beantworten, wurden – neben Querschnittsstudien oder retrospektiven Studien, die Jugendliche zum aktuellen Zustand oder rückwirkend zu Zusammenhängen in der Kindheit befragen – so genannte prospektive Längsschnittuntersuchungen durchgeführt, die über mehrere Jahre hinweg die Entwicklung von Kindern bis ins Jugendalter untersuchten. Gerade durch diese prospektiven Längsschnittstudien ist heute eine Reihe von Bedingungen bekannt, die Jugendliche mit Problemen durch Substanzen im Kindes- und Jugendalter von unauffälligen Jugendlichen unterscheiden (vgl. Hawkins, Catalano & Miller, 1992). Die Tabelle 2.1 gibt eine Übersicht über diese Risikobedingungen. Die Übersicht zeigt deutlich die Vielzahl unterschiedlicher Risikobedingungen für Substanzmissbrauch. Diese lassen sich in die Bereiche kindliche und familiäre Risiken sowie Risiken des erweiterten sozialen Umfeldes einteilen.

Tabelle 2.1: Risikobedingungen von Substanzmissbrauch im Jugendalter (nach einem Überblick von Hawkins et al., 1992, S. 66ff; Hawkins, Arthur & Catalano, 1995, S. 371ff, modifiziert aus Scheithauer, Mehren & Petermann, 2003, S. 89).

Risikobedingung	Beispielbefunde
Genetische Verknüpfung/ familiäre Belastung	Substanzmissbrauch tritt *familiär gehäuft* auf (Alkoholismus/Drogenmissbrauch der Eltern/ Geschwister). Es liegen zudem Befunde aus Zwillings- und Adoptionsstudien vor, die eine *genetisch-familiäre, biologische Verknüpfung* unterstreichen, z.B. weisen Kinder von Suchtkranken besondere physiologische Muster auf.
Biochemische Faktoren	Besondere Auffälligkeiten im *Neurotransmitterhaushalt*.
Temperament Verhaltensprobleme/ -störungen	Ausgeprägte *Stimmungsschwankungen* (Wutanfälle). *Schwieriges Temperament* wie Irritabilität, „Enthemmung". *Kombination* von Schüchternheit und Aggressivität im frühen Kindesalter. Vielfältigere und häufigere aggressive und *dissoziale Verhaltensweisen.* Früh auftretende und anhaltende *Verhaltensstörungen* (Hyperaktivität, in Kombination mit der Störung des Sozialverhaltens). *Emotionaler Distress* im Kindesalter; frühes dissoziales/delinquentes Verhalten.

„Rebellisches" Verhalten/ Entfremdung	*Entfremdung* von sozialen/gesellschaftlichen Wertvorstellungen. *Rebellisches und auflehnendes* Verhalten gegenüber Autoritäten. Starkes Bedürfnis nach *Unabhängigkeit und „Normfreiheit"*.
Einstellung	Positive Einstellungen gegenüber Substanzkonsum.
Früher Beginn	*Früher, erstmaliger Konsum* von Alkohol und/oder Drogen. Erhöhung des Risikos für deviante Verhaltensweisen.
Familiäre Verfügbarkeit von Substanzen	*Verfügbarkeit* von Substanzen, insbesondere Drogen, im Haushalt beeinflusst die kindlichen Erwartungen gegenüber Substanzkonsum. Eltern – auch ältere Geschwister – stellen mit ihrem *Konsumverhalten* wichtige Modelle dar. Von den Kindern wahrgenommene Zustimmung/Nachlässigkeit der Eltern zum Substanzkonsum.
Erziehungsverhalten	Inkonsistente – oder keine – *Disziplinarmaßnahmen*. Geringes Bestreben der Eltern für kindliche *(Aus-)Bildung*. *Kombination* eines überinvolvierten und eines distanzierten/nachlässigen Elternteils. Wenig *Interesse* für kindliche Anliegen. Unrealistische elterliche *Erwartungen*. Zurückweisendes *Verhalten* der Eltern.
Weitere familiäre Bedingungen	Negative *Kommunikationsmuster*. Negative Eltern-Kind-*Bindung*. Negative, geringe Mutter-Kind-*Interaktion*. Niedrige familiäre *Einbindung*. *Scheidung* der Eltern. Familiäre *Konflikte*.
Bedingungen im schulischen Umfeld	Schlechte *Schulleistungen*. Geringer Ausblick auf hohe *Schulbildung*. Geringe *„Einbindung"* in die Schule. *Schulschwänzen*. Negative *Einstellung* zur Schule/zum Schulumfeld. Wenig *Zeit* für Hausaufgaben/schulische Kurse.
Bedingungen in der Peergruppe	Geringe *Akzeptanz* in der Peergruppe. *Zurückweisungen* durch Gleichaltrige. *Bindung* an ebenfalls aggressive/deviante Gleichaltrige. *Substanzkonsumierende Peers*. Einfluss durch Peers beim Substanzkonsum (*„Gruppendruck"*).
Verfügbarkeit/ Gesetzeslage	*Verfügbarkeit* von Alkohol und leichter Zugang zu Substanzen. Niedrige *Altersgrenzen*, niedrige Preise und Steuern für Substanzen. Offener Verkauf.
Sozioökonomische Faktoren	*Armut*. Geringe *Ausbildung* der Eltern und Arbeitslosigkeit. „Ungünstige" *Nachbarschaft/ Gemeinde* (z.B. hohe Kriminalität).

Jugendliche mit Problemen durch Alkohol- und Drogenkonsum weisen in der Regel einen *belasteten persönlichen und familiären Hintergrund* auf. Der Alkohol- oder Drogenmissbrauch ist oft ein schwer wiegendes Problem, das zu bestehenden Problemen des Jugendlichen hinzukommt. Besonders anfällig für stabile Probleme mit Alkohol und Gewalt sind Jugendliche, die bereits in der Kindheit vielfältige Probleme erlebten. Diese Jugendlichen erfahren von ihren Eltern häufig weniger Unterstützung in dieser kritischen Lebensphase. Zudem verfügen sie oft über geringere Kompetenzen, mit den typischen entwicklungsbedingten Anforderungen im Jugendalter umzugehen, zum Beispiel dem Aufbau gegengeschlechtlicher Freundschaften. Diese Kinder treten mit einer *Vulnerabilität* (Verletzbarkeit) in ihre weitere Entwicklung. Der Konsum von Alkohol- und Drogen kann im Jugendalter leicht als Mittel eingesetzt werden, um zumindest kurzfristig seinen Problemen zu entfliehen (zusammenfassend Schmitt-Rodermund, 1999).

◄ Vulnerabitlität

Entwicklungsbedingungen aggressiv-dissozialen Verhaltens

Über die Ursachen von aggressiv-dissozialem Verhalten wurden ebenfalls eine Reihe von Studien durchgeführt mit dem Ziel, frühzeitig Risikobedingungen zu identifizieren (s. Tab. 2.2).

Bei einem Vergleich mit den Risikobedingungen für Substanzmissbrauch (Tabelle 2.1) fällt auf, dass diese zum Teil identisch sind. Die Überschneidung der Risikobedingungen für diese beiden Problembereiche erklärt auch die oben dargestellten Befunde, dass viele Jugendliche mit aggressivem Verhalten auch Probleme mit Alkohol oder Drogen aufweisen.

Tabelle 2.2: Wesentliche Risikobedingungen aggressiv-dissozialen Verhaltens (modifiziert aus Scheithauer & Petermann, 2002, S. 198).

Biologische Faktoren
• Neuropsychologische Defizite • Schwangerschafts- und Geburtskomplikationen (z.B. ein niedriges Geburtsgewicht) • Teratogene (z.B. Rauchen der Mutter während der Schwangerschaft) • Psychophysiologische Faktoren (z.B. niedriges Aktivationsniveau) • Biochemische Faktoren (z.B. niedriger Serotoninspiegel)
Frühe Verhaltensfaktoren
• „Schwieriges" Temperament • Probleme in der Verhaltens- und Emotionsregulation • Frühes impulsives Verhalten
Familiäre Faktoren sowie Eltern-Kind-Interaktion
• Verschiedene negative Formen der Eltern-Kind-Bindung • Frühe Eltern-Kind-Konflikte • Erziehungsverhalten der Eltern (z.B. inkonsequentes Verhalten oder körperliche Bestrafungen) • Vernachlässigung, Misshandlung und sexueller Missbrauch • Konflikte der Eltern sowie Scheidung der Eltern • Psychische Störungen und Erkrankungen der Eltern
Kognitive Faktoren
• Niedriger IQ sowie geringe kognitive Fertigkeiten • Schlechte Schulleistungen • Defizite in der sozial-kognitiven Informationsverarbeitung
Soziale Faktoren
• Ablehnung durch Gleichaltrige • Einfluss devianter Gleichaltriger

In Bezug auf die *zeitliche Abfolge* im Auftreten von aggressiv-dissozialem Verhalten und Substanzmissbrauch/-abhängigkeit wird meist davon ausgegangen, dass aggressiv-dissoziales Verhalten den Problemen mit Alkohol oder Drogen zeitlich vorausgeht (Glantz, 2002; Webster-Stratton & Taylor, 2001; zusammenfassend Scheithauer et al., im Druck). So tritt aggressives Verhalten zuerst im Kleinkindalter auf und Substanzkonsum frühestens ab der mittleren Kindheit. Viele der genannten Risikobedingungen haben eine unspezifische Wirkung, d.h. sie stehen nicht ausschließlich mit bestimmten Verhaltensproblemen in Beziehung, sondern erhöhen allgemein das Risiko für psychopathologische Entwicklungen. So können dieselben Risikobedingungen in der Kindheit zu einer erhöhten Anfälligkeit für aggressiv-dissoziales Verhalten beitragen und im Jugendalter zu einer erhöhten Anfälligkeit für Substanzkonsum führen. Aus diesem Grund haben Maßnahmen, die Risikobedingungen für aggressives Verhalten im Kindesalter ansprechen, auch einen positiven Effekt auf andere Problembereiche, zum Beispiel Substanzkonsum im Jugendalter.

Schutzbedingungen

Bestimmte Bedingungen „puffern" die Wirkung der angeführten Risikobedingungen für aggressiv-dissoziales Verhalten und für Substanzmissbrauch ab. Andere Bedingungen minimieren die Wahrscheinlichkeit negativer Verhaltensweisen, da sie generell eine angepasste Entwicklung fördern (z.B. positive und dauerhafte Bindung zu einer Bezugsperson) (Hawkins et al., 1995).

Die Arbeitsgruppe um Scheithauer (Scheithauer et al., 2000; Scheithauer, Petermann & Niebank, 2002; Scheithauer & Petermann, 1999; vgl. Scheithauer et al., 2004) unterscheidet zwischen verschiedenen Schutzbedingungen, die den Risikobedingungen entgegenwirken und eine angepasste Entwicklung fördern (s. Kasten 2.10): Neben *Schutzfaktoren im Umfeld* (z.B. positive Freundschafts- und Gleichaltrigenbeziehungen, positive Kindergartenerfahrungen) erweisen sich insbesondere so genannte *Resilienzfaktoren* (z.B. positives Selbstwertgefühl, Selbstwirksamkeitserwartung, positives Sozialverhalten) für Präventionen als bedeutsam.

Kasten 2.9: Definition Resilienz.

Resilienz (Widerstandsfähigkeit) umschreibt die Fähigkeiten eines Kindes, relativ unbeschadet mit den Folgen beispielsweise belastender Lebensumstände umzugehen und Bewältigungskompetenzen entwickeln zu können (vgl. Masten, Best & Garmezy, 1990). D.h. das Kind erwirbt altersangemessene Fähigkeiten, trotz aversiver Lebensumstände. Resilienz entwickelt sich somit im Laufe der Entwicklung des Kindes.

Kasten 2.10: Risikomildernde Bedingungen im Kindes- und Jugendalter (mod. nach Scheithauer & Petermann, 2002, S. 134).

Resilienzfaktoren
- Positives Sozialverhalten
- Hohe Sprachfertigkeiten
- Positives Selbstwertgefühl und Selbstwirksamkeitsüberzeugung
- Aktives Bewältigungsverhalten
- Internale Kontrollattribuierung (Fähigkeit sich zu distanzieren)
- Vorausplanendes Verhalten
- Selbsthilfefertigkeiten

Familiäre Schutzfaktoren
- Stabile emotionale Beziehung zu einer Bezugsperson
- Offenes, unterstützendes Erziehungsklima
- Familiärer Zusammenhalt, unterstützende Geschwister
- Hohes Ausbildungsniveau und Kompetenzen der Mutter
- Modelle positiven Bewältigungsverhaltens
- Übernahme von Aufgaben im Haus und Förderung eigenverantwortlichen Handelns

Schutzfaktoren im sozialen Umfeld
- Soziale Unterstützung
- Positive Freundschaftsbeziehungen
- Positive Gleichaltrigenbeziehungen
- Positive Kindergarten-/Schulerfahrungen

Für Präventionsmaßnahmen ist zusammenfassend von Bedeutung, dass einerseits Risikobedingungen eingedämmt bzw. verhindert werden und andererseits Schutzbedingungen systematisch gefördert werden sollten.

2.2.2 Entwicklungsmodelle: Von Verhaltensproblemen und weiteren Risikobedingungen zu Sucht und Gewalt

Früh auftretende Verhaltensstörungen, wie z.B. aggressiv-dissoziales Verhalten, stellen einen bedeutenden Risikofaktor für die Entwicklung von Substanzmissbrauch, Delinquenz, Gewaltproblemen und anderen psychischen Störungen im Jugendalter dar (Webster-Stratton & Taylor, 2001). Die Wahrscheinlichkeit einer langfristig negativen Entwicklung wird erhöht, wenn zu den kindlichen Verhaltensstörungen noch andere Risikobedingungen hinzukommen: z.B. Beziehungen zu ebenfalls aggressiven bzw. devianten Gleichaltrigen, ineffektive Erziehung und mangelnde Beaufsichtigung der Kinder seitens der Eltern, geringe Bindung der Kinder an Lehrer und Schule sowie Schulversagen. Diese Ergebnisse zu den Risikobedingungen von Substanzmissbrauch und -abhängigkeit wurden von Webster-Stratton und Taylor (2001) in einem *Entwicklungsmodell* integriert (s. Abbildung 2.1), in dem ein bestimmter Entwicklungspfad skizziert wird. Es fasst die wesentlichen Risikobedingungen zusammen und geht auf die Zusammenhänge zwischen den Bedingungen ein. Es sei angemerkt, dass neben diesem Entwicklungspfad natürlich weitere, sich unterscheidende Entwicklungswege möglich sind, deren Risikobedingungen nicht im Kindesalter liegen, sondern erst später auftreten. Für eine große Anzahl betroffener Jugendlicher mit gewalttätigem Verhalten und Substanzmissbrauch lässt sich jedoch ein solcher, von Webster-Stratton und Taylor skizzierter Weg zusammenfassend darstellen.

Ein wesentlicher Aspekt des Modells liegt in der Betonung von *frühen Verhaltensproblemen.* Im Vordergrund stehen dabei Probleme durch oppositionelles, trotziges und aggressives Verhalten. Webster-Stratton und Taylor (2001) benennen für die Entwicklung von frühen Verhaltensproblemen Risikobedingungen, die denen für Alkohol- und Drogenprobleme sehr ähnlich sind (s. Tabelle 2.1). Hier spielen ebenfalls das Erziehungsverhalten der Eltern, bestimmte kindliche Faktoren, z.B. ein schwieriges Temperament, und soziale Faktoren, z.B. psychische Erkrankungen der Eltern oder Armut, eine bedeutsame Rolle bei der Entstehung früher Verhaltensprobleme.

Wichtig sind auch die *Beziehungen zwischen den Risikobedingungen.* Diese sind nicht unabhängig voneinander zu betrachten, sondern beeinflussen sich gegenseitig, d.h. sie können sich auch gegenseitig in ihrer Wirkung verstärken. Beispielsweise besteht für ein Kind, das häufig schreit und quengelt, eine erhöhte Gefahr, dass es von der Mutter als anstrengend und schwierig empfunden wird. Dies kann dazu führen, dass die Mutter das Kind ablehnt oder weniger auf die Bedürfnisse des Kindes eingeht. Beim Kind löst dieses jedoch eine Steigerung des problematischen Verhaltens aus, worauf die Mutter mit einem übertrieben strengen Erziehungsverhalten oder Rückzug reagieren kann. So können frühe Probleme in der Mutter-Kind-Interaktion entstehen, die langfristig dazu führen, dass sich das Erziehungsverhalten der Mutter verschlechtert, während das kindliche Verhalten zunehmend schwieriger wird.

Patterson (1982) beschrieb in diesem Zusammenhang so genannte *„Erpresserspiele"* zwischen Kind und Bezugsperson (vgl. Petermann & Petermann unter Mitarbeit von Nehrke & Scheithauer, 2000). Dabei lernt ein Kind, dass es durch schwieriges Verhalten Aufforderungen und unerwünschten Situationen entgehen kann. Dieser Effekt kommt zustande, wenn beispielsweise die Mutter davon Abstand nimmt, ein zunächst gefordertes Verhalten des Kindes (z.B. Zimmer aufräumen) durchzusetzen, weil das Kind einen Wutanfall bekommt und schreit. Verzichtet die Mutter darauf, dass das Kind aufräumen muss, um eine Eskalation zu vermeiden, lernt das Kind, dass es nur genügend schreien muss, wenn es sein Zimmer nicht aufräumen will. Bei Kindern mit trotzigem und aggressiven Verhaltensprobleme lassen sich viele solcher „Erpresserspiele" beobachten. Hat ein Kind einmal erlernt, dass es mit diesem Verhalten auch in anderen sozialen Situationen (z.B. im Kindergarten) Erfolg hat, besteht ein hohes Risiko für stabile Verhaltensprobleme (vgl. Abschnitt 3.2 für ein Beispiel von Erpresserspielen im Kindergarten).

Abbildung 2.1: Entwicklungsmodell zum Zusammenhang von Verhaltensstörungen und Substanzmissbrauch (nach Webster-Stratton & Taylor, 2001; S. 166f; aus Scheithauer, Petermann, Meyer & Hayer, 2005, S. 514).

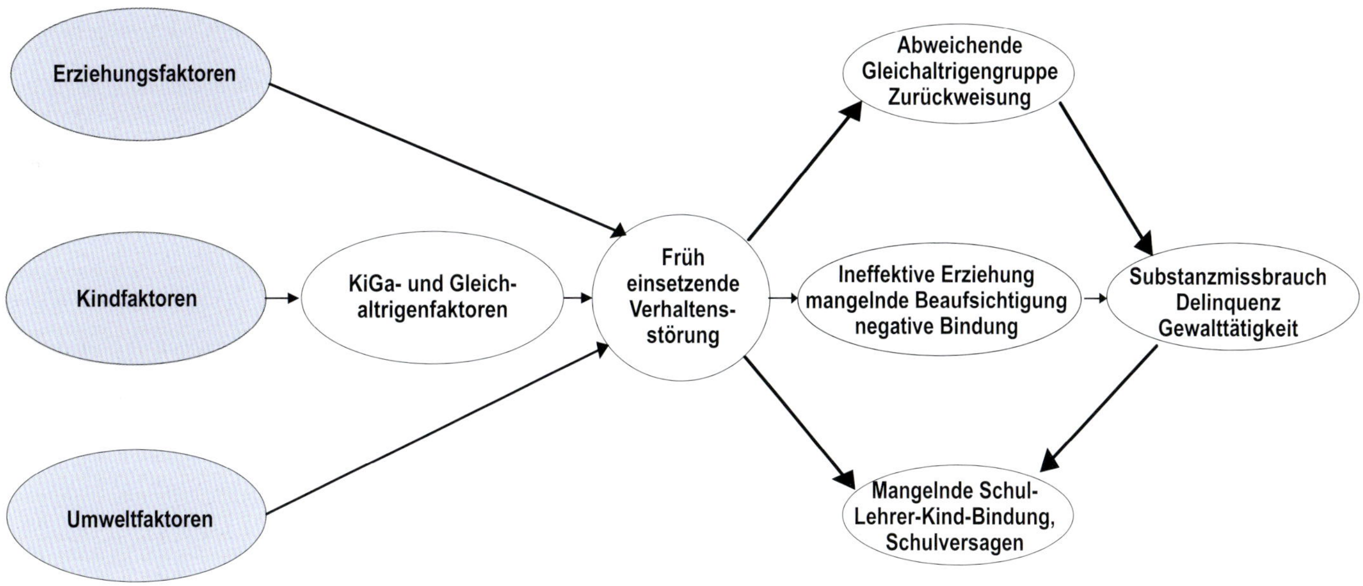

Ähnlich verhält es sich mit den wechselseitigen Beziehungen zwischen frühen Verhaltensproblemen und einer Zurückweisung durch Gleichaltrige. Kinder mit frühen Verhaltensproblemen werden vermehrt durch Gleichaltrige abgelehnt, wodurch sich die Verhaltensprobleme verstärken. So entstehen negative Kreisläufe, die sich über die Zeit immer mehr aufschaukeln können und eine positive Entwicklung immer unwahrscheinlicher werden lassen.

Das schwierige Verhalten der Kinder trifft zudem auch häufig bei Gleichaltrigen auf Ablehnung. Andere Kinder wollen mit diesen Kindern nicht spielen, weil sie sich zum Beispiel einfach nehmen, was sie haben wollen oder andere schlagen, um eigene Interessen durchzusetzen. Durch die Ablehnung von Gleichaltrigen haben die verhaltensschwierigen Kinder aber noch weniger Gelegenheit, alternative prosoziale Fertigkeiten zu erlernen. So entwickelt sich ein immer größerer Kreislauf von problematischen Verhaltensweisen. Je weiter die Probleme anwachsen, desto unwahrscheinlicher wird für das Kind eine gesunde, angepasste psychosoziale Entwicklung.

2.3 Verhaltensprobleme bei Vorschulkindern

Auf den folgenden Seiten wrden Verhaltens- und emotionale sowie soziale Probleme beschrieben, die Kinder im Vorschulalter aufweisen können und die somit auch im Kindergarten auftreten. Diese Probleme können – insbesondere, wenn sie lang anhaltend auftreten – die betroffenen Kinder daran hindern, angemessen am altersüblichen Geschehen teilzunehmen und unter Umständen zu einer Entwicklungsgefährdung beitragen und schlimmsten Falls zu Verhaltensstörungen im Kindesalter führen. Im Kasten 2.11 sind einige Studienergebnisse zur Auftretenshäufigkeit von Verhaltens-, emotionalen und sozialen Problemen in diesem Lebensalter zusammengefasst.

Kasten 2.11: Wie häufig treten Verhaltens-, emotionale und soziale Probleme im Vorschulalter auf?

Frühe Verhaltensprobleme wie ein oppositionell-trotziges und aggressives Verhalten, aber auch Ängste und sozialer Rückzug, treten relativ häufig auf:

- Die Arbeitsgruppe um Lehmkuhl (Lehmkuhl et al., 1998) berichtet aus einer Elternbefragung über das Verhalten 4- bis 10-jähriger Kinder, dass die Eltern besonders oft über aggressives Problemverhalten berichten: über 29,7% der Jungen und 25,9% der Mädchen zeigen demnach mindestens ein aggressives Verhaltensproblem stark ausgeprägt. 18,9% der Jungen und 16,3% der Mädchen zeigten mindestens ein stark ausgeprägtes Symptom im Bereich „Aufmerksamkeitsprobleme". In Bezug auf weiteres problematisches Verhalten oder soziale und emotionale Probleme (sozialer Rückzug, körperliche Beschwerden, Ängstlichkeit/Depressivität, soziale Probleme, schizoid/zwanghaftes Verhalten und dissoziales Verhalten) variierte die Anzahl von Kindern mit mindestens einem bedeutsamen Symptom zwischen 3% und 12,5%.
- Zu den oppositionellen Verhaltensstörungen finden sich Angaben zur Prävalenz beispielsweise bei Wolff Metternich und Döpfner (2000). Demnach ermitteln internationale Studien eine Prävalenzrate von 7% bis 25% für Kinder im Vorschulalter. Für den deutschen Sprachraum konnten Wolff Metternich und Döpfner (2000) ermitteln, dass für das Item, welches sich auf das Nicht-Befolgen von Anweisungen der Eltern bezieht, 13,5% der Eltern von Kindern zwischen 3 und 6 Jahren angeben, dass dieses Verhalten täglich oder öfter auftritt. Wutausbrüche zeigen sich in der Familie bei 5,6% der Kinder. Im Kindergarten dagegen werden nur von 2,5% der Erzieherinnen oppositionelle Verhaltensweisen beschrieben und nur bei 0,4% werden Wutausbrüche festgestellt. Nach Wolff Metternich und Döpfner ist zu vermuten, dass die Kinder in der Familie problematischer erlebt werden als im Kindergarten. Zudem bestehen Geschlechterunterschiede im Auftreten von oppositionellem Verhalten, die jedoch im Kindergartenalter noch nicht eindeutig ausgeprägt sind. Es zeigt sich, dass Jungen zwar von Erzieherinnen, jedoch nicht von Eltern, als aggressiver eingeschätzt werden und dass auch ältere Kinder im Gegensatz zu jüngeren von den Erzieherinnen als aggressiver eingeschätzt werden. Die hohe Prävalenz wird auch dadurch bestätigt, dass Kinder in diesem Alter häufig wegen externaler Störungen, wie hyperkinetische oder oppositionelle/aggressive Störung, in einer Klinik ambulant vorgestellt werden.
- In der „Erlangen-Nürnberger Evaluationsstudie" von der Arbeitsgruppe um Lösel (Lösel, Beelmann, Jaursch & Stemmler, 2004) berichten 23 bis 30% der Eltern über Wutanfälle ihrer Kinder und bis zu 20% der Eltern, dass

sich ihre Kinder ihnen gegenüber körperlich-aggressiv verhalten würden. Hyperaktivitäts- und Aufmerksamkeitsprobleme werden ebenfalls häufig berichtet („ist überaktiv und ruhelos" bei 11 bis 17% der Fälle, „hat Schwierigkeiten, sich auf eine Sache zu konzentrieren" bei 16%). Insgesamt wiesen 13 bis 17% der 3- bis 6-jährigen Kinder Verhaltensprobleme in einem klinisch bedeutsamen Ausmaß auf. Bei diesen früh auftretenden externalisierenden Verhaltensproblemen handelte es sich zudem nicht ausschließlich um kurzfristiges Problemverhalten: insbesondere die aggressiven und hyperaktiven Verhaltensprobleme der 3- bis 6-Jährigen waren über 2 Jahre relativ stabil.

- Nach Informationen aus der „Braunschweiger Kindergartenstudie" ist fast die Hälfte der Verhaltensprobleme nach Elterneinschätzung im Bereich des oppositionellen und aufmerksamkeitssuchenden Verhaltens anzusiedeln. Auch hyperaktives Verhalten und Unsicherheit in der sozialen Interaktion ist sehr häufig vertreten. Die Studie kam zu dem Ergebnis, dass insgesamt ungefähr 18% der Kindergartenkinder unter emotionalen und Verhaltensstörungen leiden, die behandlungsbedürftig sind (Miller & Hahlweg, 2000). Aggressives Verhalten gehört dabei zu der am häufigsten auftretenden Verhaltensweise und wird mit 5% bei den Jungen und mit 3,4% bei den Mädchen angegeben. Jungen weisen nach Miller und Hahlweg (2000) dabei noch in demselben Maße Aufmerksamkeitsprobleme auf. Internalisierende Auffälligkeiten sind mit 13 bis 14% relativ gering angegeben und externalisierende Auffälligkeiten mit dem Gesamtwert bei den Jungen mit 18% am höchsten (vgl. Miller & Hahlweg, 2000).

Einige dieser Probleme lassen sich dabei von Erzieherinnen – oder auch von anderen Kindern – deutlicher und leichter entdecken, da sie sich „nach außen richten" (*externalisierende Probleme*, wie z.B. aggressives Verhalten, Impulsivität, Hyperaktivität), als andere Probleme, die das Kind eher „nach innen richtet" (*internalisierende Probleme*, wie zum Beispiel Angststörungen, anhaltende Traurigkeit). Häufig treten die im Folgenden beschriebenen Probleme dabei in der Interaktion mit der Erzieherin oder anderen Erwachsenen oder aber im Gruppengeschehen unter den Kindern auf.

Grundsätzlich ist es wichtig, zwischen gelegentlich auftretendem schwierigen Verhalten einerseits und Verhaltensstörungen andererseits zu unterscheiden. Nicht jedes Kind, welches ein anderes Kind in einer bestimmten Situation schlägt, weist eine *Störung* des Sozialverhaltens auf, und viele Kinder haben in bestimmten Situationen Ängste, ohne eine Angst*störung* zu haben. Der Begriff *Verhaltensstörung* bezeichnet in der klinischen Kinderpsychologie keine einzelnen problematischen Verhaltensweisen. Meist handelt es sich um ein ganzes Bündel problematischer Verhaltensweisen, die wiederholt, also über einen längeren Zeitraum, und in einer bestimmten Intensität auftreten. Die daraus resultierenden Probleme im Alltag des Kindes sind zudem so stark, dass die Gefahr besteht, dass eine normale Entwicklung gefährdet ist.

Die meisten Störungen im Kindesalter fallen nicht in den Bereich klar abgrenzbarer diagnostischer Störungskategorien, was eine genaue Beschreibung und eindeutige Zuweisung oftmals erschwert und nur ermöglicht, wenn man die betreffenden Kinder wiederholt, auch in unterschiedlichen Situationen beobachtet. So können Verhaltensweisen hinsichtlich ihrer Intensität bzw. Häufigkeit entweder

- zu stark (*Verhaltensexzesse*, z.B. Aggression, motorische Unruhe) oder
- zu schwach (*Verhaltensdefizite*, z.B. sozialer Rückzug) auftreten (Petermann, Döpfner, Lehmkuhl & Scheithauer, 2002).

Bei Kindern müssen zudem immer das Alter und der Entwicklungsstand berücksichtigt werden. Aggressives Verhalten und bestimmte Ängste treten im Entwicklungsverlauf bei sehr vielen Kindern zu bestimmten Entwicklungsphasen sozusagen „ganz normal" auf. Ein prägnantes Beispiel hierfür ist das „Fremdeln", das viele Kinder im zweiten Lebensjahr zeigen. Aggressives Verhalten, wie beispielsweise Schlagen oder Spielzeug Wegnehmen, kommt im dritten Lebensjahr recht häufig vor. Wie häufig Eltern über Probleme von Kindern im Alter von drei bis sechs Jahren berichten, zeigt eine deutsche Studie von Lösel und Mitarbeitern (2003). Sie befragten Mütter und Väter von rund 700 Kindern nach der Häufigkeit von typischen problematischen Verhaltensweisen. Dabei gaben 50% der Mütter an, dass ihr Kind nur nach Androhung von Strafe den Anweisungen folgt, 19%, dass ihr Kind die Mutter oder den Vater schlägt und 14%, dass ihr Kind Spielsachen oder andere Dinge zerstört.

2.3.1 Aggressives Verhalten im Kindesalter

Die Klinische Kinderpsychologie unterscheidet zwei verschiedene, grundlegende Störungen, deren gemeinsamer Aspekt aggressives Verhalten ist. Dies sind nach der ICD-10 (WHO, 1993) (s. Kasten 2.12):

- Störung des Sozialverhaltens
- Störung mit oppositionellem Trotzverhalten.

Kasten 2.12: Definitionen oppositionelles Trotzverhalten und der Störung des Sozialverhaltens.

Das Hauptmerkmal **oppositionellen Trotzverhaltens** ist ein Muster von trotzigem, ungehorsamem und feindseligem Verhalten gegenüber Erwachsenen, besonders nahe stehenden Bezugspersonen. Die Kinder sind schnell wütend und kommen Aufforderungen, die an sie gestellt werden, oft nicht nach. Sie verärgern andere und sind auch selbst sehr leicht ärgerlich und zornig. Dabei geben sie oft anderen die Schuld für eigenes Fehlverhalten. Dieses Verhaltensmuster tritt deutlich häufiger auf als bei anderen Kindern gleichen Alters.

Kennzeichen einer **Störung des Sozialverhaltens** ist ein wiederkehrendes Muster von Verhalten, welches die grundlegenden Rechte anderer Personen sowie wichtige Normen und Regeln verletzt. Dieses Verhaltensmuster ist keine kurzfristige Erscheinung. Von den verschiedenen Symptomen dieser Störung treten mindestens drei innerhalb von zwölf Monaten auf. Bei Kindern mit dieser Störung liegt zudem eine Beeinträchtigung in wichtigen Lebensbereichen wie zu Hause oder/und im Kindergarten oder der Schule vor.

Von Verhaltens*störungen* sollte – wie bereits beschrieben - nur gesprochen werden, wenn ein problematisches *Verhaltensmuster längere Zeit* andauert und für das Kind mit *negativen Folgen* in anderen Lebensbereichen einhergeht. Davon abzugrenzen ist bei Kindern gelegentlich auftretendes aggressives und trotziges Verhalten. Dieses kann auch Ausdruck von Müdigkeit oder von Stress sein. Somit ist es wichtig, Kinder nicht nur einmal, sondern über mehrere Tage bis Wochen in unterschiedlichen Situationen und im Zusammenspiel mit unterschiedlichen Personen, anderen Kindern etc. zu beobachten, bevor man sicher sein kann, dass anhaltende Probleme vorliegen.

Der *Unterschied zwischen den beiden Störungen* liegt vor allem darin, dass das oppositionelle Trotzverhalten durch ein etwas weniger schwer wiegendes Verhalten beschrieben wird. Es liegen insgesamt weniger problematische Verhaltensweisen vor und es fehlt körperlich-aggressives Verhalten gegen Menschen oder Tiere.

Darüber hinaus gibt es verschiedene Störungen im Kindes- und Jugendalter, die mit aggressivem Verhalten einhergehen können, bei denen jedoch das aggressive Verhalten nicht das zentrale Problem darstellt. Zudem gehen die Störung des Sozialverhaltens und die Störung mit oppositionellem Trotzverhalten oftmals mit dem Auftreten weiterer Störungen (Angold, Costello & Erkanli, 1999), wie zum Beispiel der Aufmerksamkeitsdefizit-/Hyperaktivitätsstörung oder mit Problemen der Impulsivität oder Aufmerksamkeit einher (vgl. Scheithauer & Petermann, 2004). Die Unterscheidung, ob ein Verhalten als aggressiv eingeordnet wird, obwohl es sich um ein impulsives Verhalten handelt, das ein Kind aus Unachtsamkeit zeigt, ist nicht einfach. Wichtig ist jedoch, dass – wie in Abschnitt 2.1.2 beschrieben wurde – beim aggressiven Verhalten eine Schädigungsabsicht vorliegt. Dies ist bei Kindern mit einer ADHS jedoch nicht der Fall.

Etwas seltener, aber häufiger als bei psychisch gesunden Kindern, treten auch Trauer und sozialer Rückzug auf. Dies kann u.a. darauf zurückgeführt werden, dass die Kinder oft Konflikte mit ihren Eltern und anderen Personen erleben und von Gleichaltrigen häufiger abgelehnt werden.

2.3.2 Sozial unsicheres Verhalten im Kindesalter

Neben Kindern mit dem eben dargestellten aggressiven oder trotzigen Verhalten fallen sozial unsichere Kinder oftmals kaum auf. Nicht selten treten sie auch in einer Gruppe von unauffälligen Kindern unter dem Eindruck, sie seien „pflegeleicht", in den Hintergrund. Sozial unsichere Kinder werden oft mit Begriffen wie „schüchtern" oder „gehemmt" beschrieben. Sie sprechen wenig oder nur leise, verstecken sich hinter anderen und vermeiden oft den Blickkontakt. Mimik und Gestik wirken häufig reduziert. Hinter sozial unsicherem Verhalten kann eine Reihe von verschiedenen Ängsten stehen. Die häufigsten Ängste im Kindesalter sind (s. Kasten 2.13):

- Trennungsangst,
- soziale Ängste/soziale Phobie,
- so genannte generalisierte Ängste.

Sozial-unsichere, schüchterne Kinder haben Angst, von anderen negativ bewertet zu werden, sich zu blamieren oder zu versagen. Zudem fürchten sie sich vor Begegnungen mit mehreren Menschen oder mit

Fremden. Sie vermeiden Sozialkontakte, es fällt ihnen schwer, Freundschaften aufzubauen, und sie werden durch Gleichaltrige zurückgewiesen bzw. gelten als wenig beliebt. In Spielsituationen beteiligen sie sich nicht, schauen oft nur zu, wagen es nicht, eigene Ideen und Bedürfnisse einzubringen (Asendorpf, 1989; 1993).

Bei der **Trennungsangst** steht eine starke Angst vor einer Trennung von der Bezugsperson im Vordergrund (WHO, 1993). Dies kann sich dadurch äußern, dass die Kinder sich weigern, alleine zu Hause zu bleiben oder alleine woanders hinzugehen. Die Kinder sind häufig in Sorge, dass der Bezugsperson etwas Schlimmes passieren könnte. Zudem können körperliche Symptome wie Bauch- und Kopfschmerzen oder Übelkeit in Situationen auftreten, die mit einer Trennung verbunden sind. Davon zu unterscheiden sind normale Reaktionen auf Trennungen von Bezugspersonen, die besonders bei jüngeren Kindern vorkommen und auch als „Fremdeln" bezeichnet werden.

Kinder mit **sozialer Ängstlichkeit/sozialer Phobie** haben eine anhaltende Angst vor fremden Erwachsenen und/oder Gleichaltrigen. Diese Angst ist so stark, dass die Kinder versuchen, Kontakte mit fremden Personen zu vermeiden. Ist dies nicht möglich, sind die Kinder deutlich befangen. Insgesamt sind die sozialen Beziehungen, außer zu den Hauptbezugspersonen, stark beeinträchtigt.

Bei der **generalisierten Angststörung**, liegen mehrere starke Ängste vor, die sich auf unterschiedliche Ereignisse oder Aktivitäten beziehen. Die Kinder werden von den Ängsten beherrscht und wirken oft ruhelos oder nervös, begleitet von Müdigkeit, Konzentrationsproblemen und Schlafstörungen. Die Ängste sind anders als bei der Störung mit Trennungsangst nicht auf eine einzige Situation begrenzt.

Kasten 2.13: Häufige Formen von Ängsten im Kindesalter (nach Petermann & Petermann, 2003).

Zusammenfassend ordnet man die angeführten Verhaltensbereiche – neben anderen emotionalen Störungsbereichen wie zum Beispiel Depression – den *internalisierenden Störungen* zu.

2.3.3 Konsequenzen von Verhaltensproblemen für die weitere Entwicklung

Tabelle 2.3: Auswahl von Gemeinsamkeiten und Unterschieden zwischen aggressivem und sozial-unsicherem Verhalten (mod. nach Ahrens-Eipper, 2002, S. 14).

Die Darstellung der Problembereiche verdeutlicht die Unterschiede, aber auch Ähnlichkeiten, die in Präventionen anvisiert werden können (s. Tab. 2.3).

Bereich	Soziale Unsicherheit	Aggressivität
Sozialkontakte	Wenige	Wenige
Freundschaften	Fehlende soziale Fertigkeiten, Freundschaften aufzubauen; wagen nicht, andere Kinder anzusprechen	Fehlende soziale Fertigkeiten, Freundschaften aufzubauen; wählen eher aggressives Verhalten, um Kontakt aufzunehmen
Konfliktlösungen	Kinder wählen eher Rückzug, geben nach, vertreten nicht eigene Interessen	Kinder wählen eher aggressives Verhalten, setzen Interessen mit unadäquaten Mitteln durch
Selbstwert	Niedrig	Niedrig bzw. fälschlich überhöht
Absichten anderer	Es werden feindselige Ansichten unterstellt	Es werden feindselige Ansichten unterstellt

Kinder mit Verhaltens-, emotionalen oder sozialen Problemen sind oft erheblich in ihren sozialen Beziehungen, Freizeitaktivitäten und schulischen Leistungen beeinträchtigt. Aus den Problemen können vielfältige Konsequenzen entstehen, die die ursprüngliche Problematik verstärken, aber auch eine positive Entwicklung in anderen Bereichen gefährden können.

Schulische Probleme, wie zum Beispiel schlechte Leistungen bis hin zur Schulverweigerung, werden sowohl von ängstlich-zurückgezogenen Kindern als auch von Kindern mit aggressivem Verhalten berichtet (Egger, Costello & Angold, 2003). Ängstliche Kinder verweigern zum Beispiel den Schulbesuch, weil sie sich nicht von ihrer Bezugsperson trennen möchten oder weil sie starke Angst vor der Schule an sich haben. Aggressive Kinder zeichnen sich hingegen eher durch wenig Interesse an der Schule aus oder schwänzen die Schule, um sich gegen die Autorität der Eltern oder Lehrer aufzulehnen.

Soziale Unsicherheit im Kindesalter kann die betroffenen Kinder in einer Vielzahl von Bereichen einschränken. Sie geht oftmals einher mit mangelnden Sozialkontakten, Unselbstständigkeit, einem geringen Selbstwert bis hin zu Beeinträchtigungen in den Schulleistungen. Altersgemäße Kompetenzen werden nicht oder nur unzureichend aufgebaut, bereits vorhandene Fertigkeiten werden nicht geübt und gehen sogar verloren. Der soziale Rückzug der Kinder tritt in Folge in immer stärkerem Maße auf, es entsteht eine Art „Teufelskreis", der durch mögliche Zurückweisung durch Gleichaltrige zunehmend verstärkt wird. Soziale Ängste und mangelhafte Sozialbeziehungen in Folge sozialen Rückzugs werden als Risikobedingungen für spätere soziale Probleme und psychische Störungen angesehen (s. Abschnitt 2.2.1).

Eine Konsequenz, die durch Verhaltensprobleme entstehen kann, ist die **Zurückweisung der Kinder** durch andere Kinder. Im Kasten 2.14 sind einige Studienbefunde zusammengefasst.

Kasten 2.14: Probleme mit Gleichaltrigen im Zusammenhang mit Verhaltensproblemen.

Probleme mit Gleichaltrigen, wie zum Beispiel Ausschluss von Aktivitäten, stehen in einem Zusammenhang mit verschiedenen psychischen Problemen, zum Beispiel ängstlich-depressiven Symptomen und aggressivem Verhalten (Keiley, Bates, Dodge & Pettit, 2000; Rubin, Bukowski & Parker, 1998).

Längsschnittstudien konnten auch Beziehungen von **Zurückweisung durch Gleichaltrige** in der Kindheit zu delinquentem Verhalten und Drogenmissbrauch in der Jugend bzw. dem frühen Erwachsenenalter zeigen (Lewin, Davis & Hops, 1999; Reinherz, Giacona, Hauf, Wasserman & Paradis, 2000).

Beispielsweise untersuchten Dodge und Kollegen (2003) den **Zusammenhang zwischen aggressivem Verhalten und Zurückweisung** über mehrere Jahre bei

Kindergarten- und Grundschulkindern. Sie konnten zeigen, dass eine früh einsetzende Zurückweisung durch Gleichaltrige mit einem Anstieg aggressiven Verhaltens einherging. Besonders gefährdet waren dabei Kinder, die ursprünglich schon vermehrt aggressives Verhalten zeigten. Dadurch wird deutlich, dass auch hier nicht einfache Beziehungen in eine Richtung angenommen werden können, d.h. Kinder, die durch andere Kinder zurückgewiesen werden, weisen ein höheres Risiko für Verhaltensprobleme auf, und Kinder mit Verhaltensproblemen weisen ein höheres Risiko auf, von Gleichaltrigen abgelehnt zu werden.

Eine frühe Zurückweisung durch Gleichaltrige kann langfristig negative Effekte auf die Entwicklung von Kindern haben (vgl. Dodge et al., 2003). Die Zurückweisung von anderen Kindern kann eine **andauernde psychische Belastung** für Kinder sein. Sie haben zudem weniger die Gelegenheit, soziale Fertigkeiten im Umgang mit Gleichaltrigen zu erwerben, wodurch ihre Probleme noch stärker werden können. Zudem kann sich bei den Kindern gleichzeitig die negative Erwartung aufbauen, von anderen Kindern abgelehnt zu werden. So wird die Integration in die Gleichaltrigengruppe und die Bildung von Freundschaftsbeziehungen immer schwerer.

Kindliche Verhaltensprobleme wirken sich zuweilen bis in das *Erwachsenenalter* aus. Besonders nachdrücklich konnte dies für früh auftretendes aggressiv-dissoziales Verhalten aufgezeigt werden (Moffitt & Caspi, 2001; Moffitt, Caspi, Harrington & Milne, 2002). Speziell Jungen, die bereits früh aggressives Verhalten zeigen und dieses stabil über den Entwicklungsverlauf beibehalten, fallen im Erwachsenenalter durch häufigeres und schweres kriminelles Verhalten auf, wie zum Beispiel Körperverletzung oder Raub. Insgesamt sind sie häufiger von einer so genannten antisozialen Persönlichkeitsstörung betroffen als Männer, die kein aggressiv-dissoziales Verhalten in der Kindheit zeigten oder nur im Jugendalter. Sie sind daher öfter vorbestraft, haben nur eine geringe schulische Bildung und gehen seltener einer qualifizierten Beschäftigung nach. Zudem weisen sie in geringerem Umfang soziale Beziehungen auf oder sie gehen Beziehungen zu Personen ein, die ebenfalls dissoziale Verhaltensmuster zeigen, wodurch die Problematik verstärkt wird. In einer Längsschnittstudie von Kokko und Pulkkinen (2000) erwiesen sich Erwachsene, die in der Kindheit durch aggressives Verhalten aufgefallen waren, als häufiger von Arbeitslosigkeit betroffen. Das Risiko war besonders hoch für diejenigen, die neben dem aggressiven Verhalten nur ein geringes Maß sozial kompetenten Verhaltens zeigten. Auch in dieser Forschungsarbeit zeigt sich, dass sozial kompetentes Verhalten nicht als Gegenpol von dissozialem Verhalten zu verstehen ist, sondern es sich im Hinblick auf Verhaltensprobleme um einen wichtigen Schutzfaktor handeln könnte.

2.4 Emotionale, soziale Kompetenz und Entwicklungsaufgaben

Emotionale und soziale Kompetenzen sind eng miteinander verknüpft – wie im Folgenden dargestellt wird – und haben einen wesentlichen Einfluss auf die *Qualität unserer sozialen Beziehungen*. Sie bestimmen, wie gut wir zum Beispiel mit eigenen Emotionen und mit Emotionen und den Wünschen Anderer umgehen und wie wir soziale Konflikte bewältigen können. Der Erwerb emotionaler und sozialer Kompetenzen ist eine Entwicklungsaufgabe, die Kinder besonders während der Vorschulzeit bewältigen müssen.

Die Bedeutung sozialer Kompetenzen wird besonders deutlich, wenn man sich vergegenwärtigt, wodurch sich Kinder mit sozialen Kompetenzen von jenen unterscheiden, die einen Mangel an sozialen Kompetenzen zeigen (s. Tabelle 2.4).

Tabelle 2.4: Merkmale sozialkompetenter gegenüber sozial-nicht kompetenten Kindern (nach Henricsson & Rydell, 2004, 2006;Howes, 2000; Ladd, Birch & Buhs, 1999; Pianta, Steinberg & Rollins, 1995; Webster-Stratton & Hammond, 1998; Wentzel, 1991).

Kinder mit sozialen Kompetenzen	Kinder mit mangelnden sozialen Kompetenzen
• Erfolgreiche Anpassung an das soziale Umfeld • Positive Peer-Beziehungen • Positive Beziehung zu Erzieherin/Lehrerin • Prosoziales Verhalten (z.B. Teilen, Kooperieren, soziale Interaktionen)	• Verhaltensprobleme, z.B. Aggression im Vorschulalter • Wenig prosoziales Verhalten • Extreme Formen von Schüchternheit • wenige Peerbeziehungen • ADHS

Es wird angenommen, dass geringe soziale und emotionale Kompetenzen auch ursächlich mit den Problemen, die in Tabelle 2.4 dargestellt sind, im Zusammenhang stehen (vgl. Eisenberg et al., 2000). Daher werden Maßnahmen zur Förderung der sozialen und emotionalen Kompetenz in der Therapie und der Prävention von verschiedenen psychischen Problemen bei Kindern angewendet. Studien zur Wirksamkeit dieser Maßnahmen bestätigen eine Verbesserung emotionaler und sozialer Fähigkeiten und Fertigkeiten (s. Kasten 2.15). Zudem lässt sich ein Rückgang von Verhaltensproblemen zeigen (Greenberg, Kusche, Cook & Quamma, 1995; Lösel & Beelmann, 2003; Webster-Stratton, Reid & Hammond, 2001).

Kasten 2.15: Fähigkeiten und Fertigkeiten.

Fertigkeiten (skills) erweisen sich als spezifischer als Fähigkeiten, stellen sozusagen einen erlernten oder erworbenen Anteil des Verhaltens dar und werden durch Übung stärker.

Als Voraussetzung für die Realisierung einer Fertigkeit werden **Fähigkeiten** (abilities) betrachtet. Sie beziehen sich auf grundlegende Potenziale (z.B. bezogen auf Kommunikation, Bewegung, Denken), die es uns ermöglichen, unsere Umwelt zu beherrschen und kompetent zu handeln.

Im Folgenden werden grundlegende Konzepte zu den Konstrukten „emotionale" und „soziale Kompetenz" vorgestellt sowie mit positiven und negativen Entwicklungsverläufen von Kindern in Beziehung gesetzt. Anschließend wird auf die Beziehung zwischen emotionaler und sozialer Kompetenz sowie auf Einflussfaktoren auf diese Entwicklungsbereiche eingegangen.

2.4.1 Emotionale Kompetenz

Emotionen werden als kurzlebige, vorübergehende Gefühlszustände und als Reaktion auf äußere Ereignisse verstanden. Sie gehen mit bestimmten physiologischen (Körper-)Reaktionen einher und erfüllen verschiedene Funktionen. Emotionen haben Einfluss darauf, was und wie schnell wir etwas wahrnehmen, wie wir auf diese Sinneseindrücke reagieren und was wir dabei denken. Emotionen bilden die motivationale Grundlage für unser Handeln und nehmen somit entscheidenden Einfluss auf die Qualität zwischenmenschlicher Interaktionen und sozialer Beziehungen (Izard, Fine, Mostow, Trentacosta & Campbell, 2002). Emotionen prägen unser tägliches Leben, sie formen entscheidend die Qualität sozialer Interaktionen und sozialer Beziehungen zu anderen Menschen. Allgemein dienen Emotionen der Anpassung an die Umwelt (vgl. Izard et al., 2002). Ein umfassendes Wissen über Emotionen und die Fähigkeit, mit eigenen Emotionen umzugehen, sind daher entscheidend für das Erleben positiver sozialer Interaktionen und den Aufbau stabiler Beziehungen zu anderen Menschen.

Kinder müssen den Umgang mit eigenen und fremden Emotionen erst lernen. Aufgrund der herausragenden Bedeutung von Emotionen für die soziale Interaktion kann der Erwerb emotionaler Kompetenz als eine der wichtigsten Entwicklungsaufgaben (s. Abschnitt 2.4.5) im Kleinkind- und Vorschulalter bezeichnet werden. Sie fördert und bildet eine Grundlage für andere Entwicklungsbereiche.

◀ Entwicklungsaufgabe Emotionale Kompetenz

Kasten 2.16: Definition emotionale Kompetenz.

Allgemein kann unter emotionaler Kompetenz die Fähigkeit verstanden werden, mit eigenen Emotionen und mit Emotionen anderer angemessen umzugehen. Die Entwicklungspsychologie definiert die emotionale Kompetenz noch etwas präziser, da eine genauere Betrachtung zeigt, dass emotionale Kompetenz eine Reihe von Fertigkeiten voraussetzt. Petermann und Wiedebusch (2003) beschreiben emotionale Kompetenz daher als Fertigkeiten in den folgenden Bereichen:

- Eigener mimischer Emotionsausdruck;
- Erkennen des mimischen Emotionsausdrucks anderer Personen;
- Sprachlicher Emotionsausdruck sowie
- Emotionswissen und -verständnis;
- Emotionsregulation.

Diese Bereiche werden im Folgenden näher beschrieben:

Eigener mimischer Emotionsausdruck. In Bezug auf den eigenen Emotionsausdruck müssen Kinder lernen, emotionale Mitteilungen in der Interaktion durch Mimik und Gestik angemessen auszudrücken, damit andere Personen in der Lage sind, den emotionalen Zustand zu erkennen. Es gehört im weiteren Entwicklungsverlauf auch dazu, dass sie lernen, ihr subjektives Empfinden nach Bedarf vom Emotionsausdruck zu trennen. Dies trifft zum Beispiel auf Situationen zu, in denen aufgrund gesellschaftlicher Konventionen oder auch zur Wahrung eigener Interessen die tatsächlichen Emotionen nicht gezeigt werden sollten. Die Unterscheidung zwischen Emotionserleben und -ausdruck lernen Kinder ungefähr ab dem 3. Lebensjahr. Zu diesem Zeitpunkt beginnen sie außerdem ihren Emotionsausdruck an Situationen anzupassen und strategisch einzusetzen.

Erkennen des mimischen Emotionsausdrucks anderer Personen. Das Erkennen von Emotionen bei anderen Personen ist eine wichtige Voraussetzung für eine erfolgreiche Interaktion mit diesen Personen. Können Kinder abschätzen, wie sich ihr Gegenüber gerade fühlt, hilft ihnen dies, ihr eigenes Handeln darauf abzustimmen. In empirischen Studien konnte zum Beispiel nachgewiesen werden, dass Kinder, die die Emotionen anderer gut erkennen, bei anderen Kindern beliebter sind (Cooley & Triemer, 2002; Denham et al., 2002).

Sprachlicher Emotionsausdruck, Emotionswissen und -verständnis. Der sprachliche Emotionsausdruck umfasst die Fähigkeit, eigene Emotionen zu beschreiben und damit auch mitteilen zu können. Vorraussetzung dafür ist ein umfangreicheres Emotionswissen und -verständnis. Diese beiden Bereiche der emotionalen Kompetenz bauen aufeinander auf. Das bedeutet zum Beispiel, dass Kinder mit einem umfangreichen Emotionswissen leichter ihre eigenen Emotionen beschreiben und so ihre Bedürfnisse mitteilen können. Umgekehrt hat ein Kind mit geringem Emotionsverständnis Schwierigkeiten, seine Gefühle und damit zusammenhängende Bedürfnisse auszudrücken. Ist ein Kind mit geringen Fertigkeiten im sprachlichen Emotionsausdruck wütend, neigt es wahrscheinlich eher zu sozial unangemessenem Verhalten (z.B. Spielzeug wegnehmen oder Schlagen), als Kinder, die die Möglichkeit haben, durch sprachliche Mitteilungen einen Konflikt zu lösen.

Der sprachliche Emotionsausdruck verhilft dem Kind dazu, seine Gefühle und damit verbundene Bedürfnisse anderen Personen mitzuteilen (Izard et al., 2002). Darüber hinaus bildet das Verständnis von Emotionen und das Wissen über und um Emotionen die Basis für die Entwicklung von Empathie und prosozialen Verhaltensweisen (Izard et al., 2002; s. Kasten 2.17). Insbesondere In der Altersspanne von zwei bis fünf Jahren werden besonders viele Verknüpfungen zwischen Emotionen und Kognitionen geschaffen. Das Kindergartenalter ist in diesem Sinne eine sensible Phase, in der der Erwerb von Emotions-Kognitions-Verbindungen gefördert werden muss (Izard et al., 2002). Diese Fähigkeiten bilden die Grundlage für das Erlernen von Emotionsregulation.

Emotionsregulation. Die Emotionsregulation bezieht sich auf alle Strategien eines Kindes mit den eigenen Emotionen umzugehen. Nach Eisenberg et al. (2000) schließt dies folgende Fertigkeiten ein:

- das Herstellen und Aufrechterhalten von Emotionen;
- die Kontrolle und Modulation der Intensität und Dauer von Emotionen;
- die Möglichkeit zur Beeinflussung der begleitenden physiologischen Prozesse (Körperreaktionen) und Verhaltensweisen.

In Kasten 2.17 ist beschrieben, auf welche Weise die Emotions(dys)-regulation zusammenhängt mit einem häufigen Verhalten im Kleinkindalter, das in einem bestimmten Maße zur Entwicklung von Kindern dazugehört: intensive Wutanfälle (in der englischen Fachliteratur auch *temper tantrums* genannt).

Kasten 2.17: Emotionsregulation und Wutanfälle im Vorschulalter.

Wutausbrüche oder *Wutanfälle* sind ein Verhalten, an dem sich besonders gut entwicklungsbedingte Veränderungen in der Emotionsregulation erkennen lassen. Wutanfälle treten bei Kindern besonders häufig im Alter von zwei Jahren auf und werden dann im Laufe der Entwicklung immer seltener. Das charakteristischste Merkmal solcher Wutanfälle ist die enorme Intensität, mit der die Kinder ihrem Ärger Ausdruck verleihen. Die Kinder erleben ihre Emotionen so stark, dass sie häufig selbst für einlenkende Worte der Mutter nicht zugänglich sind. Treten Wutanfälle bei einem älteren Kind noch häufig auf, liegt eine mangelnde Kontrolle und Modulation der Intensität und Dauer der Emotionen vor. Das Denken und Verhalten der Kinder ist in solch einer Situation stark eingeschränkt. Treten zwischenmenschliche Probleme auf, sind die Kinder weniger in der Lage, sich Lösungen für die Probleme auszudenken und diese auch tatsächlich umzusetzen. Empirisch wird dies durch Befunde untermauert, die deutlich zeigen, dass Kinder mit einer mangelnden Emotionsregulation weniger prosoziales Verhalten zeigen, aggressiver sind und von Gleichaltrigen häufiger abgelehnt werden (Eisenberg et al., 2000; 2001a, b; Ingoldsby, Shaw, Owens & Winslow, 1999).

2.4.2 Soziale Kompetenz

Das theoretische Konstrukt „soziale Kompetenz" besteht ebenso wie das der emotionalen Kompetenz aus verschiedenen Aspekten:

Kasten 2.18: Definition soziale Kompetenz.

Auf einer sehr allgemeinen Ebene kann *soziale Kompetenz* nach Rose-Krasnor (1997) als *Effektivität in sozialen Interaktionen* definiert werden. Die Effektivität bezieht sich auf das Erreichen persönlicher Ziele in sozialen Situationen, wobei allgemeingültige soziale Regeln und Normen eingehalten werden. Es kann noch eine etwas umfassendere Definition von Rubin und Rose-Krasnor (1992) angeführt werden, wonach soziale Kompetenz die Fähigkeit einer Person ist, persönliche Ziele in sozialen Interaktionen zu erreichen, während positive Beziehungen zu anderen über die Zeit und über verschiedene Situationen aufrecht erhalten werden. Durch diese Definition wird besonders die Fähigkeit zur Erhaltung von positiven sozialen Beziehungen hervorgehoben. Soziale Kompetenz bezeichnet außerdem die Fähigkeit, positive soziale Beziehungen aufrecht zu erhalten (Rubin & Rose-Krasnor, 1992). Mit dieser Definition stellt Rose-Krasnor (1997) die soziale Kompetenz an die oberste Stufe der Kompetenzentwicklung und gibt ihr die Rolle einer generellen, übergreifenden Kompetenz.

Soziale Kompetenz umfasst somit eine Vielzahl von sozialen Fertigkeiten, Verhaltensweisen und Kompetenzen, die sich auf Aufgaben im sozialen Umfeld beziehen, die eine Person erfolgreich umsetzt. Es stellt die Gesamtheit des Wissens, der Fähigkeiten und Fertigkeiten einer Person dar, welche die Qualität eigenen Sozialverhaltens – im Sinne der Definition sozial kompetenten Verhaltens – fördert. Sozial kompetentes Verhalten bezeichnet demnach das Verhalten einer Person, das in einer spezifischen Situation dazu beiträgt, die eigenen Ziele zu verwirklichen, wobei gleichzeitig die soziale Akzeptanz des Verhaltens gewahrt – also niemand geschädigt oder benachteiligt wird (Kanning, 2002, S. 155).

Die angeführten Definitionen setzen dabei für sozial kompetentes Handeln grundlegend die kognitive Fähigkeit voraus, sich selbst von anderen unterscheiden zu können (Zahn-Waxler, Radke-Yarrow, Wagner & Chapman, 1992). Daran wird die enge Verbindung zwischen sozialer und kognitiver Entwicklung in den ersten Lebensjahren deutlich. Diese Fähigkeit tritt während des zweiten Lebensjahres auf.

! **Das Kindergartenalter ist daher die entscheidende Lebensphase, in der wichtige soziale Fähigkeiten und Fertigkeiten entwickelt und weiter differenziert werden.**

Die grundlegende Voraussetzung zum Aufbau sozialer Kompetenzen ist die Fähigkeit, sich selbst von anderen unterscheiden zu können. Dies ist jedoch erst ab einer bestimmten kognitiven Reife möglich. Erst im Laufe des zweiten Lebensjahres entwickelt das Kind eine solche Reife, die wiederum die Möglichkeit zur Perspektivenübernahme schafft. Durch die Fähigkeit, sich selbst von anderen zu unterscheiden, werden erst *Selbstaufmerksamkeit* und die *Fähigkeit zur Rollen- und kognitiven Perspektivenübernahme* möglich. Beides ist wiederum Voraussetzung für *Empathie* (vgl. Diener & Kim, 2004; s. Kasten 2.19), die sich in prosozialen Handlungen (z.B. Hilfe anbieten oder ein anderes Kind trösten) ausdrücken kann.

Kasten 2.19: Kognitive Perspektivenübernahme und Empathie.

Empathie bezeichnet emotionale Reaktionen, die durch den affektiven Zustand oder die Situation anderer Personen hervorgerufen werden und das Nachempfinden beschreiben. Grundsätzlich lassen sich bei Empathie zwei Ebenen unterscheiden:

- **Kognitive Ebene:** Sich der Emotionen der Person gegenüber bewusst sein, sich in die Person gedanklich hineinversetzen können (kognitive *Perspektivenübernahme*).
- **Emotionale Ebene:** Stellvertretende affektive Reaktion auf die Emotionen der Person gegenüber, das *Mitleiden* und der daraus entstehende *Handlungsimpuls, zu helfen*, das Leiden bzw. die Situation der Person gegenüber zu verändern.

Soziale Kompetenz umfasst mindestens die folgenden fünf Aspekte (Eisenberg & Harris, 1984):

◄ 5 Aspekte sozialer Kompetenz

- Fähigkeit zur Perspektivenübernahme,
- Erkennen der Bedeutung von Freundschaften,
- Entwickeln positiver Problemlösestrategien innerhalb sozialer Interaktionen,
- Entwicklung moralischer Wertvorstellungen,
- Fertigkeiten zur Kommunikation.

An welchen Fähigkeiten und Fertigkeiten sich soziale Kompetenz bei Kindern feststellen lässt, versuchten Caldarella und Merrell (1997) zu beschreiben. Sie kommen nach einer Analyse von verschiedenen Studien zu fünf Dimensionen sozialer Kompetenz:

◄ 5 Dimensionen sozialer Kompetenz

- Fertigkeiten zur Bildung positiver Beziehungen zu Gleichaltrigen (u. a. soziale Perspektivenübernahme; anderen helfen oder andere loben).
- Selbstmanagementkompetenzen (wie Konflikte bewältigen oder die eigene Stimmung regulieren).
- Akademische Kompetenzen (auf die Anweisungen des Lehrers hören; um Hilfe bitten).

- Kooperative Kompetenzen (Anerkennung sozialer Regeln; angemessene Reaktionen auf Kritik zeigen).
- Positive Selbstbehauptung und Durchsetzungsfähigkeiten (Gespräche oder Aktivitäten beginnen).

2.4.3 Zusammenhang von sozialer und emotionaler Kompetenz

Die emotionale und die soziale Kompetenz stehen in *enger und vielfältiger Beziehung* zueinander (vgl. Kanning, 2002; von Salisch, 2002). Es kann angenommen werden, dass bestimmte emotionale Fertigkeiten die Grundlage für sozial kompetentes Verhalten, wie z.B. prosoziales Verhalten (s. Kasten 2.20), sind (vgl. Denham et al., 2003). Aus verschiedenen Studien wird berichtet, dass eine hohe emotionale Kompetenz mit einer höheren sozialen Kompetenz und mit weniger Problemen mit Gleichaltrigen einhergeht (Cooley & Triemer, 2002; Denham et al., 2003; Denham, Zahn-Waxler, Cummings & Iannotti, 1991; Izard et al., 2001; Saarni, 1999). So berichten beispielsweise Izard et al. (2001) über fünfjährige Kinder, die den mimischen Emotionsausdruck anderer besser erkennen und benennen können, dass diese ein ausgeprägteres, positives Sozialverhalten und häufiger soziale Kontakte mit Gleichaltrigen aufweisen.

Kasten 2.20: Prosoziales Verhalten.

Prosoziales Verhalten umfasst Verhaltensweisen wie Anteilnahme, Teilen, Helfen und die Zusammenarbeit zu Gunsten der Gruppe (Petermann et al., 2004). Die Fertigkeiten, auf deren Basis anderen Menschen geholfen wird (prosoziales Verhalten), oder ein Mangel an diesen Fertigkeiten, der beispielsweise dazu führt, dass andere geschädigt werden (dissoziales oder aggressives Verhalten), entwickelt sich im Kontext sozialer Interaktionen, wobei die Gruppe der Gleichaltrigen eine wichtige Funktion einnimmt (Petermann et al., 2004; Scheithauer, 2003). Soziale Kompetenzen stellen dabei eine Voraussetzung für prosoziales Verhalten dar.

Wie in Abschnitt 2.4.1 dargestellt, formen Emotionen die motivationale Basis für Empathie und prosoziales Verhalten (s. Kasten 2.20) ebenso wie für Wut, aus der schlimmstenfalls aggressives und gewalttätiges Verhalten resultieren kann (vgl. Eisenberg & Fabes, 1998). Emotionale Kompetenz verstärkt zum Beispiel die soziale Perspektivenübernahme, d.h. ein Kind kann sich besser vorstellen, wie andere Kinder sich gerade fühlen. Diese Fertigkeiten helfen dabei, eigenes Verhalten besser auf das von anderen Kindern abzustimmen. Daher sind emotional kompetente Kinder in der Regel bei anderen Kindern beliebter und zeigen weniger aggressives Verhalten (Arsenio, Cooperman & Lover, 2000).

Kinder mit einer geringen emotionalen Kompetenz weisen hingingen eine geringe soziale Kompetenz und häufiger externalisierende Verhaltensstörungen auf (vgl. Petermann & Wiedebusch, 2003). Kinder mit sozialen und emotionalen Problemen wurden in verschiedenen Studien dahingehend untersucht, ob sie sich *hinsichtlich ihrer emotionalen Kompetenz von unauffälligen Kindern unterschieden*. Es zeigte sich, dass bei diesen Kindern häufiger Schwächen im Bereich der emotionalen Kompetenz vorlagen. Ängstliche Kinder zeichnen sich dadurch aus, dass sie eher ein eingeschränktes Repertoire mimischer Ausdrucksmöglichkeiten haben und bei der Interpretation von Emotionen anderer unsicherer sind (Casey, 1996). Kinder mit aggressivem Verhalten fallen häufiger durch beeinträchtigte emotionale Kompetenzen auf (Wolff Metternich & Döpfner, 2000). Kinder, die Probleme mit der Emotionsregulation und dem konstruktiven Umgang mit ihren Gefühlen haben, werden häufiger von Gleichaltrigen abgelehnt und als weniger sozial kompetent angesehen (vgl. Izard et al., 2002). Arsenio und Mitarbeiter (2000) berichten beispielsweise, dass geringe Fertigkeiten bei der Wahrnehmung und Benennung von eigenen und fremden Emotionen mit der Ablehnung durch andere Kinder einhergehen. Versteht ein Kind die Emotion eines anderen nicht, kommt es schneller zu Missverständnissen und Konflikten. Angemessene Ärgerregulationsstrategien hingegen können sogar dem Auftreten von Verhaltensstörungen entgegenwirken (von Salisch, 2002).

! Da emotionale und soziale Kompetenzen eng miteinander verknüpft sind, wird häufig von *sozial-emotionalen Kompetenzen* – und in Folge sozial-emotionalen Fertigkeiten – gesprochen.

Payton und Kollegen (2000) haben eine Reihe von sozial-emotionalen Schlüsselfertigkeiten zusammengestellt, deren Förderung durch Programme zum emotionalen und sozialen Lernen empfohlen wird (s. Tab. 2.5).

Es wird davon ausgegangen, dass durch eine Förderung dieser sozial-emotionalen Schlüsselfertigkeiten das Risiko für emotionale Probleme (z.B. Angst, sozialer Rückzug) und für Verhaltensprobleme (z.B. aggressiv-dissoziales Verhalten) reduziert werden kann. Der erfolgreiche Aufbau sozial-emotionaler Kompetenzen ist Voraussetzung für eine gesunde psychische Entwicklung des Kindes. Auf diesen Kompetenzen aufbauend zeigen Kinder prosoziales Verhalten wie z.B. Hilfeleistung. Kinder mit sozial-emotionalen Kompetenzen zeigen eine bessere Integration in die Gleichaltrigengruppe und passen sich neuen Herausforderungen besser an (z.B. in der Schule). Kinder mit einem hohen Ausmaß an sozial-emotionalen Kompetenzen fallen zudem seltener durch Verhaltensprobleme auf (Izard et al., 2002). Umgekehrt stellen gering entwickelte sozial-emotionale Kompetenzen einen bedeutsamen Risikofaktor für vielfältige Probleme (z.B. aggressiv-dissoziales Verhalten) dar.

Selbst- und Fremdwahrnehmung	
Wahrnehmung eigener Emotionen	Eigene Emotionen richtig wahrnehmen und benennen
Regulation von Emotionen	Eigene Emotionen verändern können (z.B. in der Intensität)
Positives Selbstbild	Eigene Stärken und Schwächen erkennen und alltäglichen Herausforderungen mit Selbstvertrauen und Optimismus begegnen
Perspektivenübernahme	Sichtweise anderer Personen wahrnehmen
Soziale Interaktion	
Aktives Zuhören	Sich anderen zuwenden und ihnen zeigen, dass sie verstanden werden
Kommunikation	Gespräche initiieren und aufrechterhalten und eigene Gedanken und Gefühle verbal und nonverbal ausdrücken
Kooperation	Sich mit anderen abwechseln und teilen
Verhandlungen	In einem Konflikt alle Sichtweisen berücksichtigen, um zu einer für alle Beteiligten zufrieden stellenden Lösung zu kommen
Verweigerung	Sich verweigern und nicht unter Druck setzen lassen
Suche nach Unterstützung	Unterstützungsbedarf erkennen und erreichbare und angemessene Hilfen in Anspruch nehmen

Tabelle 2.5: Ausgewählte sozial-emotionale Schlüsselfertigkeiten nach Payton et al. (2000; aus Petermann, 2002, S. 180).

Abbildung 2.2 stellt noch einmal die Zusammenhänge zwischen sozialer, emotionaler Kompetenz und prosozialem Verhalten zusammenfassend dar.

2.4.4 Einflussfaktoren auf die emotionale und soziale Kompetenzentwicklung von Kindern

Das kindliche Temperament. Ein bereits früh wirksamer Einflussfaktor auf die kindliche soziale und emotionale Entwicklung ist das

Temperament eines Kindes. Generell kann man unter Temperament die *Art und Weise* verstehen, *wie Kinder reagieren oder agieren*, oder anders ausgedrückt: das Temperament beschreibt nicht, *was* ein Kind macht (Verhalten), sondern, *wie* es etwas macht (vgl. Zentner, 2000). Beschrieben wird oft eine Reihe von Verhaltenstendenzen, die über bestimmte Zeiträume hinweg und über unterschiedliche Situationen hinweg bei einem Kind relativ konstant bleiben, zum Beispiel bezogen auf die physiologische Reaktivität oder auf die Emotionalität. Unter physiologischer Reaktivität kann die körperliche Reaktionsbereitschaft verstanden werden.

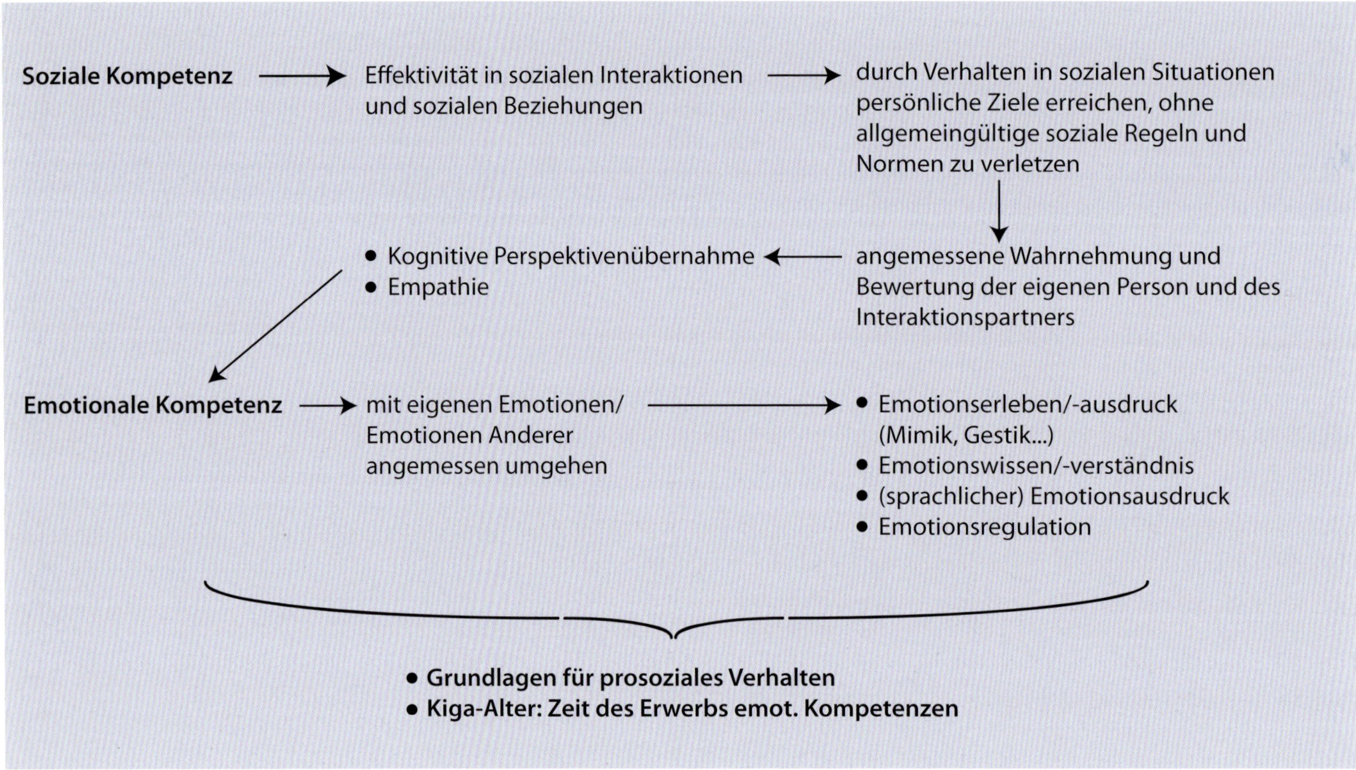

Abbildung 2.2: Zusammenhang zwischen emotionaler Kompetenz, sozialer Kompetenz und prosozialem Verhalten im Vorschulalter.

Eine bestimmte Kombination von Temperamentsmerkmalen wird auch als *„schwieriges" Temperament* bezeichnet. Damit werden Kinder gekennzeichnet, die leicht irritabel sind, einen unregelmäßigen biologischen Rhythmus haben und häufig negative Emotionen zeigen (Caspi & Silva, 1995). Besonders diese Temperamentskonstellation steht mit oppositionellem und aggressivem Verhalten im Kindesalter im Zusammenhang und langfristig auch mit aggressiv-dissozialem Verhalten im Jugendalter (Eisenberg et al., 2000; Lengua, West & Sandler, 1998, Moffitt & Caspi, 2001).

◄ „schwieriges" Temperament

Das Autorenteam weist aber darauf hin, dass es eigentlich kein „schwieriges Temperament" an sich gibt, sondern dass mögliche Probleme und Risiken in der kindlichen Entwicklung dadurch entstehen, dass die Umwelt des Kindes nicht zu den beschriebenen Temperamentsmerkmalen passt, also Eltern beispielsweise andere Erwartungen an ihr Kind haben oder mit einem sehr lebhaften Kind nicht so gut umgehen können und sich überlastet fühlen. Aus dieser Situation heraus ergeben sich dann in den Interaktionen zwischen Kind und Eltern Probleme.

!

Neben dem so genannten schwierigen Temperament wurde auch das *„gehemmte" Temperament* im Zusammenhang mit der sozialen und emotionalen Entwicklung von Kindern untersucht. Kinder mit einem gehemmten Temperament fallen dadurch auf, dass sie sich an neue Situationen oder fremde Personen schlechter anpassen können. Diese Kinder ziehen sich eher zurück und empfinden mehr Angst (Biederman et al., 2001). Kinder mit einer starken Verhaltenshemmung haben ein erhöhtes Risiko für Angststörungen, wie zum Beispiel Phobien und Trennungsangst (Biederman et al., 2001; Hirschfeld, Rosenbaum, Biedermann & Bolduc, 1992; Schwartz, Snidman & Kagan, 1999).

◄ „gehemmtes" Temperament

Sprachentwicklung der Kinder. Die Sprachentwicklung von Kindern steht ebenfalls im Zusammenhang mit sozialer Kompetenz bzw. Schwierigkeiten in sozialen Interaktionen, denn die Sprache hat eine *fundamentale Funktion für den Aufbau und Erhalt zwischenmenschlicher Kontakte* (Vallance & Wintre, 1997). Wie oben ausgeführt, gehören bestimmte sprachliche Fertigkeiten, z.B. das Benennen von Emotionen, zur Definition von emotionaler oder sozialer Kompetenz. Mehrere Forschungsergebnisse zeigen zudem, dass Kinder mit Sprachentwicklungsstörungen vermehrt emotionale oder Verhaltensprobleme aufweisen (Hooper, Roberts, Zeisel & Poe, 2003; Kaiser, Cai, Hancock & Foster, 2002; Stansbury & Zimmermann, 1999). Dies wird dahingehend interpretiert, dass Kinder z.B. vermehrt mit aggressivem Verhalten reagieren, wenn sie ihre Bedürfnisse oder Wünsche nicht verständlich ausdrücken können, aber dennoch ihr Ziel (z.B. ein Spielzeug zu erhalten) erreichen wollen. Durch Sprache ist es hingegen möglich, mit anderen Kindern Kontakt aufzunehmen und eigene und fremde Wünsche aufeinander abzustimmen.

Eltern-Kind-Interaktion. Neben den kindlichen Faktoren wurde auch eine Reihe von elterlichen, besonders von mütterlichen Merkmalen untersucht, die die soziale und emotionale Entwicklung von Kindern beeinflussen. Ein wesentlicher Einflussfaktor ist die *Qualität der frühen Eltern-Kind-Interaktionen*. Der Begriff der Interaktion betont bereits, dass hier nicht einseitig Verhalten der Bezugsperson oder des Kindes betrachtet wird, sondern besonders der Prozess des sozialen Austausches im Mittelpunkt der Aufmerksamkeit steht. Elterliche oder kindliche Eigenschaften beeinflussen die Eltern-Kind-Interaktion; sie sind aber von dieser zu unterscheiden. Da die Mutter und das Kind sich gegenseitig beeinflussen, wird auch von der *Reziprozität der Eltern-Kind-Interaktion* gesprochen.

Familiäre Einflüsse und das Erziehungsverhalten der Eltern schlagen sich in der Mutter-Kind-Interaktion nieder. Zu den wichtigsten Einflussfaktoren auf die emotionale Entwicklung und damit auch auf die soziale Entwicklung zählen nach Petermann und Wiedebusch (2003):

◀ wichtigste Einflussfaktoren auf die emotionale und soziale Entwicklung

- das emotionale Familienklima,
- der Emotionsausdruck der Eltern,
- die Responsivität der Eltern,
- die Gespräche über Emotionen,
- der Umgang mit negativen Emotionen und
- die Koregulation von Emotionen.

Diese Einflussfaktoren werden im Folgenden näher beschrieben:

Beim *emotionalen Familienklima* wird besonders beachtet, wie die Familienmitglieder Emotionen ausdrücken. Die Eltern sind den Kindern hinsichtlich des *Ausdrucks* von positiven (wie Freude) und negativen Emotionen (wie Ärger) ein Vorbild und regulieren so auch das emotionale Erleben ihrer Kinder mit, da diese sich in emotionalen Situationen an den Reaktionen ihrer Bezugspersonen orientieren (Koregulation von Emotionen; vgl. Petermann & Wiedebusch, 2003). Eltern, die sensibel auf kindliche Emotionen *reagieren*, d.h. Emotionen nicht unterdrücken sondern auf positive und *negative Emotionen* der Kinder eingehen, unterstützen ein ebensolches Verhalten bei ihren Kindern im Umgang mit anderen (Denham, 1997). Für die emotionale Entwicklung des Kindes ist besonders ein häufiger Ausdruck negativer Emotionen von den Eltern wie Wut oder Traurigkeit ungünstig (Denham, Zoller & Couchoud, 1994; Eisenberg et al., 2001a, b). Wie Fabes, Leonard, Kupanoff und Martin (2001) bei dreijährigen Kindern nachweisen konnten, zeigen diese Kinder dann auch wieder vermehrt negative Emotionen, auf die die Eltern mit strengem und abweisendem Verhalten reagiert haben. So können sich negative Emotionen bei dem Kind und dem Erwachsenen aufschaukeln und langfristig wird besonders der *Ausdruck negativer Emotionen verstärkt*. Diese negativen Interaktionen zwischen Mutter und Kind können besonders dann auftreten, wenn bei der Mutter psychische Störungen bestehen wie zum Beispiel eine Depression. Kinder depressiver Mütter haben ein erhöhtes Risiko für sozial-emotionale Störungen (Brennan et al., 2000). Eltern, die in der Interaktion mit ihrem Kind hingegen häufig positive Emotionen zeigen sowie eine von Zuneigung geprägte Haltung zum Kind, haben eher Kinder, die auf negative Emotionen anderer Kinder empathisch reagieren und weniger Verhaltensprobleme zeigen (Zhou et al., 2002). *Gespräche der Eltern über Emotionen*, deren Ursachen und Folgen sowie deren Verbindungen zum Verhalten und zu den einhergehenden Gedanken sind ebenfalls für die emotionale und soziale Entwicklung der Kinder förderlich (vgl. Petermann & Wiedebusch, 2003). Kinder haben ein breiteres Emotionswissen und -verständnis und können Emotionen besser regulieren, wenn ihre Mütter mit ihnen über Emotionen sprechen (Dunsmore & Karn, 2001; Garner, 1999).

Erziehungsverhalten. Aus vielen Studien zum Zusammenhang zwischen der sozialen und emotionalen Entwicklung des Kindes und dem Erziehungsverhalten kristallisiert sich heraus, dass – absolut gesehen – eine *warme, von Zuneigung geprägte Erziehungshaltung in Kombinationen mit einem konsistenten und konsequenten elterlichen Verhalten* eine positive Entwicklung von Kindern unterstützt (Javo, Ronning, Heyerdahl & Rudmin, 2004). Harte Disziplinierungstechniken, körperliche

Bestrafung, eine geringe elterliche Aufsicht und wenig vorhersehbares elterliches Verhalten stehen hingegen insbesondere im Zusammenhang mit trotzigem und aggressivem, aber auch mit ängstlich-zurückgezogenem Verhalten der Kinder. Letzteres tritt auch im Kontext eines überprotektiven sowie überstimulierenden Erziehungsstils auf (Lansford, Deater-Deckard, Dodge, Bates & Pettit, 2004; Beyers, Bates, Pettitt & Dodge 2003; Morrell & Murray, 2003).

Die Ausführungen verdeutlichen die *besondere Bedeutung der Mutter-Kind-Interaktion und des Erziehungsverhaltens* für die emotionale und soziale Entwicklung des Kindes. Die Kompetenzen, die ein Kind durch die Interaktion mit seinen Bezugspersonen aufbaut, bestimmen weiter die Fertigkeiten des Kindes, auch soziale Beziehungen mit Gleichaltrigen aufzubauen (vgl. Raver & Zigler, 1997). Das Interaktionsmuster, das zu Hause gelernt wurde, wird zunächst auf die sozialen Interaktionen mit Erzieherinnen oder Gleichaltrigen übertragen. Im Laufe der Zeit werden die Interaktionsmuster der Kinder aber durch die Erfahrungen mit Erzieherinnen und Gleichaltrigen verändert (vgl. Diener & Kim, 2004).

Soziale Kompetenz und Kontakte zu Gleichaltrigen. Der Kontakt zu Gleichaltrigen (engl.: peers[2]) spielt für die Entwicklung sozialer Kompetenz ebenfalls eine wichtige Rolle und beeinflusst langfristig die individuelle Entwicklung (Ladd et al., 1999). Daher ist der *Eintritt in den Kindergarten* für Kinder in unserer westlichen Gesellschaft besonders wichtig. Der Kindergartenbesuch ist für den Kontakt mit

---

[2] Genau genommen werden mit „peers" Personen bezeichnet, die von der Stellung und vom Entwicklungsstand gleichgestellt sind, d.h. es handelt sich nicht nur um Personen im exakt selben Alter, sondern beispielsweise um alle, auch altersgemischten, Kinder in der Kindergartengruppe. Der Einfachheit halber wird im Folgenden der Begriff „Gleichaltrige" verwendet.

Gleichaltrigen oft ein wichtiges Ereignis im Leben von Kindern. Viele Kinder sind im Kindergarten *zum ersten Mal in der Situation, dass sie mit (mehreren) Gleichaltrigen und damit Gleichberechtigten spielen* können, im Gegensatz zu den sozialen Interaktionen mit Eltern sowie älteren oder jüngeren Geschwistern, wo das Kräfteverhältnis nicht ausgeglichen ist.

Im Kontakt zu Gleichaltrigen setzen sich die Kinder daher verstärkt mit dem Thema *Gerechtigkeit* auseinander. Sie müssen lernen, Spielzeug zu teilen oder sich zu gedulden, bis sie an der Reihe sind. Besonders entscheidend für die Entwicklung sozialer Kompetenz ist das gemeinsame Spiel von Kindern. Hier können Kinder lernen, eigene und fremde Bedürfnisse aufeinander abzustimmen.

Das gemeinsame Spiel fördert damit auch die *soziale Perspektivenübernahme*. Wie oben ausgeführt, ist diese Fähigkeit eine zentrale Voraussetzung für die Abstimmung eigener Handlungen auf die Bedürfnisse anderer. Diese Abstimmung ist nicht nur notwendig, um z.B. Konflikte mit anderen zu vermeiden, sondern auch – im Sinne einer positiven Selbstbehauptung – um eigene Ziele und Bedürfnisse auf eine angemessene Art und Weise zu erreichen.

Im Kindergarten entstehen oft auch die *ersten Freundschaften* zwischen Kindern. Der Begriff „Freundschaft" muss in Abhängigkeit vom Entwicklungsstand der Kinder unterschiedlich definiert werden (Hartup, 1996). Freundschaften zwischen Kindern ergeben sich bei drei- bis vierjährigen Kindern überwiegend durch das gemeinsame Spiel. Im Unterschied zu älteren Kindern stehen noch nicht gemeinsame Einstellungen oder die Zugehörigkeit zu einer bestimmten Gruppe im Vordergrund. Diese Formen von Freundschaft sind aber die Grundlage für spätere Freundschaftsbeziehungen.

Der Aufbau von stabilen Freundschaftsbeziehungen und die Entwicklung von sozialer Kompetenz *beeinflussen sich gegenseitig*: Die soziale Kompetenz eines Kindes hat einen bedeutsamen Einfluss auf die Fertigkeit eines Kindes, die es benötigt, um stabile Freundschaften aufzubauen. Umgekehrt werden soziale Kompetenzen im Rahmen von Freundschaftsbeziehungen von Kindern geübt und weiterentwickelt. Für Kinder mit geringen sozialen Kompetenzen, die nicht in der Lage sind, Freundschaftsbeziehungen aufzubauen, besteht die Gefahr, dass sich ihr Entwicklungsdefizit im Laufe der Zeit im Vergleich zu sozial kompetenten Kindern vergrößert. Langfristig kann daraus resultieren, dass sich Kinder so weit wie möglich aus sozialen Situationen zurückziehen und/oder von anderen Kindern abgelehnt werden, weil sie sich unangemessen verhalten. Die Kinder haben dadurch ein höheres Risiko für Fehlentwicklungen wie zum Beispiel soziale Ängste, aber auch aggressives Verhalten (Hay, Payne & Chadwick, 2004).

◀ positive Peerbeziehung als Schutzbedingung

Mangelnde soziale Kompetenz und fehlende Freundschaften sind daher *Risikobedingungen* für die weitere Entwicklung von Kindern. Positive Beziehungen zu Gleichaltrigen stellen hingegen eine *Schutzbedingung* für Kinder dar. Criss, Petitt, Bates, Dodge und Lapp (2002) konnten in einer Studie zeigen, dass sich fünfjährige Kinder aus ungünstigen familiären Verhältnissen positiv entwickeln, wenn sie von Gleichaltrigen akzeptiert werden und stabile Freundschaften zu anderen Kindern aufweisen. Kinder aus widrigen familiären Verhältnissen, die keine festen Freundschaften hatten bzw. von Gleichaltrigen abgelehnt wurden, fielen dagegen später in der Schule vermehrt durch aggressive und hyperaktive Verhaltensprobleme auf.

Kasten 2.21: Fazit zu den Einflussfaktoren auf die emotionale und soziale Entwicklung.

Zusammenfassend kann zu den Ausführungen der Einflussfaktoren auf die frühe emotionale und soziale Entwicklung von Kindern festgehalten werden, wie *wichtig eine warme, stabile und sichere Beziehung der Kinder zu den Eltern* ist. Widrige familiäre Verhältnisse wie Krankheiten oder psychische Störungen der Eltern, familiäre Belastungen wie Arbeitslosigkeit und finanzielle Probleme können dazu führen, dass Kinder nicht angemessen in ihrer emotionalen und sozialen Entwicklung gefördert werden. Für diese Kinder besteht die Gefahr, dass sie aufgrund mangelnder emotionaler und sozialer Kompetenzen bereits früh von anderen Kindern abgelehnt werden und Verhaltensprobleme, wie aggressives oder ängstliches Verhalten, entwickeln.

2.4.5 Entwicklungsaufgaben im Vorschulalter

Entwicklungsaufgaben stellen sich dem Individuum in einer bestimmten Lebensphase. Ihre erfolgreiche Bewältigung führt zu einer positiven Entwicklung und auch zu Erfolg bei der Bewältigung von späteren Entwicklungsaufgaben, die in der Regel auf früheren aufbauen. Gelingt es hingegen nicht, die für den jeweiligen Lebensabschnitt typischen Entwicklungsaufgaben erfolgreich zu bewältigen, so erhöht sich das Risiko für eine negative Entwicklung und die Wahrscheinlichkeit steigt, dass auch zukünftige Entwicklungsaufgaben nicht bewältigt werden.

Entwicklungsaufgaben ergeben sich aus der kindlichen, körperlichen Entwicklung/Reifung (z.B. Einsetzen der Pubertät), aus einem gesellschaftlichen/kulturellen Druck (z.B. Kulturtechniken erlernen) oder aus individuellen Zielsetzungen (z.B. einen bestimmten Universitätsabschluss erlangen). Aber auch im Vorschulalter lassen sich schon Entwicklungsaufgaben anführen, mit denen sich Kinder erfolgreich auseinandersetzen können, wie zum Beispiel:

- das Erkennen von Basisemotionen bei sich und bei anderen,
- Perspektivenübernahme und Empathie herausbilden,
- Emotionen und Verhalten regulieren,
- soziale Verhaltensnormen lernen,
- Mitglied einer Gruppe sein,
- soziale Interaktionen einleiten können oder
- der Erzieherin Aufmerksamkeit schenken und ihren Anweisungen folgen.

Die erfolgreiche Bewältigung von Entwicklungsaufgaben und den daraus resultierenden Alltagsanforderungen steht also im Zusammenhang mit dem psychischen Wohlbefinden und einem angepassten Entwicklungsverlauf. Bewältigt das Kind Entwicklungsaufgaben erfolgreich, erwirbt es Fertigkeiten oder Kompetenzen, die eine Bewältigung künftiger Entwicklungsaufgaben und damit eine weiterhin erfolgreiche Entwicklung wahrscheinlicher machen (Scheithauer et al., 2002).

Eine systematische Zusammenstellung von Entwicklungsaufgaben kann beispielsweise Elias et al. (1997) entnommen werden; eine verkürzte Zusammenfassung zeigt Tabelle 2.6.

Es lässt sich erkennen, dass die in den vorherigen Abschnitten beschriebenen Merkmale sozialer und emotionaler Kompetenz somit als die wichtigen Entwicklungsaufgaben des frühen Vorschul-/Schulalters anzusehen sind. Somit ergibt sich die Notwendigkeit, Kinder in ihrer Entwicklung darin zu unterstützen, beispielsweise erfolgreich soziale und emotionale Kompetenzen herauszubilden. Auf diese Weise kann ein wichtiger Beitrag zur Förderung von Kindern geleistet werden.

Tabelle 2.6: Wichtige Entwicklungsschritte/-aufgaben im Vorschul-/frühen Schulalter (nach Elias et al., 1997).

Bereich	Beschreibung
Emotion	• Kann angemessen Emotionen wie Angst, Hilflosigkeit, Ärger, Zuneigung, Freude, Enthusiasmus und Unzufriedenheit ausdrücken und regulieren • Kann negative und positive Emotionen bei sich und anderen benennen und unterscheiden • Zunehmende Frustrationstoleranz
Kognition	• Beginnt Perspektiven zu reflektieren (Rollenübernahme): - Was sieht der andere? - Wie fühlt sich der andere? - Was denkt der andere? - Was möchte der andere tun? - Was mag der andere? • Kann alternative Möglichkeiten für zwischenmenschliche Handlungen generieren • Fähigkeiten in den Bereichen Aufmerksamkeit (Daueraufmerksamkeit), Erinnerung und das Erkennen von Zusammenhängen steigern sich, Problemlösestrategien werden verbalisiert
Verhalten	• Erlernen von Selbstregulationsstrategien (warten bis man an der Reihe ist) • Erlernen von sozialen Normen bezüglich der äußeren Erscheinung (Gesicht und Haare waschen, Zähne putzen) • Wahrnehmung von gefährlichen Situationen (Überqueren einer Straße, Medikamente, die wie Bonbons aussehen, Steckdosen) • Körperlich gesund sein: angemessene Ernährung, Erkennen von visuellen, akustischen oder Sprachproblemen
Integration	• Integration von Gefühlen und Gedanken durch die Sprache • Unterscheidung der Gefühle und Bedürfnisse verschiedener Menschen in unterschiedlichen Situationen (wenn nicht spontan, dann mit Unterstützung Erwachsener) • Wahrnehmung und Widerstehen in Situationen, in denen das Berühren von Dingen oder Personen nicht angemessen ist (wie sexuelle Handlungen)

Gleichaltrige/ Soziale Integration	• Gruppenmitglied sein: teilen, zuhören, sich abwechseln, kooperieren, Unstimmigkeiten aushandeln, Rücksicht nehmen und helfen • Initiieren von Kontakten • Konflikte ohne körperlichen Einsatz lösen, Kompromisse finden • Kann sich angemessen selbst behaupten • Zeigt Empathie gegenüber Gleichaltrigen: - Zeigt emotionale Betroffenheit, wenn es anderen nicht gut geht - Entwickelt einen Sinn für das Helfen, statt andere zu verletzen oder zu vernachlässigen - Respektiert, unterstützt und schützt andere, statt sie zu dominieren - Ist sich der Emotionen, Gedanken und Erlebnisse anderer bewusst (Perspektivenübernahme)
Kindergarten/ Schule	• Schenkt der Erzieherin/dem Lehrer Aufmerksamkeit • Versteht Unterschiede und Ähnlichkeiten zwischen Menschen (wie Hautfarbe, körperliche Beeinträchtigungen) • Versucht, im Rahmen seiner Fähigkeiten das Beste zu geben • Verwendet Wörter effektiv (besonders für den Ausdruck von Emotionen) • Kooperiert • Reagiert positiv auf Anforderungen • Kann laut denken und stellt Fragen • Drückt sich selbst durch kreative Arbeit/Tätigkeiten aus (wie Kunst, Musik oder Theaterspielen) • Gewinnt durch Wiederholung und Routinen Sicherheit • Kann artikulieren, was es mag oder nicht mag; hat eine Vorstellung eigener Stärken und kann diese artikulieren • Erkundet die Umgebung • Selbstbewusstsein und Vertrauen hinsichtlich der Erwartungen, die es an Erwachsene in Kindergarten und Schule stellen kann: - Glaubt, dass sie wichtig sind und dass deren Bedürfnisse und Wünsche bedeutsam sind - Vertraut den Erwachsenen in Kindergarten und Schule und glaubt, dass sie helfen können • Respektiert Erzieherin/Lehrer

Familie	• Ein Familienmitglied sein: ist rücksichtsvoll und behilflich, kann Sorge ausdrücken und Intimitäten zulassen
	• Leistet zu Hause einen Beitrag wie Hausarbeit oder andere Pflichten übernehmen
	• Beziehung zu den Geschwistern: teilen, abwechseln, Kontakte initiieren, Unstimmigkeiten aushandeln, helfen, aufeinander achten
	• Internalisieren von Werten der Familie
	• Selbstvertrauen und Vertrauen:
	  - Das Kind weiß, was es von Erwachsenen erwarten kann
	  - Das Kind glaubt, wichtig zu sein
	  - Das Kind glaubt, dass seine Wünsche und Bedürfnisse beachtet werden
	  - Das Kind glaubt, dass es erfolgreich sein kann
	  - Vertraut seinen Bezugspersonen
	  - Glaubt, dass Erwachsene helfen können
	• Ist neugierig/wissbegierig: Möchte sein Zuhause und seine Umgebung erkunden
	• Das Leben zu Hause beinhaltet konsistente und stimulierende Kontakte zu den Bezugspersonen

Gesellschaft	• Neugierde, warum und wie Dinge passieren • Nimmt die Vielfältigkeit der Gesellschaft wahr (kulturelle Gruppen, Feiertage) • Verantwortung für die Umwelt akzeptieren • Nimmt an gesellschaftlichen Ereignissen teil (wie religiöse Feste)
Ereignisse, bei denen präventive Maßnahmen sinnvoll sind	• Scheidung der Eltern • Tod eines Familienangehörigen • Ein kleines Geschwister bekommen • Umzug der Familie

2.5 Entwicklungsorientierte Prävention im Kindergarten

Die Risikobedingungen für das Auftreten von aggressiv-dissozialem Verhalten und von Substanzmissbrauch (s. Abschnitt 2.2-2.3) sind durch eine Reihe von entwicklungspsychopathologischen Längsschnittstudien gut bekannt. Darüber hinaus geben diese Studien Informationen über das Zusammenwirken von verschiedenen Risikobedingungen und Entwicklungsverläufen. Die Ausführungen zur Entwicklung von Sucht und Gewalt im Jugendalter machen deutlich, dass den beiden *Problemverhaltensweisen oft ähnliche Risikokonstellationen* zugrunde liegen.

Die geringe Spezifität einer Reihe von Risikobedingungen ermöglicht es, durch Maßnahmen, die sich auf diese Risikobedingungen und auf die Prävention von aggressiv-dissozialem Verhalten beziehen, auch langfristig im weiteren Entwicklungsverlauf Probleme durch Substanzkonsum zu reduzieren! !

Wie das Modell von Webster-Stratton und Taylor (2001) zeigt (siehe Abb. 2.1), erscheint es sinnvoll, die Maßnahmen möglichst früh umzusetzen.

Dabei bietet sich die Alterspanne *von drei bis sechs Jahren* **besonders an, da Kinder in dieser Alterspanne viele grundlegende emotionale und soziale Fertigkeiten erwerben, die** *langfristig eine positive Entwicklung unterstützen*. **Dadurch können** *Schutzbedingungen aufgebaut und Risikobedingungen reduziert* **werden.** !

Die Alterspanne bietet sich auch deshalb an, weil in diesem Alter noch keine ausgeprägten „Risikokreisläufe" durch die natürliche Vernetzung der kindlichen Entwicklungs- und Lebensbereiche entstanden sind.

Ein frühes präventives Handeln im Rahmen des Kindergartenalltags ist besonders für Kinder mit ersten Verhaltens- und emotionalen Problemen eine wichtige Chance, beginnende oder bereits bestehende Defizite auszugleichen. Wie sich gezeigt hat, sind aber besonders die Eltern aus widrigen familiären Verhältnissen schwer für eine Teilnahme an Präventions- oder Förderprogrammen zu gewinnen (vgl. Charlebois, Vitaro, Normandeau & Rondeau, 2001). Es bieten sich daher präventive Konzepte an, die diese Gruppe von Kindern trotzdem erreichen. Solche Konzepte können sich beispielsweise auf eine Förderung der Kompetenzen der Kinder durch die Erzieherin stützen, die nach den Eltern oft die erste wichtige außerfamiliäre Bezugsperson ist. Durch eine Vermittlung durch die Erzieherin ist gewährleistet, dass *alle Kinder davon profitieren können*, aber besonders jene, die aufgrund von familiären Problemen nur wenig gefördert wurden.

Bevor im Folgenden zusammenfassend das Konzept der entwicklungsorientierten Prävention, das auch dem Programm Papilio zugrunde liegt, beschrieben wird, wird zunächst der Präventionsbegriff an sich erläutert.

2.5.1 Was ist Prävention?

Grundgedanken der Prävention sind die *Verbesserung der Gesundheit* und die *Verhinderung oder Reduktion von Krankheiten und/oder psychischen Störungen*. Präventive Maßnahmen richten sich daher an Personen, die keine oder nur geringe/beginnende Symptome einer zu verhindernden Erkrankung/Störung zeigen. Grundsätzlich werden in diesem Kontext drei Präventionsebenen unterschieden (Mrazek & Haggerty, 1994):

- Die *universelle Prävention* richtet sich an die Allgemeinbevölkerung.
- Die *selektive Prävention* bezieht sich auf Personen, die ein erhöhtes Risiko für eine bestimmte Erkrankung haben, aber noch keine Symptome dieser Erkrankung aufweisen.
- Die *indizierte Prävention* richtet sich an Personen, bei denen sich bereits erste Symptome einer Erkrankung zeigen.

◀ Papilio als universelles Präventionsprogramm

Papilio ist ein universelles Präventionsprogramm. Es richtet sich an alle Kinder, die einen Kindergarten besuchen und dient der Förderung einer gesunden psychischen Entwicklung und der Verhinderung von Verhaltensproblemen. Allerdings werden mit dem Programm auch Kinder erreicht, in deren Entwicklung bereits einige Risikobedingungen aufgetreten sind (z.B. Hinweise auf geringere emotionale Fertigkeiten, beeinträchtigte Emotionsregulation) oder die erste Anzeichen von Verhaltensproblemen aufweisen.

An Präventionsmaßnahmen werden verschiedene Anforderungen gestellt. Besonders wichtig ist eine *systematische Herangehensweise* bei der Gestaltung von Präventionsmaßnahmen, d.h. die durchzuführenden Maßnahmen sollten theoretisch und empirisch begründet sein. Damit wird die Forderung gestellt, dass nicht einfach „irgendetwas" in dem guten Glauben gemacht werden sollte, dass es „schon helfen wird". Vielmehr sollten präventive Maßnahmen durchgeführt werden, bei denen man theoretisch und mit Hilfe von wissenschaftlichen Untersuchungen begründen kann, dass sie tatsächlich mit dem Ziel der Prävention zusammenhängen (vgl. Scheithauer et al., 2003). Ansonsten besteht die Gefahr, dass viel Geld, Zeit und persönliches Engagement in eine Maßnahme investiert wird, die nur geringe, keine oder sogar negative Effekte erzeugt. Es ist entsprechend wichtig, die Bedingungen zu kennen, die zu einem erwünschten oder unerwünschten Verhalten bzw. Entwicklungsergebnis führen.

Bei der *Planung von Maßnahmen* muss genau überprüft werden, durch welche Faktoren oder Mechanismen die angestrebten Ziele tatsächlich erreicht werden können. Erst daraus lassen sich sinnvolle Ansatzpunkte für präventives Handeln ableiten. Dieser Anspruch und weitere daran geknüpfte Anforderungen werden besonders im Rahmen der entwicklungsorientierten Prävention umgesetzt.

2.5.2 Was ist entwicklungsorientierte Prävention?

Hinter dem Begriff *„entwicklungsorientierte Prävention"* stehen eine Reihe von Anforderungen an Präventionsmaßnahmen, die darauf abzielen, die Wirksamkeit der Maßnahmen zu optimieren. Sie basieren besonders auf Erkenntnissen von wissenschaftlichen Längsschnittstudien zur Entstehung von psychischen Störungen über den Entwicklungslauf.

Nach Scheithauer et al. (2003) sollte eine entwicklungsorientierte Prävention folgende Ansprüche erfüllen:

- *Das Wissen um die „normgerechte" kindliche Entwicklung berücksichtigen.* Ohne Kenntnisse über die normale kindliche Entwicklung, können Abweichungen weder erkannt noch verhindert werden. Das Wissen dient als Basis, um Ziele zu definieren.
- *Variationen im kindlichen Entwicklungsstand innerhalb einer Altersgruppe berücksichtigen.* Die Kinder haben im gleichen Alter nicht alle die gleichen Fertigkeiten und Kompetenzen. Diese Variationen

müssen bei der Gestaltung und Wirksamkeitsüberprüfung der Maßnahmen berücksichtigt werden.
- *Sich auf Faktoren und Mechanismen richten, die theoretisch und empirisch einen Einfluss auf die weitere Entwicklung des Kindes ausüben.* Die Maßnahmen sollten die Risikobedingungen reduzieren und die Schutzbedingungen fördern, die tatsächlich mit dem Präventionsziel (z.B. Aufbau sozialer Fertigkeiten und Reduktion von Verhaltensproblemen) in Verbindung stehen.
- *Sich an bekannten Entwicklungsmodellen und Entwicklungsverläufen orientieren.* Entwicklungsmodelle integrieren bekannte Risiko- und Schutzbedingungen auch nach entwicklungsabhängigen Aspekten und ihrer Nähe zum betrachteten Problemverhalten. So spielen bestimmte Risikobedingungen, zum Beispiel der Anschluss an deviante Gleichaltrige, besonders ab der Pubertät eine entscheidende Rolle für die Entwicklung aggressiv-dissozialen Verhaltens, während diese für den Vorschulbereich kaum Bedeutung haben.

Durch eine entwicklungsorientierte Prävention kann die Wirksamkeit von Maßnahmen verbessert werden. Sie gewährleistet zudem, dass die ausführenden Personen wissen, *warum* sie eine bestimmte Maßnahme durchführen und andere vielleicht nicht.

Die Maßnahmen des Programms Papilio sind somit entwicklungsorientierte Präventionsmaßnahmen:
- Sie orientieren sich an den theoretischen und empirischen Erkenntnissen der Entwicklungspsychologie bzw. Entwicklungspsychopathologie.
- Sie zielen auf bekannte Entwicklungsmodelle sowie Risiko- und Schutzbedingungen in der kindlichen Entwicklung ab.

- Dabei werden vom Entwicklungsstand der Kinder abhängige Faktoren und Variationen in den Kompetenzen und dem Verhalten der Kinder berücksichtigt.

! **Zusammenfassend kann man aus den dargestellten Zusammenhängen** *übergeordnete entwicklungsorientierte Präventionsziele* **(s. Abschnitt 3.1) formulieren, die dem Programm Papilio zugrunde liegen:**

- **Altersspezifische risikoerhöhende Bedingungen vermindern/eindämmen**
- **Altersspezifische risikomildernde Bedingungen fördern**
- **Bewältigung von altersspezifischen Entwicklungsaufgaben unterstützen**

Tabelle 2.7 fasst wesentliche Aspekte entwicklungsorientierter Prävention noch einmal zusammen, die bei der Entwicklung und Evaluation des Programms Papilio Berücksichtigung gefunden haben.

Tabelle 2.7: Wesentliche Merkmale entwicklungsorientierter Prävention (Scheithauer et al., 2003; Scheithauer & Petermann, 2000).

Entwicklungsorientierte Prävention	
Störungsbezogen	**Entwicklungsbezogen**
• Entwicklungsbezogene Komorbidität • Spezifische/störungs*un*spezifische Risikobedingungen • Risikobedingungen eindämmen (Verhaltensstörungen) • Hoch-Risiko-Gruppen ansprechen • Früh intervenieren	• Schutzbedingungen fördern • Unterstützung: Bewältigung von Entwicklungsaufgaben • Kindergarten/Gleichaltrigengruppe: Grundlage wichtiger Kompetenzen
Maßnahmenbezogen	**Evaluationsbezogen**
• Multimodal/multimethodal • Begleitung der Implementation • Entwicklungsgemäße Materialien	• Evaluation zu zwei Lebensphasen • Kontrollgruppen (Entwicklungseffekte)

In diesem Kapitel werden die vier grundlegenden Maßnahmen des Papilio-Programms vorgestellt. Es gibt, vor dem Hintergrund der theoretischen Ausführungen des Kapitels 2, eine Übersicht über die einzelnen Maßnahmen sowie deren Ziele.

Allgemeine Ziele

Papilio ist ein Programm zur Förderung sozial-emotionaler Kompetenzen und prosozialen Verhaltens sowie zur Primärprävention von Verhaltensproblemen, z.B. aggressivem Verhalten oder sozialem Rückzugsverhalten (s. Abschnitt 2.3). Die Maßnahmen des Programms zielen zudem darauf ab, Kinder mit ersten Anzeichen von Verhaltensproblemen anzusprechen (s. Abschnitt 2.3). Gemäß der Globalziele des Papilio-Programms (s. Abb. 3.1) sollen die Maßnahmen kindliche *Schutzbedingungen fördern* und damit die Resilienz der Kinder stärken, *Risikobedingungen für die kindliche Entwicklung reduzieren* und die Kinder darin unterstützen, *wichtige Entwicklungsaufgaben zu bewältigen.*

Die mit den Maßnahmen anvisierten Risiko- und Schutzbedingungen orientieren sich an den im Kapitel 2 dargestellten theoretischen und empirischen Erkenntnissen. Dadurch ist gewährleistet, dass die Maßnahmen die für diese Altersgruppe wichtigen Entwicklungsschritte berücksichtigen und gezielt die Fertigkeiten fördern, die mit einem weiterhin positiven Entwicklungsverlauf im Zusammenhang stehen. Eine *langfristig positive Wirkung der Maßnahmen* ist aufgrund des entwicklungsorientierten Ansatzes zu erwarten.

Umsetzung im Kindergarten

Papilio wird im Kindergarten oder in ähnlichen Einrichtungen, z.B. Kindertagesstätten, durchgeführt. Für alle Maßnahmen des Programms gilt, dass sie – nach einer Zeit der Einführung – die Kinder das ganze Jahr begleiten und zu einem festen Bestandteil des Kindergartenalltags werden sollen. Ein Vorteil dieses Ansatzes ist, dass längerfristige Maßnahmen sich gegenüber kurzfristigen Maßnahmen im empirischen Vergleich als überlegen herausgestellt haben (vgl. Brezinka, 2003), d.h. dieses Vorgehen sichert die Wirksamkeit der Maßnahmen.

Erzieherinnen als zentrale Vermittler ▶

Zentrale Vermittler der Maßnahmen sind die Erzieherinnen der jeweiligen Einrichtungen – sie geben die pädagogisch-psychologischen Programminhalte im Kindergarten an die Kinder und Eltern weiter. Papilio ist damit keine Schulung der Kinder und der Eltern durch externe Fachkräfte mit einem hohen zeitlichen und finanziellen Aufwand; vielmehr werden die Erzieherinnen mit der vorliegenden Fortbildung darauf vorbereitet, die Maßnahmen im pädagogischen Kindergartenalltag selbst umzusetzen. Papilio möchte so helfen, den erzieherischen Alltag im Kindergarten auf Dauer positiv zu verändern.

Ziel ist, dass der Kindergarten als Umgebung so gestaltet wird, dass er allen Kindern die Möglichkeit bietet, emotionale Kompetenzen zu entwickeln, sich prosozial zu verhalten und aggressives sowie sozial unsicheres und soziales Rückzugsverhalten zu vermeiden. Auf diesem Wege soll der Kindergarten Schutzbedingungen (z.B. positives Sozialverhalten) schaffen und die Kinder bei der Bewältigung von wichtigen Entwicklungsaufgaben (z.B. Fähigkeit zur Perspektivenübernahme und zur Empathie) unterstützen (s. Abschnitt 2.4.5).

3.1 Ziele im Gesamtkontext

Bezogen auf die einzelnen Papilio-Maßnahmen, auf die Begleitung bei der Durchführung der Maßnahmen und auf die Wissensvermittlung/Schulung lassen sich zusammenfassende *Grobziele* ableiten, die den einzelnen Programmmaßnahmen zugeordnet werden können (s. Abb. 3.1). Die entsprechenden Feinziele der einzelnen Maßnahmen, über die die Grobziele und letztlich die übergeordneten entwicklungsorientierten Präventionsziele erreicht werden sollen, sind den jeweiligen Maßnahmen vorangestellt (s. Abschnitt 3.2-3.4). In Tabelle 3.1 sind die Maßnahmen auf Erzieherinnen-, Kind- und Elternebene, die im Folgenden ausführlich beschrieben werden, dargestellt.

◄ entwicklungsorientierte Sucht- und Gewaltprävention

Papilio versteht sich in der langfristigen Wirkung als Beitrag zur entwicklungsorientierten Sucht- und Gewaltprävention (Scheithauer, Mayer et al., 2004; Scheithauer, Petermann, Meyer & Hayer, 2005; Scheithauer et al., 2003). Papilio deckt sich somit mit den von der Bundeszentrale für gesundheitliche Aufklärung (BzgA) beschriebenen Handlungsfeldern der Gesundheitsförderung und Prävention im vorschulischen Bereich, wie zum Beispiel Stressbewältigung oder Gewalt- und Suchtprävention (Zimmer, 2002).

3.2 Entwicklungsförderndes Erzieherinnenverhalten

Die Maßnahme „entwicklungsförderndes Erzieherinnenverhalten" besteht aus der Vermittlung einer bestimmten *erzieherischen Grundhaltung* und dem *konkreten Erziehungsverhalten*. Zusammen ergibt sich daraus ein Erziehungsverhalten, dass es Kindern ermöglicht, in einem

Abbildung 3.1: Übergeordnete, entwicklungsorientierte Präventionsziele, Grobziele und Maßnahmen von Papilio.

Übergeordnete entwicklungsorientierte Präventionsziele

- Risikoerhöhende Bedingungen vermindern/eindämmen
- Risikomildernde Bedingungen fördern
- Bewältigung altersspezifischer Entwicklungsaufgaben unterstützen

⇩

Grobziele des Programms

Bezogen auf die Erzieherinnen
- Vermittlung von Basiswissen zur Sensibilisierung und Förderung eines Problembewusstseins
- Vermittlung von Handlungskompetenzen
- Förderung der Selbstwirksamkeit
- Förderung kollegialer Zusammenarbeit

Bezogen auf die Erzieherin-Kind-Interaktion
- Förderung eines positiven Erziehungsverhaltens und
- einer positiven Erzieherin-Kind-Interaktion zum
- Aufbau einer nachhaltigen Erzieherin-Kind-Beziehung.

Bezogen auf die Kinder
- Abbau sozial unerwünschten (Problem-)Verhaltens
- Förderung der Entwicklung emotionaler Kompetenzen
- Aufbau sozial erwünschten Verhaltens beim Kind

Bezogen auf die Kind-Kind-Interaktion
- Aufbau gruppenbezogenen, prosozialen Verhaltens beim Kind
- Förderung sozialer Interaktionen zwischen den Kindern
- Integration von zurückgezogenen Kindern und „Einzelgängern"

Bezogen auf die Eltern
- Sensibilisierung und Förderung eines Problembewusstseins
- Erleichterung eines Transfers der erworbenen Fertigkeiten auf das häusliche Umfeld

⇩

Maßnahmen des Papilio-Programms

- Entwicklungsförderndes Erzieherinnenverhalten
- Paula und die Kistenkobolde
- Meins-deinsdeins-unser-Spiel
- Spielzeug-macht-Ferien-Tag
- Elternabende
- Schulung und Begleitung der Erzieherinnen

sicheren Rahmen Selbstbewusstsein aufzubauen und ein angemessenes Regelverständnis für das tägliche Miteinander zu erlernen. Den Kindern wird dadurch geholfen, sich in unserer Welt zurechtzufinden und Selbstvertrauen zu entwickeln.

Tabelle 3.1: Übersicht zu den Papilio-Maßnahmen und zu deren Hauptzielen auf den verschiedenen Interventionsebenen (aus Barquero, Scheithauer, Mayer, Heim, Meir-Brenner & Erhardt, 2005).

Maßnahmen	Hauptziele
Erzieherinnenebene:	
Vermittlung von Inhalten aus relevanten Themenbereichen und Einsatz entwicklungsfördernden Erzieherinnenverhaltens (z.B. Lob als positiver Verstärker, Ignorieren unerwünschten Kindverhaltens, Auszeit, Einsetzen von Regeln)	• Das Wissen der Erzieherinnen bzgl. relevanter Themen (kindliche Entwicklung, Verhaltensprobleme, Prävention, soziale Interaktion, Kommunikation) erweitern. • Die Interaktion und Kommunikation zwischen Erzieherin und Kind verbessern. • Über das Verhalten der Erzieherinnen gegenüber dem Kind kindliches Verhalten steuern. • Die fachlichen Kompetenzen der Erzieherinnen stärken, so dass ihr Handeln eine entwicklungsfördernde Wirkung auf das Kindverhalten hat und zudem ihre eigene Selbstwirksamkeitserwartung gesteigert wird.
Kindebene:	
Spielzeug-macht-Ferien-Tag	Einbindung der Kinder in die Gleichaltrigengruppe fördern: • ihre Bedürfnisse mit denen der anderen Kinder abstimmen, • neue Beziehungen und vermehrt Interaktionen zu anderen Kindern einleiten und aufrechterhalten, • kreative Spielideen entwickeln und in der Gruppe umsetzen.

Meins-deinsdeins-unser-Spiel	Erwerb gruppenförderlichen und prosozialen Verhaltens unterstützen sowie sozial unerwünschtes Verhalten reduzieren: • eigene Regeln für die Gruppe formulieren und begründen, • eigenes Verhalten kontrollieren und die vereinbarten Gruppenregeln einhalten, • Mitverantwortung für das Gruppengeschehen entwickeln (durch die Folgen des eigenen Verhaltens für die Gruppe), • lernen, seine Aufmerksamkeit auf die Aufgaben zu lenken sowie Aufgaben zu beenden.
Paula und die Kistenkobolde	Entwicklung sozial-emotionaler Kompetenzen fördern: • eigene Emotionen wahrnehmen, verbal und nonverbal ausdrücken und angemessen regulieren, • die Emotionen anderer erkennen, benennen und mit ihnen adäquat umgehen, • besseres Emotionsverständnis entwickeln, • Empathie und prosoziales Verhalten zeigen, • Handlungsmöglichkeiten finden.
Elternebene:	
Elternabende und Elternclub	• Die Eltern in die kindorientierten Maßnahmen einbinden sowie ihre erzieherischen Kompetenzen unterstützen. • Somit die Übertragung der im Kindergarten erzielten Entwicklungsfortschritte der Kinder auf den familiären Kontext ermöglichen (Transfer). • Interaktionen zwischen den Eltern fördern.

3.2.1 Theoretischer Hintergrund

Dem Erziehungsverhalten von Eltern und Erzieherinnen wird eine besonders große Bedeutung für die Entwicklung von Kindern beigemessen (Patterson, 1982; Morell & Murray, 2003), weil das Verhalten der Eltern und Erzieherinnen unmittelbar das kindliche Verhalten beeinflusst. Trotzdem gibt es in Deutschland bislang wenige Präventionsprogramme, die neben den Eltern auch die Erzieherinnen schulen. Für das Papilio-Programm wurde bewusst auch eine Einheit zum Erziehungsverhalten für Erzieherinnen entwickelt. Diese betont die *wichtige Rolle der Erzieherin* für die kindliche Entwicklung. Sie ist häufig die erste außerfamiliäre Bezugs- und Erziehungsperson der Kinder und betreut sie über einen längeren Zeitraum des Tages. Dadurch hat sie eine zentrale Rolle im Alltag des Kindes. Besonders für Kinder aus widrigen familiären Verhältnissen bietet die Erzieherin durch ihr Erziehungsverhalten manchmal den einzigen positiven Rahmen, in dem Kinder sich ausprobieren und entfalten können. Andererseits setzt sie Kindern notwendige Grenzen, ohne die ein geregeltes Miteinander nicht möglich ist.

Die Inhalte des entwicklungsfördernden Erzieherinnenverhaltens zielen darauf ab, Erzieherinnen bei dieser Aufgabe zu unterstützen. Es werden Erziehungspraktiken und -verhaltensweisen vorgestellt, die aus theoretischer und empirischer Sicht eine positive Entwicklung von Kindern besonders fördern.

Für das entwicklungsfördernde Erzieherinnenverhalten wird der Qualität der Erzieherin-Kind-Beziehung eine besondere Bedeutung beigemessen. Dies basiert auf Forschungsergebnissen, die zeigen, dass qualitative Merkmale der Erzieherin-Kind-Beziehung mit der emotionalen und sozialen Entwicklung, mit den späteren schulischen Leistungen sowie mit der Integration der Kinder in die Gruppe der Gleichaltrigen in Beziehung stehen (Birch & Ladd, 1997; Howes, Hamilton & Matheson, 1994; Pianta, 1997).

Qualität der Erzieherin-Kind-Interaktion ►

Die Qualität der Erzieherin-Kind-Interaktion kann durch Merkmale beschrieben werden, die auch die Eltern-Kind-Interaktionen kennzeichnen. Das sind beispielsweise *Nähe und Emotionalität, Distanz, die Häufigkeit von Konflikten und Feindseligkeit* (Howes & Matheson, 1992). Bei Kindern mit problematischem Verhalten konnte z.B. beobachtet werden, dass die Erzieherinnen/Lehrer die Kinder eher zurückgewiesen, vermehrt kritisiert und weniger unterstützt haben (Ladd et al., 1999). Dabei hängt ein ablehnendes Verhalten von Erzieherinnen/Lehrern mit einem geringen Selbstwertgefühl der Kinder zusammen (Henricsson & Rydell, 2004).

Bei der Interpretation dieser Ergebnisse muss die *wechselseitige Beeinflussung von Erzieherin und Kind* beachtet werden. Das Kind trifft mit einem bestimmten sozialen und emotionalen Entwicklungsstand, aber auch mit bereits zu Hause erlernten Verhaltensmustern auf die Erzieherin (vgl. Ladd et al., 1999). Diese weist ebenfalls bestimmte Kompetenzen und Eigenschaften auf. Beide, Kind und Erzieherin, *gestalten gemeinsam* die Qualität der Interaktion (Pianta, Nimetz & Bennett, 1997). Es ist vorstellbar, dass sich zwischen Kind und Erzieherin ebenso negative Interaktionsmuster aufbauen wie zum Beispiel zwischen Mutter und Kind. Diese können sich im Laufe der Zeit immer weiter stabilisieren und problematisches Verhalten des Kindes verstärken (s. Tabelle 3.2).

Entwicklungsverläufe früh auffälliger Kinder oder von Kindern aus sozial benachteiligten Familien müssen aber *nicht zwangsläufig negativ* sein. Eine hohe Qualität der Betreuung durch die Erzieherinnen kann diesen Kindern helfen, eine positivere Entwicklung einzuschlagen.

Tabelle 3.2: Effekte der Erzieherinnen-Reaktion auf kindliches Verhalten.

Kind zeigt erwünschtes Verhalten	
Reaktion der Erzieherin	*Effekt auf das kindliche Verhalten*
Positive Reaktion wie Loben, Aufmerksamkeit schenken	Förderung des Verhaltens/ Verhaltensaufbau
Negative Reaktion wie „Nicht-Beachten", Ignorieren	Verhaltensabbau
Kind zeigt unerwünschtes Verhalten	
Reaktion der Erzieherin	*Effekt auf das kindliche Verhalten*
Abwenden, Ignorieren oder entsprechende direkte Reaktion auf unerwünschtes Verhalten, bis hin zur Auszeit	Verhaltensabbau
Zuwendung und Aufmerksamkeit schenken durch z.B. lange Diskussion über unerwünschtes Verhalten	Aufrechterhaltung des unerwünschten Verhaltens
Zulassen, dass das Kind durch sein unerwünschtes Verhalten einer für es unangenehmen Situation entgeht (negative Verstärkung)	Aufrechterhaltung des unerwünschten Verhaltens

Dies zeigt eine *Längsschnittstudie* über fünf Jahre (vom vierten bis zum achten Lebensjahr der Kinder) von Peisner-Feinberg und Kollegen (2001). Sie konnten einen signifikanten Zusammenhang zwischen einer von Zuneigung und Wärme geprägten Erzieherin-Kind-Beziehung und einer positiveren kognitiven und sozialen Entwicklung der Kinder belegen. Wurden in dieser Analyse zudem Merkmale der Herkunftsfamilie des Kindes berücksichtigt, zeigte sich, dass am ehesten die Kinder von Müttern mit einer geringeren Schulausbildung von der positiven Beziehung zu ihrer Erzieherin profitierten. Kinder von Müttern mit einem hohen Bildungsabschluss fielen im Alter von acht Jahren unabhängig von der Qualität der Erzieherin-Kind-Beziehung am wenigsten auf. Dagegen hatten Kinder von Müttern mit geringer Schulbildung und mit geringer Wärme in der Erzieherin-Kind-Beziehung am meisten Verhaltensprobleme.

Die *Themen und Inhalte des entwicklungsfördernden Erzieherinnenverhaltens* stehen in der Tradition von *lerntheoretisch orientierten Elternprogrammen*. Diese wurden in den letzten Jahrzehnten sehr erfolgreich im Rahmen von Interventionsmaßnahmen zur Reduktion von Verhaltensproblemen eingesetzt. Daneben wurden auch Konzepte für die Prävention von kindlichen Verhaltensproblemen erarbeitet. Sowohl in der Therapie als auch in der Prävention haben diese Programme zur Förderung des Erziehungsverhaltens positive Effekte auf die kindliche Entwicklung (Kazdin, 1997; Lundahl, Risser & Lovejoy, 2006). Diese Maßnahmen können Verhaltensprobleme signifikant reduzieren und angemessenes Verhalten systematisch aufbauen.

Das *entwicklungsfördernde Erzieherinnenverhalten* basiert besonders auf lernpsychologischen Methoden. Dabei wird davon ausgegangen, dass ein Verhalten durch die darauf folgenden positiven oder negativen Konsequenzen beeinflusst oder verändert werden kann. Daneben fließen auch die Arbeiten der Forschergruppe um Patterson aus dem Oregon Social Learning Center mit ein. Patterson (1982) beschrieb im Zusammenhang mit oppositionellem und aggressivem Verhalten von Kindern einen negativen Erziehungsstil von Eltern, der zu so genannten Erpresserspielen mit dem Kind führen kann (s. Abb. 3.2.2). Dieser wird ursächlich mit der Entstehung und Aufrechterhaltung von kindlichem Problemverhalten in Beziehung gesetzt. Im Folgenden sollen die wesentlichen Konzepte aus diesen beiden Ansätzen vorgestellt werden.

3.2.2 Lernpsychologische Grundlagen

Eine grundlegende Annahme der Lernpsychologie besteht darin, dass das Verhalten von Menschen entscheidend dadurch beeinflusst wird, wie die Umwelt bzw. andere Menschen auf dieses Verhalten *reagieren*. Erfährt ein Mensch als Ergebnis seines Verhaltens eine positive Rückmeldung, wird er dieses Verhalten künftig wahrscheinlich häufiger ausführen (Lernen am Erfolg). Eine negative Folge des eigenen Verhaltens wird eher dazu führen, dass dieses Verhalten seltener wird. Bezogen auf das kindliche Verhalten würde z.B. ein Lob bewirken, dass ein Kind sich bestätigt oder erfolgreich fühlt. Künftig wird das gelobte Verhalten wahrscheinlich häufiger ausgeführt.

Auf allgemeiner Ebene hat die Lernpsychologie betrachtet, wie häufig ein bestimmtes Verhalten in Abhängigkeit von Erfolg oder Misserfolg von einem Menschen ausgeführt wird. Tabelle 3.2 zeigt schematisch, wie die Konsequenzen kindliches Verhalten beeinflussen, und ob ein Kind dieses künftig zeigen wird.

Viele der Probleme, die Patterson (1982) beschrieb, lassen sich mit diesen lernpsychologischen Prinzipien erklären. Er beobachtete zum Beispiel, dass Eltern oppositionell-aggressiver Kinder ihren Kindern besonders für *störendes* Verhalten Aufmerksamkeit schenken, während angemessenes oder erwünschtes Verhalten von diesen *kaum beachtet* wird. Dies kann eine verständliche Reaktion von Eltern sein, deren Kind Verhaltensprobleme zeigt. Sie fokussieren ihre Wahrnehmung auf die für sie als große Belastung erlebten Verhaltensprobleme und übersehen dabei das vom Kind gezeigte erwünschte Verhalten. Da die Aufmerksamkeit der Eltern für die Kinder etwas sehr wichtiges ist, verstärken die Eltern damit das problematische Verhalten ihrer Kinder, da sie dem Kind dafür wieder Aufmerksamkeit schenken. Die Kinder lernen, dass sie für störendes Verhalten, wie schreien oder ärgern, von ihren Eltern beachtet werden und für angemessenes Verhalten, wie ruhig spielen, keine Aufmerksamkeit bekommen.

Abbildung 3.2 verdeutlicht einen solchen Problemkreislauf am Beispiel einer Erzieherin-Kind-Interaktion. Die Erzieherin ist gestresst, weil alle Kinder in den Garten sollen. Tobias soll deswegen mit dem Spielen aufhören und die Bausteine aufräumen. Tobias möchte weiterspielen und beginnt deshalb zu nörgeln. Die Erzieherin wendet Tobias ab dem Moment vermehrt Aufmerksamkeit zu, ab dem er unerwünschtes Verhalten zeigt. Die Intensität der negativen Erwiderungen verstärkt sich während der Diskussion. Der Konflikt zwischen der Erzieherin und dem Kind spitzt sich dadurch immer weiter zu.

Solche Interaktionsprobleme werden auch als *„Erpresserspiele"* bezeichnet (Petermann & Petermann, unter Mitarbeit von Nehrke & Scheithauer, 2000). Kommen diese häufiger vor, können sie dazu führen, dass ein Kind lernt, erpresserisches Verhalten als allgemeinen Interaktionsstil einzusetzen. Besonders ungünstig wirkt sich das aus, wenn ein Kind lernt, dass es mit diesem Verhalten unangenehmen Situationen oder Aufforderungen entgehen kann. Dies ist z.B. der Fall, wenn ein Kind durch Jammern oder Schreien die Erzieherin dazu veranlasst, auf eine konkrete Anforderung (wie aufräumen) zu verzichten. Im ungünstigsten Fall räumt die Erzieherin das Spielzeug nun selber auf und das Kind lernt, dass es nur lange genug jammern und schreien muss, um nicht aufräumen zu müssen.

Erpresserspiele können unterschiedliche *Problemverhaltensweisen wie nörgeln, andere Kinder schlagen u. ä. stabilisieren.* Deutlich wird, dass sich das Verhalten der Erzieherin und das Verhalten des Kindes wechselseitig beeinflussen, d.h. sowohl das Kind als auch die Erzieherin tragen zur Aufrechterhaltung und Eskalation des Konflikts bei. Aufgrund seines Entwicklungsstandes ist das Kind nicht in der Lage, eine solche Spirale der Eskalation zu beenden, deshalb ist es Aufgabe des Erwachsenen, diese zu erkennen und angemessen zu handeln.

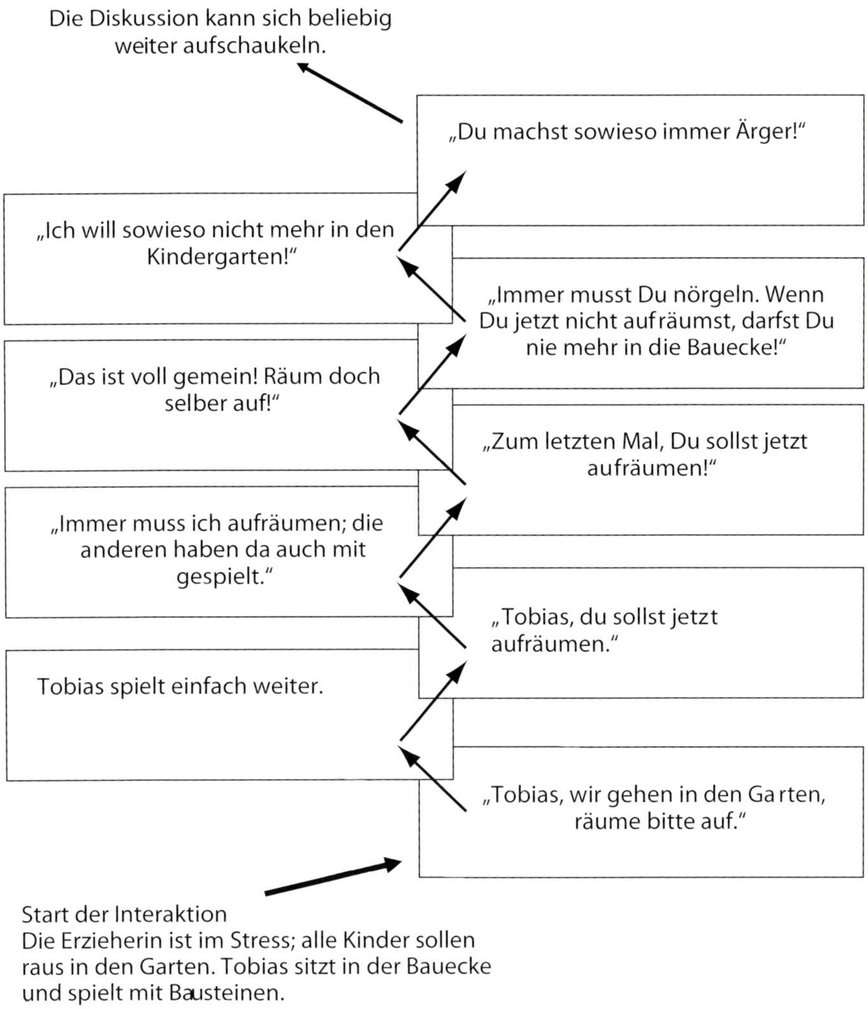

Abbildung 3.2: Beispiel für einen Problemkreislauf in der Erzieherin-Kind-Interaktion (vgl. Patterson 1976, 1982; Petermann & Petermann, unter Mitarbeit von Nehrke & Scheithauer, 2000).

Diese spezielle Form eines negativen Interaktionsmusters, in denen Erzieherin und Kind durch ihr Verhalten dazu beitragen, ein negatives Verhalten beim Kind zunehmend zu verfestigen, stellt nur ein Beispiel für eine Reihe von negativen Interaktionsmustern dar (weitere s. Tabelle 3.2). Diese Interaktionsmuster laufen oftmals automatisiert ab und es ist nicht immer leicht, sie zu vermeiden bzw. zu durchbrechen. Somit stellen die Interaktionen zwischen Erzieherin und Kind einen wichtigen Ansatzpunkt für das entwicklungsfördernde Erzieherinnenverhalten dar.

3.2.3 Inhalte des entwicklungsfördernden Erzieherinnenverhaltens

Entsprechend den bisherigen Ausführungen versteht das Papilio-Programm eine *positive Erzieherin-Kind-Beziehung als Basis* für die konkreten Erziehungsverhaltensweisen, die den Erzieherinnen vermittelt werden.

Hier zunächst ein Überblick über die nachfolgend vertieften Elemente des Erziehungsverhaltens:

- Loben von erwünschtem Verhalten
- Verbalisieren von Handlungsabfolgen
- Verbalisieren von Aufforderungen
- Umgang mit Regeln in der Gruppe
- Umgang mit unerwünschtem Verhalten
  - Vermeiden von Belohnung und Verstärkung unerwünschten Verhaltens
  - Ignorieren von unerwünschtem Verhalten
  - Auszeit

Loben von erwünschtem Verhalten

Loben und positive Aufmerksamkeit schenken, gehören zu den wichtigsten Erziehungsverhaltensweisen, die ein Kind in seiner Entwicklung unterstützen.

Das Loben von erwünschtem Verhalten ist mit einer Reihe von positiven Effekten für die kindliche Entwicklung verknüpft:

- Das Kind erfährt Zuwendung, freundliches und liebevolles Verhalten durch die Erzieherin.
- Lob stärkt die Beziehung zwischen Kind und Erzieherin.
- Das Kind fühlt sich akzeptiert und geliebt.
- Gezieltes Loben kann zudem eine wichtige Methode sein, um Kinder zu unterstützen und zu motivieren neues Verhalten zu erlernen und beizubehalten.

Papilio vermittelt daher im Rahmen des entwicklungsfördernden Erzieherinnenverhaltens den Erzieherinnen Strategien, wie sie durch Loben und positive Aufmerksamkeit den Kindern helfen können, neues Verhalten oder Verhaltensalternativen zu lernen und zukünftig auszuführen. Die Erzieherin reflektiert die Situation und das Verhalten des Kindes, das sie konkret und differenziert loben möchte.

Angemessenes Loben ist damit ein wichtiges Element innerhalb des entwicklungsfördernden Erzieherinnenverhaltens. !

Verbalisieren von Handlungsabläufen

Das Verbalisieren von Handlungsabläufen hilft Kindern, Tätigkeiten oder Handlungen auszuführen, die mehrere Schritte beinhalten. Die Erzieherin wendet es an,

- um Kindern zu helfen, auch anspruchsvolle Tätigkeiten oder Handlungen zu bewältigen,
- um schwierige Erziehungssituationen für die Kinder überschaubarer zu gestalten (z.B.: Das Kind soll in die Garderobe gehen, um sich anzuziehen oder es soll das Spiel unterbrechen, weil es zum Essen gehen muss).

Bei der Formulierung überlegt sich die Erzieherin im Vorfeld die einzelnen Schritte und unterteilt den Gesamtablauf entsprechend dem Entwicklungsstand des Kindes gegebenenfalls in mehrere Einheiten.

Das Verbalisieren von Handlungsabfolgen erleichtert somit dem Kind das Verständnis dafür, was es genau in welchen Schritten tun soll und vermittelt dem Kind die Bestätigung, die gestellten Anforderungen erfolgreich bewältigen zu können.

Verbalisieren von Aufforderungen

Die Art und Weise, wie Aufforderungen an ein Kind gerichtet werden, bestimmen oft, ob der Aufforderung nachgekommen wird oder ob das Kind sich weigert. Wichtig ist dies besonders in schwierigen Erziehungssituationen (z.B. das Aufräumen von Spielsachen) oder im Umgang mit verhaltensschwierigen Kindern. Eine klar gestellte Aufforderung hilft Kindern, ihr eigenes Verhalten besser zu regulieren.

Die Erzieherin muss daher eine Aufforderung so formulieren, dass das Kind genau weiß, was es tun soll. Kommt es der Aufforderung nicht nach, wiederholt die Erzieherin die Aufforderung. Reagiert das Kind immer noch nicht, folgt eine entsprechende Konsequenz, die im Bezug zur Situation steht. Grundsätzlich teilt die Erzieherin dem Kind die Konsequenz immer in ruhigem Ton mit.

Umgang mit Regeln

Regeln sind für ein harmonisches, entspanntes Miteinander in der Gruppe grundsätzlich wichtig. Sie werden gemeinsam mit den Kindern besprochen und erarbeitet und sind für alle Gruppenmitglieder transparent und nachvollziehbar. Werden Regeln von der Erzieherin notwendigerweise vorgegeben (z.B. Mitteilen, wenn ein Kind den Raum verlässt), muss den Kindern der Sinn und die Absicht erklärt werden, um eine möglichst hohe Akzeptanz zu erreichen. Das gewährleistet, dass sich möglichst viele Kinder an die gemeinsamen Regeln halten.

Darüber hinaus wird besprochen, wie das Übertreten von Regeln gehandhabt wird. Die Konsequenz der Übertretung muss einen sinnvollen Bezug zur Regel haben. Gilt z.B. die Regel, dass Spielmaterial nach dem Spielen an seinen Platz zurückgestellt wird, könnte eine mögliche Konsequenz bei Nichteinhaltung dieser Regel sein, dass die Kinder dieses Spiel für eine gewisse Zeit nicht mehr benutzen dürfen. Selbstverständlich hält sich auch die Erzieherin an die vereinbarten Regeln. Sie wird so zum Vorbild für die Kinder.

Der konsequente Umgang mit Regeln bietet den Kindern einen überschaubaren Rahmen, in dem sie sich sicher ausprobieren können.

Umgang mit unerwünschtem Verhalten

Ein weiteres Thema des entwicklungsfördernden Erzieherinnenverhaltens ist der Umgang mit unerwünschtem Verhalten.

Als besonders wirkungsvoll haben sich hier erwiesen:
- das Vermeiden von Verstärkung oder Belohnung unerwünschten Verhaltens,
- das Ignorieren von störendem Verhalten und
- der Einsatz einer Auszeit für das Kind, speziell in kritischen Situationen.

Diese Methoden zielen darauf, problematisches Verhalten von Kindern zu reduzieren. Den Kindern wird die Möglichkeit gegeben, Verhaltensalternativen aufzubauen.

Vermeiden von Verstärkung unerwünschten Verhaltens

Unerwünschtes Verhalten von Kindern nicht zu verstärken oder zu belohnen scheint selbstverständlich zu sein. Trotzdem passiert dies im erzieherischen Alltag – besonders im „Eifer des Gefechts", z.B. in einer stressigen Situation – immer wieder. Dabei spielt die Verstärkung oder sogar Belohnung (z.B. durch geschenkte Aufmerksamkeit) von kindlichem Problemverhalten bei der Entstehung und Aufrechterhaltung kindlicher Verhaltensprobleme eine wichtige Rolle.

Die Erzieherin achtet darauf, unerwünschtes Verhalten nicht negativ zu verstärken, indem sie z.B. einem Kind nicht gewährt, durch sein Verhalten einer Situation zu entgehen, die das Kind als unangenehm empfindet (z.B. Spielzeug aufräumen).

Beispiel: Immer wenn Marie ihre Spielmaterialien aufräumen soll, geht sie auf die Toilette. Die Erzieherin lässt es zu, teilt Marie aber mit, dass sie anschließend ihre Spielsachen aufräumen muss und sich dann in den Stuhlkreis setzen kann.

Marie versucht, der unangenehmen Tätigkeit durch den Toilettenbesuch zu entgehen. Da die Erzieherin darauf besteht, dass sie danach ihre Spielsachen aufräumt, gelingt es Marie nicht, sich dem Aufräumen zu entziehen.

Ebenso achtet die Erzieherin darauf, dass sie unerwünschtes Verhalten nicht durch positive Zuwendung (dies wird vom Kind so erlebt!) fördert.

Ignorieren von unerwünschtem Verhalten

Hier reagiert die Erzieherin auf das unerwünschte Verhalten des Kindes nicht, da ihre Aufmerksamkeit – ohne Konsequenz – dieses Verhalten eher noch verstärken würde. Die Erzieherin ignoriert natürlich nur unerwünschte Verhaltensweisen, die weder das Kind selbst, noch andere Kinder gefährden oder die Gruppe zu sehr stören.

Auszeit

Beim Einsatz einer Auszeit nimmt die Erzieherin das Kind aus einer kritischen, eskalierenden Situation heraus und bringt es in einen möglichst reizarmen Raum. Hier verbringt es eine vorher festgelegte Zeit (5 Minuten sind ausreichend). Der Raum darf in keiner Weise furchteinflößend sein.

Dem Kind wird die Auszeit als Konsequenz auf sein Verhalten *vorher* angekündigt und erklärt. Die Erzieherin lässt sich auf *keine Diskussio-*

nen ein, begegnet aber dem Kind ruhig und mit *Wertschätzung.* Nach Ablauf der festgelegten Zeit *holt* die Erzieherin das Kind aus der Auszeit und *hilft ihm zurück* in das Spielgeschehen. Das Verhalten, das zur Auszeit geführt hat, wird *nicht* noch einmal angesprochen.

Die Auszeit ist keine rigide Zwangsmaßnahme zur Bestrafung, sondern ein Weg, auf unerwünschtes Verhalten zu reagieren, wenn andere Möglichkeiten erschöpft sind. Die Auszeit ist als Unterstützung für das Kind gedacht, um ihm aus einer schwierigen Situation herauszuhelfen. Sie zielt immer auf das Verhalten des Kindes und nie auf dessen Persönlichkeit.

Für Kinder ist *konsistentes (zuverlässiges und gleichbleibendes) und konsequentes Erziehungsverhalten* besonders wichtig. Es bedeutet, dass Erwachsene dem Kind Reaktionen und Konsequenzen erwünschten und unerwünschten Verhaltens mitteilen und auch entsprechend konsequent und gleichbleibend ausführen. Durch konsistentes und konsequentes Verhalten werden die Reaktionen der Erwachsenen für Kinder vorhersehbar. Sie schaffen damit einen sicheren und überschaubaren Rahmen für die Kinder. Durch ein solches Erziehungsverhalten wissen die Kinder, was als nächstes passieren wird. Sie können auf diese Weise lernen, die Effekte ihres eigenen Verhaltens besser zu verstehen und eigenes Verhalten zu regulieren. Angemessenes Verhalten kann gefördert, unerwünschtes Verhalten kann reduziert werden.

Konsistentes und konsequentes Verhalten der Erzieherin ist eine Grundlage des entwicklungsfördernden Erzieherinnenverhaltens und bezieht sich selbstverständlich auf alle genannten Inhalte. Sowohl in schwierigen (wie im Umgang mit unerwünschtem Verhalten), als auch in positiven Erziehungssituationen (wie Lob aussprechen) sollte die Erzieherin zuverlässig und für das Kind vorhersehbar reagieren.

Der Einsatz des entwicklungsfördernden Erzieherinnenverhaltens und seiner laufenden Reflexion im pädagogischen Alltag unterstützt die Erzieherin in ihrem erzieherischen Handeln und ermöglicht ihr, als Vorbild zu einer von Offenheit, Vertrauen und gegenseitiger Achtung geprägten Atmosphäre in der Gruppe beizutragen.

3.3 Kindorientierte Maßnahmen

Drei Maßnahmen im Programm Papilio richten sich direkt an die Kinder:

- die Maßnahme „Spielzeug-macht-Ferien-Tag",
- die Maßnahme „Paula und die Kistenkobolde" und
- die Maßnahme „Meins-deinsdeins-unser-Spiel".

3.3.1 Spielzeug-macht-Ferien-Tag

Beschreibung

Die Maßnahme „Spielzeug-macht-Ferien-Tag" zielt besonders auf das *gemeinsame Spiel* von Kindern, auf die *Integration* von Kindern in die Gleichaltrigengruppe und auf die Förderung von *Gleichaltrigenkontakten*.

Das interaktive Spielen der Kinder miteinander wird dadurch unterstützt, dass an einem bestimmten Tag in der Woche, am „Spielzeug-macht-Ferien-Tag", auf herkömmliches Spielzeug wie Brettspiele, Puppen oder Konstruktionsspielzeug verzichtet wird. Die Kinder werden angeregt, sich gemeinsam über mögliche alternative Spiele auszutauschen und sich darauf zu einigen, welches interaktive Spiel sie spielen möchten (z.B. Rollenspiele). Sie sind somit aufgefordert, sich direkt mit anderen Kindern auseinander zu setzen, ohne sich hinter Spielmaterialien „verstecken" zu können. Die Kinder werden so angeregt, soziale und emotionale Fertigkeiten im direkten Kontakt zu anderen Kindern anzuwenden, d.h. sie zu erlernen und zu vertiefen. Der Spielzeug-macht-Ferien-Tag bietet entsprechend eine Möglichkeit, die Fähigkeiten und Fertigkeiten, die die Kinder durch „Paula und die Kistenkobolde" und das „Meins-deinsdeins-unser-Spiel" erwerben, in natürlichen Situationen anzuwenden und zu verfestigen. Eine Übertragung der erlernten Kompetenzen in den Alltag der Kinder wird so intensiv unterstützt. Zudem tragen die interaktiven Spiele dazu bei, dass sich auch Kinder im Spiel begegnen, die sonst nicht viel miteinander zu tun haben. Somit ergeben sich mehr Möglichkeiten, in soziale Austauschprozesse zu treten. Dies ist insbesondere für schüchterne, eher zurückgezogene Kinder wichtig, die auf diese Weise stärker in das Gruppengeschehen integriert werden. Die Kinder lernen einander besser kennen und das Knüpfen von Freundschaften wird gefördert.

Durchführung

Der Spielzeug-macht-Ferien-Tag wird an einem Tag in der Woche durchgeführt. Die Regelmäßigkeit hilft den Kindern, sich mit dem Spielzeug-macht-Ferien-Tag vertraut zu machen. Das „einen ganzen Tag lang miteinander spielen" wird zu einem *festen Ritual* im Kindergarten. Das Spielmaterial bleibt an diesem Tag aufgeräumt und wird nicht benutzt, wobei in den einzelnen Funktionsecken und -räumen darauf geachtet wird, dass das Spielmaterial tatsächlich weggeräumt ist, um Platz für alternatives Spielen zu schaffen. Ausgenommen davon sind Werkzeuge und Bastelmaterial, die nicht vorenthalten werden sollen. Diese Materialen werden den Kindern jedoch erst auf Anfrage zur Verfügung gestellt.

Die Erzieherin hat beim Spielzeug-macht-Ferien-Tag eine aktive Rolle. Der Tag ist ausdrücklich *keine* Maßnahme nach dem Laissez-faire-Stil, an dem also alle unsystematisch machen können, was sie wollen. Er erfordert im Gegenteil von der Erzieherin hohe Aufmerksamkeit, empathisches Verhalten, ständiges Bewusstmachen ihrer Vorbildfunktion und Sensibilität im Umgang mit den Bedürfnissen einzelner Kinder und der Gruppe. Die Kinder können die Erzieherin ins Spiel einbeziehen und sie kann auch ihre Spielideen einbringen. Die Initiative zu den Spielen sollte jedoch vorrangig von den Kindern ausgehen. Dies gilt sowohl für die Auswahl der Spiele als auch für die Aufstellung der Regeln.

◀ aktive Rolle der Erzieherin

Theoretischer Hintergrund

Der Spielzeug-macht-Ferien-Tag zielt darauf, die Kinder einen ganzen Tag lang zum gemeinsamen Spielen zu animieren, indem an diesem Tag das kindergarteneigene Spielzeug nicht zur Verfügung steht und die Kinder somit sozusagen *keine andere Möglichkeit haben*, als miteinander zu spielen und in Interaktion miteinander zu treten. An diesem einen Tag der Woche soll sichergestellt werden, dass die Kinder keine Möglichkeit haben, sich hinter dem Spielzeug „zu verstecken" und nicht an gemeinsamen Spielen teilzunehmen, wie es häufig bei sozial zurückgezogenen Kindern beobachtet werden kann. Der Spielzeug-macht-Ferien-Tag bietet auch die Gelegenheit, Kinder, die zwar nicht schüchtern, aber vielleicht durch erste Verhaltensprobleme von anderen Kindern abgelehnt werden, in das Gruppengeschehen zu integrieren. Das gemeinsame Spiel gibt Kindern die Möglichkeit, kommunikative und soziale Kompetenzen zu üben (z.B. Initiieren von Interaktionen, gewaltlose Konfliktlösung, Entwicklung von Empathie und Perspektivenübernahme).

◀ Interaktion mit anderen Kindern

◀ Einüben kommunikativer und sozialer Kompetenzen

Wie in Abschnitt 2.4.4 dargestellt, stellt die *Interaktion mit anderen Kindern* einen wesentlichen Faktor innerhalb der kindlichen sozialen Welt dar. Ab dem dritten Lebensjahr verbringen Kinder zunehmend Zeit mit Gleichaltrigen (z.B. im Kindergarten), wobei sie sich vorwiegend gleichgeschlechtlichen Gleichaltrigen zuwenden. Über die Kindergartenzeit nehmen konflikthafte Interaktionen ab und prosoziales Verhalten nimmt zu; zunehmend gewinnt das Spiel mit Gleichaltrigen an sozialer Komplexität. Im Rahmen sozialer Interaktionen mit Gleichaltrigen lernen Kinder soziale Fertigkeiten, wie z.B. das Spielen aufeinander abzustimmen oder emotionale Bindungen zu knüpfen. Eine wichtige Komponente in der Entwicklung emotionaler Kompetenz stellt die Fertigkeit dar, effektiv mit Gleichaltrigen zu interagieren (Gifford-Smith & Brownell, 2003; Pepler, Craig & Roberts, 1995). Zudem gehen positive Freundschaftsbeziehungen im Vorschulalter mit geringer ausgeprägtem aggressiven und erhöhtem prosozialen Verhalten einher (Sebanc, 2003). Hierbei übernimmt insbesondere das kindliche Spiel eine wichtige Funktion (Creasey, Jarvis & Berk, 1998), vor allem interaktive Formen des Spiels (Gagnon & Nagle, 2004) (s. auch Kasten 3.1).

Kasten 3.1: Zur Bedeutung des kindlichen Spiels.

Das kindliche Spiel weist insbesondere folgende *Merkmale* auf (Oerter, 2002):

- Es stellt eine Handlung „um der Handlung willen", zum Selbstzweck, dar, und die Kinder gehen in dieser Tätigkeit auf.
- Im Spiel wechselt der Realitätsbezug, d.h. die Handlungen verlaufen innerhalb eines gewählten Spielrahmens und lassen Raum zum Ausprobieren außerhalb dessen, was Realität ist (z.B. können Wünsche im Spiel illusionär verwirklicht werden).
- Das Spiel lässt einen intensiven Austausch mit der Umwelt und eine Auseinandersetzung und Bewältigung spezifischer Probleme zu.
- Das kindliche Spiel ist durch Wiederholungen und Rituale gekennzeichnet.
- Das kindliche Spiel hat demnach einen tieferen Sinn: „Es übernimmt Aufga-

ben der Lebensbewältigung zu einem Zeitpunkt, da andere Techniken und Möglichkeiten noch nicht zur Verfügung stehen" (Oerter, 2002, S. 223).

- Die Entwicklung des Spiels verläuft kulturübergreifend nach einem bestimmten Schema und ist von der kognitiven Entwicklung abhängig. Aus dem sensumotorischen Spiel, das sich zunächst auf Körperbewegungen und -teile bezieht und zunehmend zu Objekten wechselt, geht ein Explorationsverhalten hervor, bei dem Gegenstände genauer erkundet und zu begreifen versucht werden. Nach und nach werden die Objekte verwendet, um Zielgegenstände herzustellen (*Konstruktionsspiel*). Schließlich werden die Bedeutungen der Gegenstände im Spiel umgedeutet und frei verwendet, wobei Erfahrungen aus dem eigenen Umfeld eine wichtige Rolle einnehmen (*Symbolspiel*; ca. ab 12. Monat). Hieraus erwachsen *Rollenspiele* (ca. ab dem 3. Lebensjahr), in denen Kinder fiktive Rollen/Funktionen einnehmen. Dem folgenden *Regelspiel* (ab Ende des Vorschulalters) liegen zudem festgelegte Regeln zugrunde, die sehr oft auch *Wettkampfspiele* im weiteren und engeren Sinne darstellen. Für diese Spielform sind zudem zuvor erlernte spezifische Fähigkeiten/Fertigkeiten erforderlich.
- Höhere soziale, emotionale und kognitive Kompetenzen werden mit jedem Entwicklungsschritt notwendig, insbesondere beim Eintritt in die Phase des Rollenspielens und des Sozialspiels. Das Zusammenspielen zu zweit bzw. zu mehreren setzt voraus, dass die Beteiligten fähig sind, sich auf einen gemeinsamen Gegenstand bzw. Spielgegenstand im übertragenen Sinne zu beziehen. Hierzu sind Vereinbarungen darüber notwendig, was und wie zu spielen ist. Bevor komplexe Formen des Sozialspiels zu beobachten sind, zeigen Kinder ein Parallelspiel: Sie spielen zwar für sich nebeneinander her, beobachten sich dabei aber häufig auch gegenseitig. Nach und nach entwickelt sich aus dem Parallelspiel mit wechselseitigem Blickkontakt ein zunächst einfaches und dann zunehmend komplexeres (reziprokes) Sozialspiel, bis hin zu komplexem sozialen Symbolspiel. Für interessierte Leser sei im Weiteren auf Oerter (2002, S. 220ff) verwiesen.

Der Spielzeug-macht-Ferien-Tag sollte über einen möglichst langen Zeitraum im Kindergarten durchgeführt werden, damit die Kinder nicht nur über eine gewisse Zeit ohne Spielmaterial in Kontakt treten, sondern sich diese Form der Interaktion auch im sonstigen Alltag etabliert. Als festen Bestandteil des Kindergartenalltags – durch ein wöchentliches Ritual – können die Kinder diese Form des gemeinsamen Spiels über die Dauer ihrer gesamten Kindergartenzeit erfahren. Insbesondere sozial zurückgezogene Kinder bekommen so die Möglichkeit, sich besser in die Gleichaltrigengruppe zu integrieren (vgl. Choi & Kim, 2003).

Eingrenzend wird jedoch empfohlen, die Maßnahme nur einmal in der Woche durchzuführen. Das „Spielen ohne Spielzeug" sollte die Ausnahme, nicht die Regel im Kindergartenalltag werden, da auch herkömmliche Spielmaterialen eine wichtige Funktion für die kindliche Entwicklung haben können. Bestimmte Spielmaterialen regen z.B. in spezifischer Weise die kognitive Entwicklung an. So fördern beispielsweise Konstruktionsspielzeuge, wie Puzzles oder Bausteine, besonders das visuell-räumliche Denken. Es sollte also während der Durchführung des Papilio-Programms nicht grundsätzlich auf herkömmliche Spielmaterialien verzichtet werden.

Dokumentation

Die Erfahrungen in der Umsetzung des Spielzeug-macht-Ferien-Tages werden von den Erzieherinnen systematisch festgehalten. Tabelle 3.3 gibt exemplarisch einen Beobachtungsbogen einer Erzieherin wieder. Sie hält fest, wann (Datum), wie lange und was die Kinder während des Spielzeug-macht-Ferien-Tags getan haben. Durch die Dokumentation kann sie genauer verfolgen, welche Kinder sich gut einbringen können und welche noch Schwierigkeiten haben und eventuell Unterstützung benötigen.

Maßnahme: Spielzeug-macht-Ferien-Tag		
Datum/Zeit	**Situation**	**Pädagogische Intervention**
06.02.2004	Heidi steht im Raum und findet nicht ins Spiel.	Erzieherin geht mit Heidi im Raum spazieren und schaut sich gemeinsam Möglichkeiten an, die Heidi spielen könnte.
	Die Mädchen wollen Stoffe, um Gespenster zu spielen.	Erzieherin gibt den Kindern alte Leintücher und Bänder.
20.02.2004	Heidi legt mit Paul, Johannes und Miriam aus Naturmaterial verschiedene Bilder auf den Boden.	

Tabelle 3.3: Beispiel einer Dokumentation des Spielzeug-macht-Ferien-Tages.

3.3.2 Paula und die Kistenkobolde

Beschreibung

◀ Förderung sozial-emotionaler Kompetenzen

„Paula und die Kistenkobolde" ist eine Maßnahme zur *Förderung sozial-emotionaler Kompetenzen.* Die Maßnahme ist eingebettet in eine interaktive Geschichte, die den Kindern die Lerninhalte auf eine spannende und lebendige Weise vermittelt. Dabei entwickln die Kinder wichtige und grundlegende sozial-emotionale Kompetenzen wie:

- das Erkennen und Benennen eigener Gefühle,
- das Erkennen und Benennen von Gefühlen Anderer

sowie darauf aufbauend

- Empathie und
- Hilfeverhalten.

Emotion ►

Gefühl ►

! Eine Emotion beschreibt einen komplexen Prozess, der auf verschiedenen psychischen Funktionsebenen abläuft (z.B. ausgelöst durch die Bewertung einer Situation, damit einher gehen körperliche, psychophysiologische Prozesse, Kognitionen und Bewertungsmuster, das Gefühlserleben und eine daraus resultierende Verhaltensbereitschaft). Davon zu unterscheiden ist der Begriff „Gefühl", der nur das subjektive Erleben der Emotion bezeichnet, wie z. B. Freude, Traurigkeit, Ärger. Gefühle werden gewöhnlich als verschieden von Wahrnehmungen, Empfindungen und Denken, aber auch vom Wollen angesehen, können sich jedoch mit allen anderen Erfahrungsweisen verbinden. Auch wenn man in fachlicher Hinsicht hier zwischen Gefühlen und Emotionen unterscheiden muss, wird zur Vereinfachung den Kindern gegenübern von „Gefühlen" gesprochen, auch in Fällen, in denen eigentlich die Emotion gemeint ist.

Durch attraktives Bild- und Tonmaterial (Bilder der Koboldgesichter, Aufnahmen der Koboldstimmen, Lieder wie z.B.: „Mir geht's heut' so..." oder „Mutmachlied") wird mit den Kindern zu den basalen Emotionen *Trauer, Ärger, Angst und Freude* entdeckt,

- wie sie diese Emotionen erkennen können (Wahrnehmung der körperlichen Reaktionen sowie von Mimik und Gestik bei sich und anderen),
- warum und in welchen Situationen diese Emotionen bei anderen und bei ihnen selbst auftreten und
- was die Kinder tun oder machen können, wenn sie oder ein anderes Kind sich beispielsweise traurig oder ängstlich fühlt.

Die Maßnahme „Paula und die Kistenkobolde" ist, wie in Abbildung 3.3 dargestellt, aufgebaut.

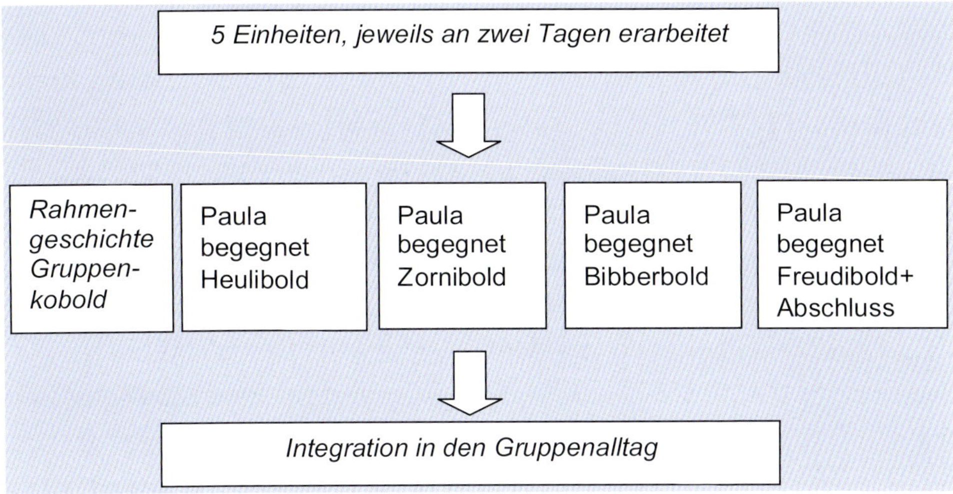

Abbildung 3.3: Aufbau der Maßnahme „Paula und die Kistenkobolde".

In vier Einheiten begegnen die Kinder vier *Kobolden, von denen jeder eine Basisemotion repräsentiert*:

Bibberbold (Angst) *Zornibold (Ärger)* *Freudibold (Freude)* *Heulibold (Traurigkeit)*

Abbildung 3.4: Die vier Kistenkobolde und ihre Emotionen.

Die Kinder lernen, um welche Emotion es sich handelt und wie sie diese bei sich selbst wahrnehmen können. Als Nächstes versuchen sie herauszufinden, anhand welcher Merkmale (Mimik, Gestik usw.) sie diese

Emotionen auch bei anderen erkennen können. Abschließend erarbeiten die Kinder Möglichkeiten, wie sie mit diesen Emotionen umgehen können. Bedeutsam ist hierbei, dass alle Basisemotionen zunächst wertfrei betrachtet werden und den Kindern verdeutlicht wird, dass Gefühle auch „gleichberechtigt" gelebt werden dürfen, es also Gründe gibt, beispielsweise traurig zu sein, man aber wissen muss, was man dann tun kann, um nicht länger traurig zu sein, als einem lieb ist.

Die Maßnahme ist eingebettet in eine Geschichte, die von der Erzieherin vorgelesen wird: Durch alle vier pädagogischen Einheiten führt *Paula*, ein Kindergartenkind. Paula erleichtert den Kindern die Identifikation mit der Geschichte. Sie wird den Kindern zu Anfang der Geschichte vorgestellt. Die Kinder werden nach dieser Einführung angeregt, einen eigenen Kobold nach ihren Vorstellungen zu basteln. Dieser tritt in den folgenden Einheiten wiederkehrend auf und beginnt jede Einheit von Paula und die Kistenkobolde mit einem Ruheritual. Der Gruppenkobold kann nach Einführung von Paula auch andere Elemente im Kindergartenalltag begleiten.

Als weiteres, wichtiges Element, das die Geschichte in der Realität der Kinder verankert, dient eine *Kiste*, in der die Kobolde leben und die eines Tages, zu Beginn der Maßnahme, in Form einer kleinen Holz- oder Pappkiste im Kindergarten steht. Paula und die Kinder lernen die Kobolde durch diese Kiste kennen. Die Kiste weckt als spannendes Element die Neugier und das Interesse der Kinder, da sie die Verbindung zwischen Realität und Phantasie, d.h. der Bearbeitung der jeweiligen Emotion in der Gruppe und der Geschichte, herstellt. In der Kiste finden die Kinder immer wieder Dinge der Kobolde (z.B. während der Einheit Traurigkeit, ein Taschentuch von Heulibold, oder später ein Kissen, hinter dem sich Bibberbold versteckt). Die Kinder setzen sich somit vertiefend mit der jeweiligen Emotion auseinander.

Kasten 3.2: Beispiel: Einführung von Heulibold (Zusammenfassung).

Die Erzieherin stellt die Koboldkiste in den Stuhlkreis und erzählt den Kindern die Geschichte von Paula. Paula, ein Kindergartenkind, entdeckt auf dem Dachboden ihrer Großeltern eine geheimnisvolle Kiste. Sie will unbedingt erfahren, was sich in dieser Kiste befindet, die Sie noch nie zuvor gesehen hat.

Es rührt sich etwas in der Kiste, und der Deckel wird aufgestoßen ... Paula traut ihren Augen nicht, da steht ein Kobold, wie Oma es ihr erzählt hat. „Wer bist denn Du?!", fragt Paula. „Ich bin der Heulibold." „Bist du etwa ein Kobold ... ein echter Kobold?", fragt Paula. „So was gibt's doch gar nicht!" ... Die Stimme vom Heulibold wird gaaanz leise und am liebsten will er wieder in die Kiste verschwinden ... „Ja, ja, Du magst keine Kobolde ... habe ich mir schon gedacht ... mich kann eh keiner leiden, das war schon immer so!" Da sagt Paula: „Ui, ui, ui, wie Du klingst ... das muss ich den Kinder in meiner Kindergartengruppe vorspielen ... das nehme ich für sie auf, dass sie sich das mal anhören können, und lege ihnen die CD in die Koboldkiste. Komm, Heulibold, sag mal was für die Kinder in meinem Kindergarten."

Die Kinder hören sich die Stimme von Heulibold an. Anschließend überlegen sie, wie Heulibold sich anhört, wie er sich fühlt und wie das „Traurigsein" aussieht. Die Kinder sammeln dann Ideen, was man tun kann, wenn man traurig ist. Die Ideensammlung der Kinder wird anschließend für Heulibold in die Kiste gelegt. Die Kinder singen für Heulibold noch das Koboldlied, damit er weiß, dass sie ihm etwas in die Kiste gelegt haben. In der nächsten Stunde finden die Kinder wieder eine CD von Heulibold. Es geht ihm schon viel besser und er bedankt sich bei den Kindern für ihre Unterstützung.

Die Kinder malen nun ein Bild von Heulibold, wie er sich schon viel besser fühlt. Während des Malens wird mit den Kindern weiter ein Gespräch über das Gefühl „traurig" geführt. Die Bilder werden anschließend in die „Heulibold-Ecke" aufgehängt.

Durchführung

Die Einheiten sind *immer gleich aufgebaut*:

- Einführung oder kurze Wiederholung der vorherigen Einheit.
- Durchführung eines kurzen Ruherituals, um alle Kinder einzustimmen.
- Vorlesen eines Teilabschnitts der Geschichte unter Einbeziehung von entsprechendem Bild- und Tonmaterial. Der Ausschnitt der Geschichte ist immer einem Kobold und seinem Gefühl zugeordnet, (z.B. Heulibold = Traurigkeit).
- Gespräche über die entsprechende Emotion, um gestische und mimische Merkmale sowie mögliche Lösungen bzw. Handlungsalternativen mit den Kindern zu erarbeiten. Zu beachten ist hier (siehe Kasten 3.2), dass das Gespräch mit den Kindern immer gleich aufgebaut ist:
  - Kinder hören die Stimme des Kobolds → Nachfrage, z.B.: Wie hört sich das denn bei Heulibold an, wenn er traurig ist?
  - Kinder stellen den Bezug zu ihrem eigenen Erleben dar → Nachfrage, z.B.: Wie hört sich das bei Dir an, wenn Du traurig bist?
  - Kinder entwickeln Möglichkeiten im Umgang damit.
  - Kinder entdecken das Bild von Heulibold → Nachfrage, z.B.: Woran erkennst Du, dass Heulibold traurig ist?
  - Kinder stellen den Bezug zu anderen her → Nachfrage, z.B.: Woran erkennst Du, dass andere traurig sind?
  - Kinder entwickeln gemeinsam Möglichkeiten, anderen zu helfen.

Nachdem die Kinder Hilfe-Möglichkeiten für Heulibold in die Kiste gelegt haben, meldet sich Heulibold am nächsten Tag wieder und bedankt sich für die Unterstützung.

Die Auseinandersetzung mit einer der Basisemotionen findet jeweils über eine Woche hinweg statt. Für jeden Kobold – und somit für jede entsprechende Emotion – wird eine *Pinnwand im Gruppenraum* eingerichtet. Nach Durchführung der vier Einheiten soll es im Gruppenraum vier Bereiche geben, die jeweils einem Kobold gewidmet sind. Die Kinder sollen Fotos von sich mitbringen und sind aufgefordert, sich beispielsweise nach der morgendlichen Begrüßung entsprechend ihrem eigenen Gefühl einem der Kobolde (einem der Gefühle) zuzuordnen. Zudem werden die CD mit der Stimme des Kobolds, die in der Kiste gefundenen Utensilien sowie die selbst gemalten Bilder der Kinder dem entsprechenden Kobold zugeordnet. Der selbst gebastelte Kobold (Gruppenkobold) kann ebenso einen festen Platz erhalten. Hier können dann die Fotos der Kinder hängen, wenn sie sich nicht einem spezifischen Gefühl zuordnen möchten.

Kasten 3.3: Beispiele zur Visualisierung in der Praxis.

In der Praxis finden sich sehr unterschiedliche Möglichkeiten der Visualisierung. Eine Gruppe hat z.B. in einem Nebenraum einen *Koboldraum* eingerichtet. Bei jedem Kobold hängt eine Vielzahl von Bildern, Utensilien etc., die spezifisch zu den Emotionen gehören und dazu noch eine Pinnwand, die für den gruppeneigenen Kobold, der den Namen „Goldi" trägt, reserviert ist. „Goldi" hat von den Kindern die Funktion erhalten, all die Gefühle zu verkörpern, die nicht eindeutig den basalen Emotionen zuzuordnen sind. Andere Gruppen verteilen die Kobolde mit ihren Stimmungen ganz unterschiedlich im Raum. Dies wird jedoch immer in Absprache untereinander durchgeführt.

Im weiteren Verlauf wird in der Gruppe regelmäßig über die Gefühle gesprochen. Die Kinder sollen überlegen, wie sie sich fühlen, und sie können sich mit ihrem Foto dem entsprechenden Kobold (dem entsprechenden Gefühl) zuordnen. Wöchentliche Gespräche sollen dabei helfen, dass die Kinder sich anhaltend mit Gefühlen auseinandersetzen und ihr Emotionsvokabular sowie Möglichkeiten der Emotionsregulation erweitern. Erwünscht ist, dass die Kinder sich im Laufe der Zeit selbstständig, ohne Aufforderung, authentisch dem Gefühl zuordnen, welches sie aktuell empfinden. Zur Ergänzung werden Lieder eingesetzt, die die inhaltliche Arbeit unterstützen.

Theoretischer Hintergrund

Die Maßnahme „Paula und die Kistenkobolde" wurde vor dem Hintergrund aktueller theoretischer und empirischer Ergebnisse der Entwicklungspsychologie, Entwicklungswissenschaft und der entwicklungsorientierten Prävention entwickelt.

Sozial kompetentes Verhalten resultiert aus dem Zusammenspiel von kognitiven Fähigkeiten und sozialen Fertigkeiten. Kognitive Fähigkeiten (z.B. differenzierte Wahrnehmung, Fähigkeit zum Perspektivenwechsel) bilden die Voraussetzung für sozial kompetentes Verhalten (soziale Kompetenz; vgl. Petermann & Wiedebusch, 2003; Saarni, 1999; von Salisch, 2002). „Paula und die Kistenkobolde" fördert diese kognitiven und sozialen Fähigkeiten und Fertigkeiten und trägt somit zur sozial-emotionalen Entwicklung der Kinder bei.

Wie in Abschnitt 2.2.1 dargestellt, weisen Kinder mit frühen Verhaltensproblemen vermehrt Defizite in der sozial-emotionalen Entwicklung auf. Umgekehrt zeigen Kinder mit hohen sozial-emotionalen Fertigkeiten eine bessere Integration in die Gleichaltrigengruppe und eine bessere Anpassung an neue Anforderungen (wie etwa die Schule); sie fallen zudem seltener durch Verhaltensprobleme auf und zeigen eine bessere Emotionsregulation (vgl. Izard et al., 2002). Eine geringe sozial-emotionale Kompetenz stellt daher einen bedeutsamen Risikofaktor für vielfältige Probleme dar.

Inzwischen liegen bereits international kindorientierte Programme vor, die darauf zielen, sozial-emotionale Kompetenzen bei Kinder zu fördern (z.B. Greenberg et al., 1995; Hyson, 1994). Wie Lösel und Beelmann (2003) in einer Re-Analyse unterschiedlicher Evaluationsstudien kindorientierter Präventionsmaßnahmen zeigen konnten, werden durch solche Maßnahmen positive Effekte auf die kindliche Entwicklung erzielt. Die Förderung sozial-emotionaler Kompetenzen kann das Auftreten von Verhaltens- und emotionalen Störungen vermindern (vgl. Izard et al., 2002). Zudem wird prosoziales Verhalten, wie Empathie und Hilfeverhalten gefördert, da emotionale Fertigkeiten die Grundlage dazu bilden.

Petermann und Wiedebusch (2003; S. 176) kommen nach einer umfassenden Übersicht über verschiedene Programme zur Förderung emotionaler Kompetenz zu dem Schluss, dass solche Programme folgende übergeordnete *Ziele der Maßnahmen* beinhalten sollten:

- offener Umgang mit Emotionen,
- differenzierte Wahrnehmung eigener Gefühle und der Gefühle anderer,
- Verbesserung des sprachlichen Ausdrucks von Emotionen und des Emotionsvokabulars,
- verbessertes Emotionsverständnis und Emotionswissen,
- eigenständige Emotionsregulation,
- Förderung der Empathieentwicklung.

Die Maßnahme „Paula und die Kistenkobolde" greift *jedes* dieser Ziele auf und setzt diese über Methoden um, die dem Entwicklungsstand der Kinder angepasst sind. Damit wird die hohe Bedeutung der emotionalen Kompetenz für eine gesunde psychische, sozial-emotionale

Entwicklung der Kinder entsprechend berücksichtigt. Es kann erwartet werden, dass Kinder durch die Maßnahme „Paula und die Kistenkobolde" in ihrer emotionalen, sozialen und schulischen Entwicklung positiv unterstützt und gefördert werden.

3.3.3 Meins-deinsdeins-unser-Spiel

Beschreibung

kindgerechter Aufbau prosozialen Verhaltens ►

Die Maßnahme „Meins-deinsdeins-unser-Spiel" dient dem kindgerechten Aufbau gruppenförderlichen und prosozialen Verhaltens. *Soziale Regeln* (z.B. „miteinander ruhig reden und nicht schreien") prägen unseren Alltag. Kinder müssen die Berücksichtigung dieser Regeln wie jede andere Fertigkeit erlernen. Im Alltag werden Kindern oft soziale Regeln durch Verbote vermittelt (z.B. ist eine häufige Reaktion von Erwachsenen auf Raufereien unter Kindern: „Man schlägt andere Kinder nicht!"). Es wird oft vergessen den Kindern zu sagen, *warum* sie das nicht tun sollen und *was sie stattdessen* tun können. Diese Informationen sind für Kinder aber wichtig. Ein vierjähriges Kind fragt sich in naiver Sichtweise beispielsweise: „Warum soll ich ein anderes Kind nicht schlagen, wenn ich dadurch das Spielzeug bekomme?" Die Kinder müssen erst lernen, *warum* sie etwas nicht tun sollen und *wie* sie es anders machen sollen. Neben grundlegenden sozial-emotionalen Kompetenzen, die eine wesentliche Grundlage für das Begreifen und Einhalten sozialer Regeln darstellen, müssen diese sozialen Regeln vermittelt werden – insbesondere, wenn Kinder erste Verhaltsprobleme zeigen.

Statt Verbote auszusprechen, wenn unerwünschte Situationen bereits entstanden sind, schafft das Meins-deinsdeins-unser-Spiel einen *entspannten und spielerischen Rahmen*, um soziale Regeln zu lernen. So wird der Lernprozess für Kinder attraktiver und verständlicher gestaltet. Gespräche, die von den Erzieherinnen gelenkt werden, regen die Kinder dazu an, selbst Regeln für die Gruppe zu formulieren und Erklärungen und Begründungen für bestimmte Regeln zu finden. Im Rahmen eines Spiels werden die Kinder dazu aufgefordert, diese auch selbst zu üben. Dadurch werden die Kinder aktiv aufgefordert, eigene Ideen für soziale Regeln zu entwickeln. Das konkrete Üben von Regeln hilft den Kindern, dieses Verhalten auch in anderen Situationen tatsächlich anzuwenden, denn *es ist einfacher, etwas Bestimmtes zu tun, wenn man dieses bereits geübt hat.*

Durchführung

Die Durchführung des Meins-deinsdeins-unser-Spiels verläuft *in mehreren Schritten.* Die Erzieherin bespricht mit den Kindern im Stuhlkreis wichtige soziale (Gruppen-)Regeln. Sie einigt sich mit den Kindern auf eine Regel, die im Spiel „gespielt" werden soll. Das Spiel spielen *kleine, möglichst gleich große Gruppen* von je max. fünf Kindern. Dabei sollte die Erzieherin auf pädagogisch *sinnvolle Gruppenkonstellationen* achten, z.B. hinsichtlich Alters- und Geschlechterzusammensetzung, Verhaltensstärken und -schwächen der Kinder (z.B. fällt es einigen Kindern leichter, sich ruhig zu beschäftigen, andere Kinder sind motorisch aktiver).

Entsprechend der gewählten sozialen Regel (z.B. „ich lasse den anderen immer aussprechen") gestaltet die Erzieherin eine Situation, in der das Spiel gespielt werden kann (z.B. im Stuhlkreis mit den Kindern Erlebnisse vom Wochenende besprechen). Sinn des Spiels ist, dass die Kinder die gewählte soziale Regel in einer von der Erzieherin gestalteten Situation einhalten. Gleichzeitig sollen sich die Kinder gegenseitig bei der *Einhaltung der Regel* unterstützen.

Anfänglich läuft das Spiel über einen festgelegten *Zeitraum* von fünf Minuten, der vorher den Kindern mitgeteilt wird. Die Dauer kann beim wiederholten Spielen kontinuierlich auf maximal 15 Minuten Spielzeit (ohne Einführung und Auswertung) gesteigert werden. Das Spiel beginnt und die Erzieherin hat die Aufgabe zu beobachten, ob die soziale Regel in den jeweiligen Gruppen eingehalten wird. Nach Ablauf der Spielzeit wird mit den Kindern besprochen, wie gut dies geglückt ist.

Wie bei jedem Spiel gibt es auch Gewinner. Im Meins-deinsdeins-unser-Spiel gewinnen die Gruppen, die die Regel eingehalten haben, d.h. es können auch *alle Gruppen gewinnen.* Gewinne sind z.B.: die Gewinnergruppe(n) sucht/suchen für die Gesamtgruppe das Buch aus, das vorgelesen wird, darf/dürfen auswählen, wohin der Nachmittagsspaziergang geht.

Das Spiel wird aufbauend in unterschiedlichen Schwierigkeitsstufen gespielt. *Anfänglich* geht es darum, dass die Kinder überhaupt den Ablauf des Spiels verstehen. Das heißt, es werden kurze Zeitintervalle gewählt, einfache Regeln zugrunde gelegt und die Gewinne werden direkt am selben Tag eingelöst. *Nach und nach*, wenn die Kinder den Spielablauf und den Zusammenhang zwischen ihrem Verhalten und dem Spielausgang verstanden haben, werden die Dauer des Spiels und die Komplexität der sozialen Regeln gesteigert. Zudem werden die Gewinne nicht mehr direkt am selben Tag, sondern beispielsweise am Ende der Woche eingelöst. Hierzu werden die Spielergebnisse der jeweiligen Gruppen in einem für alle Kinder gut sichtbaren *Punktespeicher* visualisiert (s. Abb. 3.5). Materialien zum Anlegen von Punktespeichern etc. werden den Erzieherinnen im Praxismanual zur Verfügung gestellt.

Abbildung 3.5: Beispiel für einen Punktespeicher mit gleich großen Kreisen und gleichen Abständen zwischen den Punkten.

Das Spiel sollte mindestens zweimal in der Woche gespielt werden. Die Hauptziele des Spiels (s. Tabelle 3.1) werden mit höherer Wahrscheinlichkeit schneller erreicht, je häufiger das Spiel gespielt wird und je besser es in den Kindergartenalltag integriert ist.

Theoretischer Hintergrund

Kinder im Kindergarten verbringen häufig zum ersten Mal in ihrem Leben eine beachtliche Zeit des Tages in einer größeren Peer-Gruppe. Sie erleben, dass sie in der Gruppe „ein Kind unter vielen" sind und nicht mehr die alleinige Aufmerksamkeit der erwachsenen Bezugsperson haben. Sie machen *neue und erweiterte Erfahrungen* in Bezug auf:

- den Umgang mit eigenen Bedürfnissen, die nicht sofort oder so schnell befriedigt werden;

- Materialien, die nicht ausreichend zur Verfügung stehen, wann immer es etwas möchte;
- Teilen, Abgeben und Verzicht;
- Hilfsbereitschaft, d.h. sie müssen darum bitten oder auch anderen Hilfe anbieten, um eigene Ziele zu erreichen und
- ein umfassendes, neues Regelsystem.

Für die Orientierung der Kinder in einem erweiterten, neuen sozialen Umfeld ist es von wesentlicher Bedeutung, erwünschtes und unerwünschtes Verhalten eindeutig zu bestimmen. Im Kindergartenalter lernen Kinder in der Peergruppe soziales Verhalten eher durch die Beobachtung der anderen Kinder und nehmen Regeln eher an, wenn diese innerhalb der gesamten Gruppe formuliert werden. Indem die Kinder in der Kleingruppe lernen, ihr Verhalten aufeinander abzustimmen, werden soziale Verhaltensweisen etabliert und das Kind erfährt dafür in der gesamten Gruppe Anerkennung.

Die *Grobziele* des Meins-deinsdeins-unser-Spiels sind der
- Aufbau gruppenbezogenen, prosozialen Verhaltens und der
- Abbau sozial unerwünschten (Problem-)Verhaltens.

Das Meins-deinsdeins-unser-Spiel basiert auf grundlegenden Aspekten der Lerntheorie (s. Kasten 3.5). Abgeleitet wurde es vom Good Behavior Game (Barrish et al., 1969), das bereits mehrfach in Langzeitstudien auf seine Wirksamkeit hin überprüft wurde (Embry, 2002; s. Kasten 3.4). Ziel des Meins-deinsdeins-unser-Spiels ist die Verminderung/Verhinderung von Verhaltensproblemen (aggressives und Rückzugsverhalten) sowie die Förderung prosozialen Verhaltens (vgl. Webster-Stratton et al., 2001).

Kasten 3.4: Das Good Behavior Game (GBG; vgl. Barrish, Saunders & Wolf, 1969; Embry, 2002).

Ziel des GBG ist die *Reduktion von störendem Verhalten im Klassenraum* bei Erst- und Zweitklässlern.

Beim GBG werden die Kinder einer Klasse in Kleingruppen mit 5 bis 8 Kindern eingeteilt. Anschließend wird ein Teamwettbewerb um Preise, Privilegien und spezielle Aktivitäten (z.B. Ausflug) durchgeführt. Pro Spieleinheit, die von 10 Minuten bis max. 2 Stunden dauert, wird eine Regel eingeübt. Für störendes Verhalten (z.B. Aufstehen und Umherlaufen), welches im Vorfeld genau definiert wird und damit einen Regelverstoß darstellt, werden „Foul"-Punkte („schlechte" Punkte) vergeben. Gewonnen hat die Gruppe, die nach dem Spiel mit ihrer Punktzahl unter einer vorher abgesprochenen Grenze liegt (z.B. maximal vier Punkte). Es gibt direkt nach dem Spiel eine kleine Belohnung. Außerdem erhalten die Gruppen, die unter dieser Grenze lagen, Gewinnpunkte („gute" Punkte). Diese Gewinnpunkte können zusätzlich über einen bestimmten Zeitraum (z.B. zwei Wochen) aufsummiert und in einem Punktespeicher visualisiert werden. Am Ende der vereinbarten Zeitspanne bekommt die Gruppe mit den meisten Gewinnpunkten dann eine zusätzliche Belohnung.

Kasten 3.5: Grundlegende lerntheoretische Aspekte im Meins-deinsdeins-unser-Spiel.

Das Meins-deinsdeins-unser-Spiel greift zurück auf Aspekte des Lernens am Erfolg (operantes Lernen; vgl. Edelmann, 2000), des Modelllernens und der sozial-kognitiven Lerntheorie (Bandura, 1979):

Lernen am Erfolg. Ein Zielverhalten (Einhalten einer sozialen Regel) wird gefördert (belohnt durch einen Gewinn), d.h. das erwünschte Verhalten wird aufgebaut. Ein unerwünschtes Verhalten (z.B. Dazwischenreden) wird *konsequent* ignoriert. Das unerwünschte Verhalten führt dazu, dass die Gruppe keinen Gewinn erhält, d.h. das unerwünschte Verhalten wird abgebaut. Durch den Gewinn (bzw. den ausbleibenden Gewinn) und die in Folge ihres Einhaltens der sozialen Regel positiver verlaufenden sozialen Interaktionen, machen die Kinder die Erfahrung, dass ihr positives Verhalten mit für sie angenehmen Folgen verbunden ist.

Um zu vermeiden, dass die Kinder ein positives Verhalten im Sinne der sozialen Regel *ausschließlich* während eines Spiels und in Erwartung eines Gewinns zeigen (Unterscheidungslernen) oder dass sie nach einmaligem Einhalten der Regel das erwünschte Verhalten wieder einstellen, wird das Meins-deinsdeins-unser-Spiel in mehreren Schritten durchgeführt. Dabei wird zunehmend von direkten, unmittelbaren Formen der Verhaltensförderung in Form von Gewinnen übergegangen zu verzögerten Formen (z.B. Wochengewinn, erst nach mehrmaligem Spielen). Somit werden die Kinder darin unterstützt, ein positives Verhalten im Sinne der sozialen Regel dauerhaft in ihr Verhaltensrepertoire zu integrieren (vgl. Edelmann, 2000; Rosemann & Bielski, 2001).

Modelllernen/sozial-kognitive Lerntheorie. Nach der Theorie des Modelllernens bzw. der sozial-kognitiven Lerntheorie erwirbt ein Kind durch *Beobachtung von anderen Kindern* neue Verhaltensweisen und führt diese zukünftig auch aus, sofern es die modellierten Verhaltensweisen als attraktiv einschätzt und ihnen seine Aufmerksamkeit zuwendet. Wird zum Beispiel die soziale Regel im Spiel von den Kindern eingehalten, so wird dies von den anderen Kindern ebenso beobachtet wie die Folgen, die mit dem Verhalten einhergehen (z.B. der Gewinn, der positivere soziale Umgang miteinander). Da das Verhalten im Rahmen der sozialen Regel mit positiven Folgen verbunden ist, weist es eine gewisse Attraktivität auf, so dass dieses Verhalten – und damit auch die Einhaltung der Regel – von den Kindern positiv bewertet wird. In Folge werden die Kinder mit höherer Wahrscheinlichkeit künftig ein eben solches Verhalten zeigen.

Das Spiel hält die Kinder zudem dazu an, das soziale Verhalten nicht nur zu beobachten, sondern auch selbst auszuführen. Auch die Erzieherin übernimmt dabei durch die Art und Weise, wie sie sich gegenüber den Kindern verhält (oder auch *nicht* verhält), eine wichtige Modellfunktion (s. Abschnitt 3.2). Zusammengenommen unterstützt das den Erwerb positiver Verhaltensstrategien.

Das Vorgehen im Good Behavior Game wurde für das Meins-deinsdeins-unser-Spiel in verschiedener Hinsicht der anvisierten Altersgruppe entsprechend modifiziert. Zum Beispiel führt unerwünschtes soziales Verhalten der Kinder während des Spiels (z.B. Dazwischenreden) *nicht* zu einem Punkteabzug, sondern das Einhalten der sozialen Regel (z.B. andere ausreden lassen) wird mit einem Punkt gefördert. Im Meins-deins-deins-unser-Spiel führt das Nicht-Einhalten der Regel dazu, dass die Gruppe keinen Punkt (Gewinn) erhält (ausbleibender Gewinn).

Kinder erfahren so auf spielerische Art, dass sozial angemessenes Verhalten in der Gruppe und von der Gruppe positiv wahrgenommen und belohnt wird. Als sozial angemessenes Verhalten im Gruppengeschehen wird ein Set von Verhaltensweisen verstanden, das für alle Interaktionspartner als vorteilhaft beschrieben werden kann. Indem prosoziales Verhalten spielerisch eingeübt wird, bietet das Meinsdeinsdeins-unser-Spiel auch Kindern mit ersten Anzeichen für Verhaltensprobleme einen geschützten Rahmen, ihr Verhalten zu korrigieren. Dabei motiviert die gemeinsame Belohnung der ganzen Gruppe. Weil Kinder ein möglichst breites Repertoire an sozialem Verhalten einüben und lernen, dieses bewusst anzuwenden, kann ihnen künftig der Transfer in unsicheren und unbekannten Situationen leichter gelingen. Als wichtiger Schritt sei hier der Übergang in die Schule zu nennen.

3.4 Elternarbeit

Zunächst erläutert dieser Abschnitt grundsätzlich wesentliche Aspekte zur Elternarbeit im Papilio-Programm. Im Anschluss daran werden kurz drei Elternabende vorgestellt, mit denen Erzieherinnen die Einführung des Programms begleiten und Eltern über die einzelnen kindorientierten Maßnahmen informieren. Die Einbeziehung der Eltern ist im Papilio-Programm von wesentlicher Bedeutung, da Papilio ein Drei-Ebenen-Programm darstellt. In Abschnitt 2.4.4 wurde bereits erläutert, dass den Eltern als wichtigste Bezugspersonen des Kindes eine herausgestellte Bedeutung zukommt. Die Erzieherin kommt in der Regel als erste außerfamiliäre Bezugsperson hinzu. Um die Ziele von Papilio effektiv erreichen zu können, ist die Mitwirkung der Eltern von großer Bedeutung.

◀ Drei-Ebenen-Programm

3.4.1 Erziehungspartnerschaft

Erzieherinnen und Eltern begeben sich für die Dauer des Aufenthalts der Kinder im Kindergarten in eine Erziehungspartnerschaft, die sich positiv auf die Entwicklung des Kindes auswirken soll.

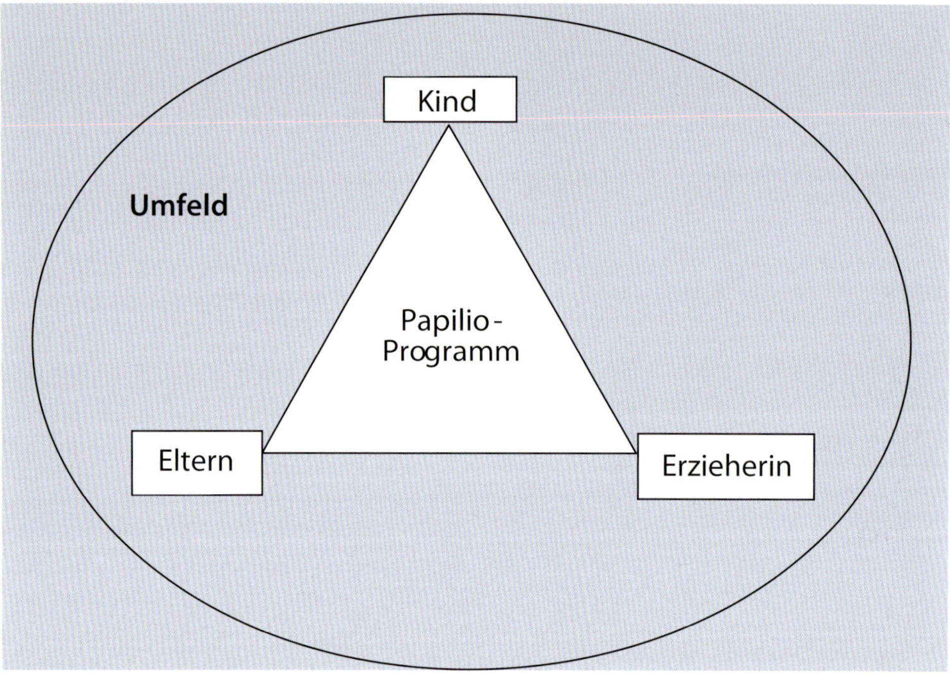

Abbildung 3.6: Erziehungspartnerschaft im Beziehungsfeld Kindergarten/Elternhaus.

Eltern, Erzieherin und Kind sollten in diesem Beziehungsfeld Kindergarten/Elternhaus ein harmonisches, von Wertschätzung geprägtes Miteinander entwickeln. So erlebt das Kind im besten Fall ein positives, einheitliches Erziehungsklima.

Bei der Einführung von Papilio muss das Umfeld, in dem sich Kind, Eltern und Erzieherin bewegen, berücksichtigt und im Kontext der Maßnahmen betrachtet werden.

Wie genau gestaltet sich nun die Erziehungspartnerschaft im Papilio-Projekt?

Zunächst geht es darum, die Situation der Eltern und Kinder differenziert zu betrachten, um eine Ist-Situation festzustellen und die Zusammenarbeit mit den Eltern gestalten zu können. Mögliche Fragen wären:

- In welchem sozialen Umfeld leben die Kinder in meiner Gruppe?
- Wie viele Kinder werden von allein erziehenden Elternteilen betreut?
- Wie viele leben bei beiden Elternteilen?
- Wie gestalten sich die Wohnverhältnisse?
- Wie viel Zeit können Eltern einbringen, um zu Elterngesprächen oder Elternabenden zu kommen?
- Welche Unterstützung brauchen Eltern, um an Elternveranstaltungen zu Papilio teilnehmen zu können?

Im Weiteren sind Fragen zur konkreten Umsetzung der Papilio-Elternarbeit in der eigenen Einrichtung zu klären. Mögliche Fragen sind:

- Wie kann ich in der aktuellen Situation der Einrichtung die Elternarbeit anbieten?
- Welche Unterstützung von Kolleginnen nehme ich in Anspruch?
- Können Kompetenzen bezüglich der einzelnen Elternabende unter den Kolleginnen verteilt werden?
- Welche Informationen zu Inhalten und Methoden brauche ich noch?
- Was erwartet meine Zielgruppe von mir?
- Welche Erwartungen habe ich an die Zielgruppe Eltern?

3.4.2 Bedeutung und Ziele der Elternarbeit bei Papilio

Für eine gelungene, zufriedenstellende Elternarbeit sind die *Transparenz und die gegenseitige Offenlegung* der Erziehungsziele wesentliche Aspekte. Dies muss zunächst sicherlich von der Erzieherin ausgehen, da die Eltern das Papilio-Programm nicht kennen. Die Erzieherin legt offen, welche Ziele dem Programm Papilio zugrunde liegen und welche beruflichen und persönlichen Beweggründe vorhanden sind, das Projekt ein- und durchzuführen. Das Team und die Erzieherin müssen sich im Vorfeld also überlegen, welche Einstellung sie grundsätzlich zum Programm haben.

Drei Dinge spielen bei der Papilio-Elternarbeit eine wesentliche Rolle: Information, Kooperation und Beratung (s. Abb. 3.7).

Abbildung 3.7: Wesentliche Kennzeichen der Papilio-Elternarbeit.

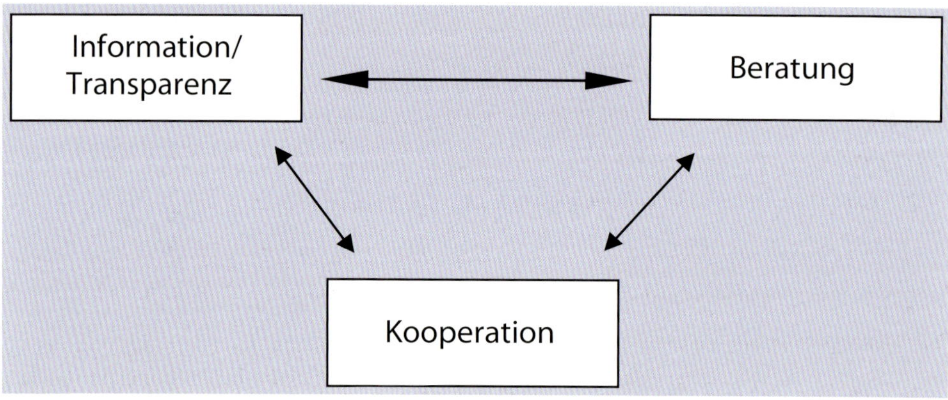

Die *Information* der Eltern steht an erster Stelle, wobei auch eine Mitbestimmung der Eltern bezüglich der Einführung von Papilio nicht ausgeschlossen ist. Erzieherinnen und Eltern (z.B. Elternbeirat) können sich gegebenenfalls gemeinsam für eine Einführung des Programms entscheiden. In diesem Fall hat die Erzieherin bereits aus dem Kreis der Eltern Partner gewonnen, um andere Eltern zur Mitarbeit zu motivieren.

Diese Transparenz und Offenheit trägt zu einer Balance bei. Wenn Eltern die Ziele von Papilio, soweit ihnen dies möglich ist, im Elternhaus unterstützen, kann es zu einem regelmäßigen Austausch zwischen den Erziehungspartnern kommen. Kinder berichten ihre Erlebnisse bezüglich der Maßnahmen zuhause. Eltern fragen nach, holen sich vertiefende Informationen, um die Erzählungen des Kindes zu verstehen und eventuell zu unterstützen. In gleicher Weise berichtet die Erzieherin über Ereignisse, die sie mit dem Kind in der Gruppe hatte, welche Fortschritte und Entwicklungen das Kind macht. Zudem fragt auch die Erzieherin nach und holt sich vertiefende Informationen zu Ereignissen im Elternhaus. So entwickelt sich eine positive Kooperation zwischen Erzieherinnen und Eltern. *Kooperation* heißt Zusammenarbeit und Ergänzung zur Erreichung der Ziele, die das Papilio-Programm anstrebt (s. S. 102).
Als weiteres, wichtiges Element kommt die *Beratung im entwicklungsfördernden Erziehungsverhalten* hinzu. Die Erzieherin berät die Eltern in Erziehungsfragen, insbesondere bezüglich der Ziele von Papilio.

Der Aspekt „*Beratung*" ist bei Papilio in Einzelgesprächen mit den Eltern und im weiterführenden Elternclub angesiedelt. Information und Transparenz der Programm-Inhalte sind wichtige Ziele der Elternabende und Voraussetzung für die Einführung von Papilio. Aus beiden Bereichen entsteht eine konstruktive Kooperation mit den Eltern, die es ermöglicht, Papilio langfristig und dauerhaft im Kindergarten zu integrieren. Die Ziele von Papilio können nur dann erreicht werden, wenn alle Bereiche im Zusammenhang gesehen werden. Es entsteht demnach ein Wirkungsdreieck (s. Abb. 3.7), wie es allgemein gültig für die Elternarbeit steht.

3.4.3 Elternabende

Elternabende bilden neben Elterngesprächen die klassische Form der Elternarbeit im Kindergarten. Sie dienen in der Regel der Information über die pädagogische Arbeit oder der Elternbildung, wenn z.B. Erziehungsfragen thematisiert oder entwicklungspsychologische Erkenntnisse vermittelt werden (Textor, 2005).

Die drei im Anschluss dargestellten Elternabende sind entsprechend der nachfolgenden Übersicht gleichbleibend aufgebaut (s. Kasten 3.6).

Kasten 3.6: Struktur der Elternabende.

1. Einstieg und Begrüßung
2. Warming-up
3. Ablauf, Inhalte und Ziele des Elternabends
4. Hinführung zum Thema
5. Arbeit am Thema
6. Vorstellen einer kindorientierten Papilio-Maßnahme
7. Abschluss und Verabschiedung der Eltern

Die folgenden Elternabende sind inhaltlich und methodisch strukturiert und als Angebot zur konkreten Durchführung zu verstehen. Die Erzieherinnen können diese Vorschläge übernehmen und/oder Inhalte und Methoden auf die jeweilige Situation in ihrer Einrichtung abstimmen. Neben der Präsentation von Themen durch die

Erzieherin wird zudem viel Wert auf die Erarbeitung einzelner Aspekte in Kleingruppen und auf das Ein- und Mitbringen von Erfahrungen aus dem häuslichen Umfeld gelegt. Besonders wichtig ist uns, dass die Erzieherinnen die Elternabende selbst als Referentinnen durchführen, weil sie für Eltern und Kinder wichtige emotionale Bezugspersonen und Vertraute sind. Sie kennen die Situation der Eltern und können deshalb im Rahmen der Elternabende auf persönliche Umstände eingehen. Die genaue Feinstruktur, inklusive weiter führender Materialien (z.B. Elternbrief), wird im Praxis- und Methodenhandbuch gegeben.

Erfahrungsgemäß erreicht man über Elternabende nur einen Teil der Eltern. Das wird auch für die Papilio-Elternabende und den darauf aufbauenden Elternclub so sein. Die Erzieherin wird jedoch darüber hinaus in Tür- und Angelgesprächen weitere Eltern erreichen und nicht zuletzt werden die Eltern über ihren regelmäßigen Kontakt untereinander (z.B. in Bring- und Abholzeiten) Informationen weitergeben.

1. Elternabend: Auftakt und Information sowie Spielzeug-macht-Ferien-Tag

Ziele im Gesamten

Die Eltern

- sind für die Problematik Sucht- und Gewaltverhalten im Jugendalter sensibilisiert;
- sind über theoretische und empirische Zusammenhänge zwischen der Entwicklung von Sucht- und Gewaltverhalten im Jugendalter und sozial-emotionalen Kompetenzen in der frühen Kindheit informiert;

- sind über die Effekte und die Wichtigkeit früh einsetzender Primärprävention aufgeklärt;
- kennen die Ziele des Papilio-Programms;
- kennen Inhalte der Papilio-Maßnahmen im Überblick;
- wissen um die praktische Umsetzung des Spielzeug-macht-Ferien-Tags in der Kindergartengruppe.

2. Elternabend: Sozial-emotionale Kompetenz sowie „Paula und die Kistenkobolde"

Ziele im Gesamten

Die Eltern

- reflektieren eigene Gefühlslagen, den Umgang mit Gefühlen ihres Kindes und die Bedeutung von Gefühlen;
- wissen, was emotionale Kompetenz bedeutet;
- kennen den Zusammenhang zwischen sozialer und emotionaler Kompetenz;
- sind sich der Wichtigkeit sozial-emotionaler Kompetenzen für die gesunde Entwicklung ihres Kindes bewusst;
- kennen den pädagogischen Hintergrund von „Paula und die Kistenkobolde";
- haben Möglichkeiten zum Transfer der Inhalte in die Familie kennen gelernt, wissen, auf welche Weise sie im häuslichen Umfeld sozial-emotionale Kompetenzen fördern können.

3. Elternabend: Meins-deinsdeins-unser-Spiel

Ziele

Die Eltern
- wissen um die Notwendigkeit sozialer Regeln für das Zusammenleben;
- kennen den pädagogischen Hintergrund des Meins-deinsdeins-unser-Spiels;
- kennen Möglichkeiten, soziale Regeln innerhalb der Familie zu üben und das Spiel in seiner Wirkung zu unterstützen;
- haben Möglichkeiten zum Transfer der Inhalte in die Familie diskutiert.

3.5 Allgemeine Prinzipien der Umsetzung

In diesem Abschnitt werden wichtige Aspekte erläutert, die für die *Umsetzung und Durchführung* des Papilio-Programms im Kindergarten pädagogisch sinnvoll scheinen. Sie basieren auf theoretischen Vorüberlegungen (s. Abschnitt 3.2.2) und den praktischen Erfahrungen der Kindergärten, die Papilio eingeführt haben.

Zunächst wird das Implementierungskonzept von Papilio mit der Trainer- und der Erzieherinnenfortbildung erläutert. Anschließend wird die *Einführung* des Programms im Kindergarten dargestellt. Dabei werden die unterschiedlichen Voraussetzungen in der Praxis berücksichtigt. Es folgen die *Kooperation* der Mitarbeiterinnen in der Kindergartengruppe, im Team eines Kindergartens und/oder in einer Kindertagestätte im Gesamten sowie die *Rolle der Erzieherin*.

Da die Maßnahmen auch auf eine Förderung von risikomildernden Bedingungen zielen und für diesen Zweck zusammengestellt wurden, können sie nur als entwicklungsorientierte Prävention gelten, wenn sie *im Gesamten* ein- und durchgeführt werden.

Bei den Überlegungen zur Umsetzung ist immer auch die Konzeption eines Kindergartens zu beachten. Wenn in der Einrichtung auch andere Zielgruppen (z.B. Schulkinder) betreut werden, bedarf es der Absprache im Team, da die Papilio-Maßnahmen auf Kinder im Kindergartenalter zielen.

3.5.1 Das Implementierungskonzept

Multiplikatorensystem ►

Das Implementierungskonzept von Papilio basiert auf einem Multiplikatorensystem, um den Erzieherinnen, die Papilio in ihrer Einrichtung einführen, eine kontinuierliche und qualitätsgesicherte Begleitung durch einen Trainer vor Ort zu ermöglichen. Der Vorteil der Implementierung mit Hilfe eines Mulitiplikatorensystems liegt darin, dass die Trainer die regionalen Gegebenheiten der Kindergärten in ihrem jeweiligen demographischen Umfeld kennen und somit besser darauf eingehen können.

Für das Multiplikatorensystem bildet das beta Institut in Augsburg bundesweit pädagogische Fachkräfte wie z.B. Sozialpädagogen und Diplom-Pädagogen im Papilio-Programm fort. Die Fachkräfte müssen Erfahrungen im Elementarbereich, in der Präventionsarbeit und in der Erwachsenbildung aufweisen. Diese Fachkräfte bieten als Trainer auf regionaler Ebene Fortbildungen für Erzieherinnen zur Durchführung von Papilio an.

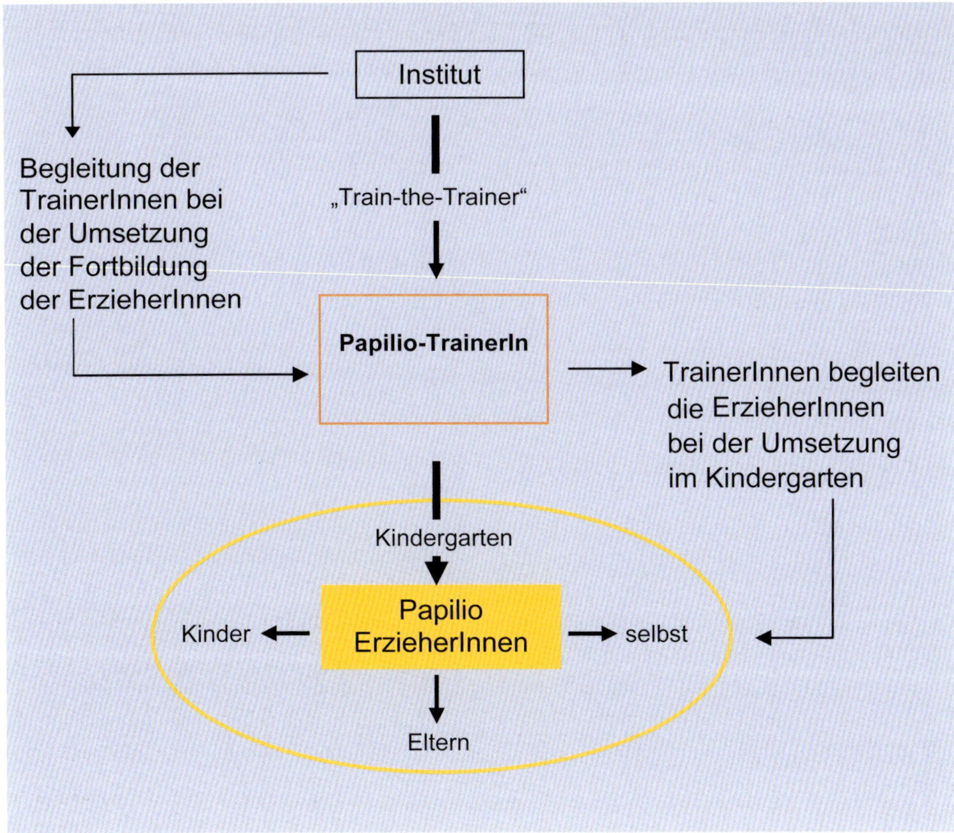

Abbildung 3.8: Implementierungsstruktur für das Programm Papilio.

Die Fortbildung für Trainer

In einem einführenden Workshop erhalten die potenziellen Trainer eine erste Orientierung zum Programm und zu dessen Inhalten. Der Workshop dient zur gegenseitigen Entscheidungsfindung, ob an der Papilio-Fortbildung zum Trainer teilgenommen werden kann.

Die Fortbildung für Trainer umfasst sechs ganze Tage (s. Abb. 3.9), aufgeteilt in zwei nah beieinander liegende Seminarblöcke, zwei ganze Fortbildungstage zur Vertiefung, Kolloquium und Abschluss der Ausbildung. Zusätzlich sind 32 Stunden Coaching und kollegiale Supervision verpflichtend.

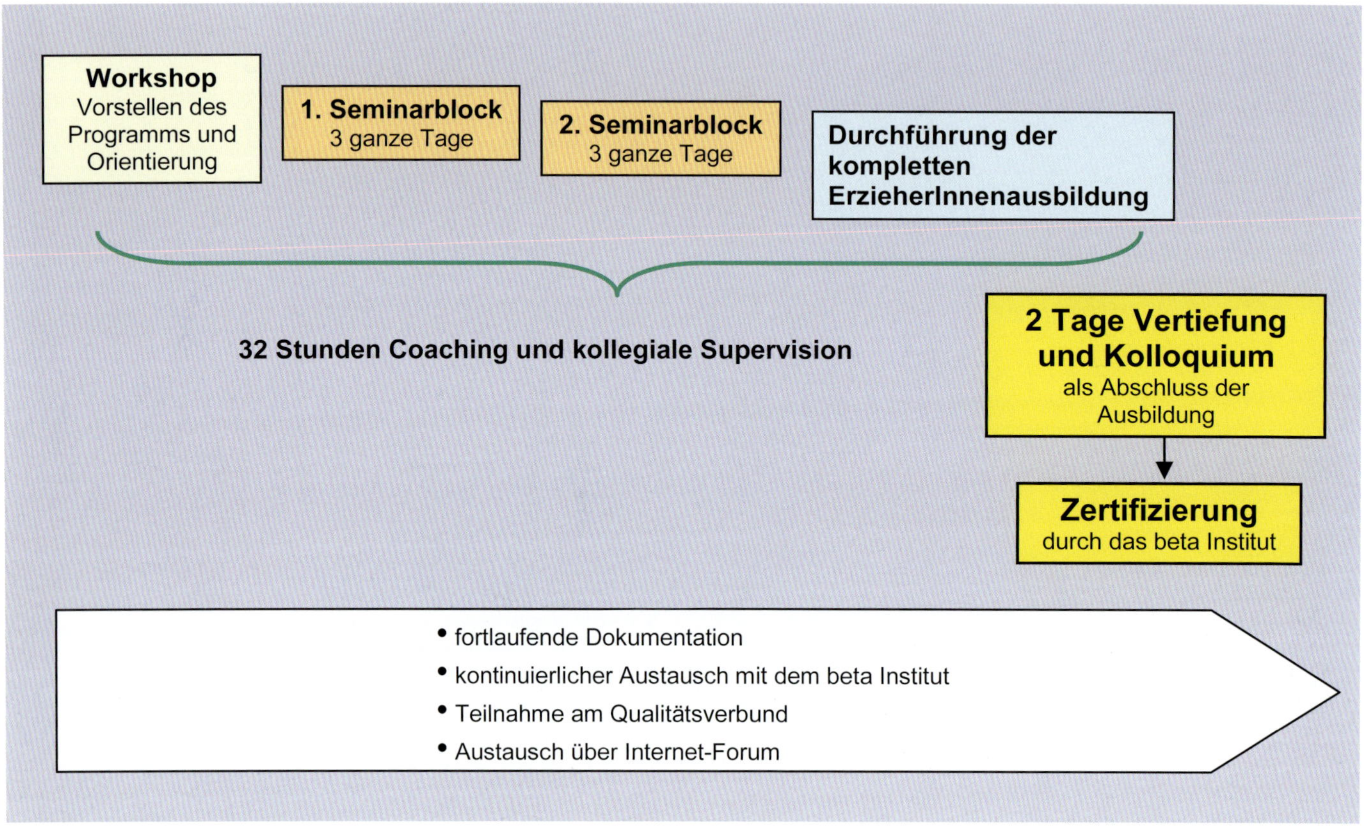

Abbildung 3.9: Aufbau der Papilio-Trainerfortbildung.

Die inhaltliche Aus- und Fortbildung zum Papilio-Trainer besteht im Wesentlichen aus vier Bausteinen:

- Theoretisch-wissenschaftliche Grundlagen zu Sucht- und Gewalt, pädagogische und entwicklungspsychologische Aspekte, entwicklungsorientierte Präventionstheorie, Papilio-Studie in der Modellregion Augsburg.

- Papilio-Maßnahmen: Theoretischer Hintergrund, methodisch-didaktischer Aufbau, Umsetzung in der Praxis, Anleitung und Übungen zur Vermittlung an die Erzieherinnen.
- Fortbildung für Erzieherinnen: Aufbau, Inhalte, Vermittlung, qualitätsgesicherte Begleitung der Erzieherinnen in der Umsetzung, Dokumentation.
- Öffentlichkeitsarbeit: Werbung, Zielgruppenansprache, Vernetzung.
- Reflexion: Eigene Werte, Normen und Einstellung in Bezug auf Präventionstheorien und -programme; Anspruch und Motivation, sich in der Präventionsarbeit zu engagieren; Trainerverhalten.

Nach der Zertifizierung (s. S. 156) nehmen die Trainer einmal jährlich am Qualitätsverbund teil.

Die Fortbildung für Erzieherinnen

Die Fortbildung für Erzieherinnen ist im Rahmen der Evaluationsstudie (s. Kap. 4) entwickelt worden. Im Sinne einer nachhaltigen Wissensvermittlung werden in den Seminaren unterschiedliche Methoden angewendet, z.B. Impulsreferate, Theoriearbeit, Gruppenarbeit, Plenumsdiskussion, Rollenspiel, selbstreflektive Verfahren, exemplarische Fallarbeit. Abbildung 3.10 stellt den Aufbau der Papilio-Fortbildungen für Erzieherinnen bis zur Zertifizierung vor.

Die einzelnen Fortbildungsbausteine bauen aufeinander auf und können nur nacheinander besucht werden. Die Teilnehmerinnen erhalten nach jedem Fortbildungsbaustein eine Teilnahmebescheinigung. In der Fortbildung werden Dokumentationsverfahren vermittelt, die einen wichtigen Baustein zur Qualitätssicherung in der pädagogischen Arbeit darstellen. Damit dokumentiert die Erzieherin die Einführung und Umsetzung der Papilio-Maßnahmen in der Gruppe. Eine Abschlussdokumentation ist Voraussetzung für eine Zertifizierung.

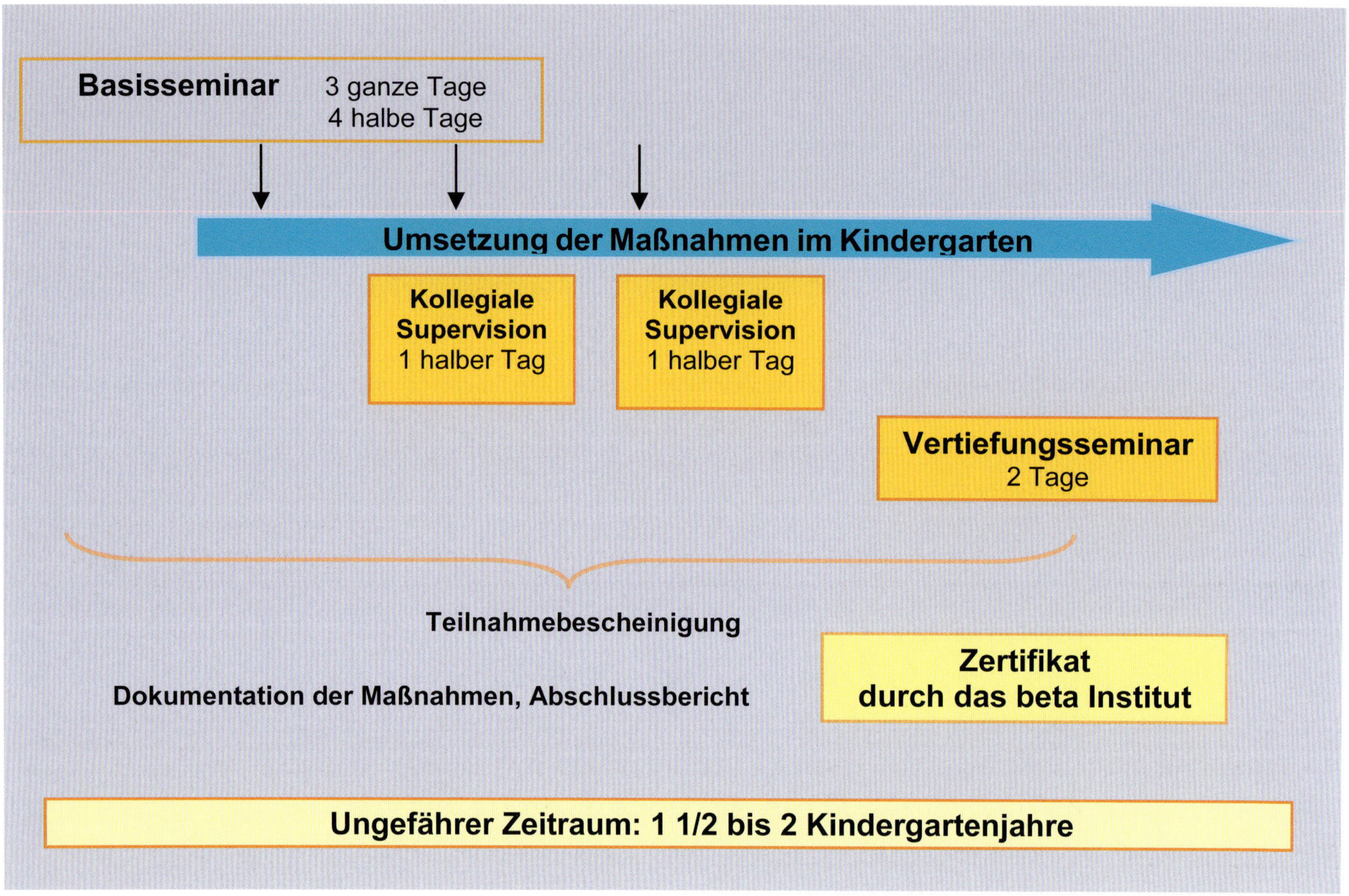

Abbildung 3.10: Aufbau der Papilio-Fortbildung für Erzieherinnen.

Die Inhalte des Papilio-Programms verteilen sich wie in der Abbildung 3.11 sowie in der Abbildung 3.12 dargestellt auf die einzelnen Bausteine der Fortbildung.

1. Tag	2. Tag	3./4. Nachmittag	5. Nachmittag	6. Tag	7. Nachmittag
Theoretische Kenntnisse	**Entwicklungsförderndes ErzieherInnenverhalten**	**Kindorientierte Maßnahmen**	**Qualitätssicherung**	**Elternarbeit**	**Integration und Reflexion**
- Sucht - Gewalt - Prävention	- Lob - Handlungsabfolge - unerwünschtes Verhalten - Umgang mit Regeln	- Spielzeug-macht-Ferien-Tag - Paula und die Kistenkobolde - Meins-deinsdeins-unser-Spiel	- Dokumentation - Tandemarbeit - Zertifizierung - Qualitätszirkel	- Elternabende zu den Maßnahmen - Methodik/ Didaktik - Präsentation/ Moderation	individuell nach den Bedürfnissen der Ausbildungsgruppe

Abbildung 3.11: Aufbau und Inhalte des Basisseminars.

Die zwei halben Tage kollegiale Supervision dienen der Begleitung und Unterstützung bei der praktischen Umsetzung von Papilio in der Kindergartengruppe. Sie werden vom Papilio-Trainer individuell nach den Fragen und Anliegen der Teilnehmerinnen gestaltet. Im Vordergrund stehen dabei die Arbeit mit konkreten Beispielen aus der Praxis und der Erfahrungsaustausch über die Einführung der Maßnahmen in der eigenen Kindergartengruppe. Neben den Nachmittagen zur kollegialen Supervision kann die Begleitung der Erzieherinnen auch in Form von Hospitationen des Trainers in der Einrichtung und/oder einer individuellen Beratung stattfinden. Im Vertiefungsseminar werden die im Basisseminar vermittelten Inhalte reflektiert und vertieft. Das Seminar wird zeitlich so terminiert, dass die Erzieherinnen alle Maßnahmen eingeführt haben.

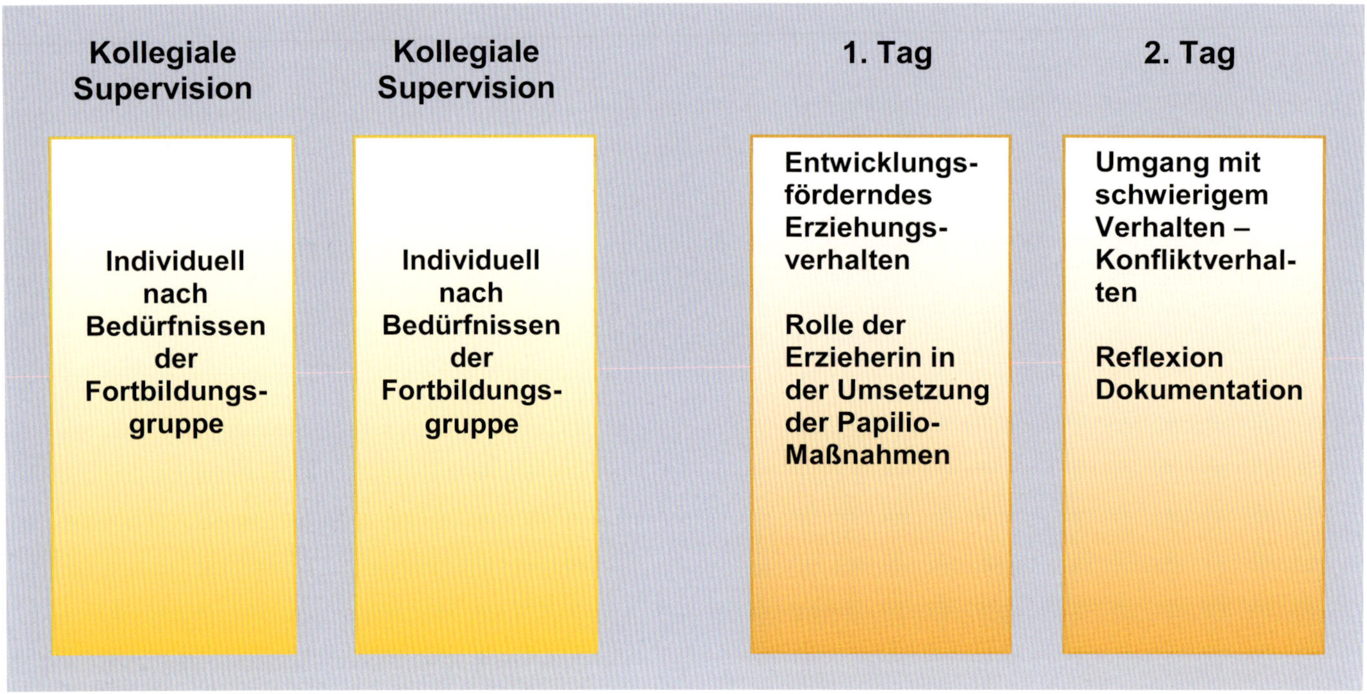

Abbildung 3.12: Inhalte der kollegialen Supervision und des Vertiefungsseminars.

Zertifizierung

Voraussetzung für die Zertifizierung ist die Teilnahme an allen Fortbildungsbausteinen. Die Implementierung und kontinuierliche Durchführung aller Maßnahmen wird durch die Erzieherin dokumentiert und in Form eines Abschlussberichts nachgewiesen. Der Zeitraum von Fortbildungsbeginn bis zur Zertifizierung umfasst mindestens ein Kindergartenjahr.

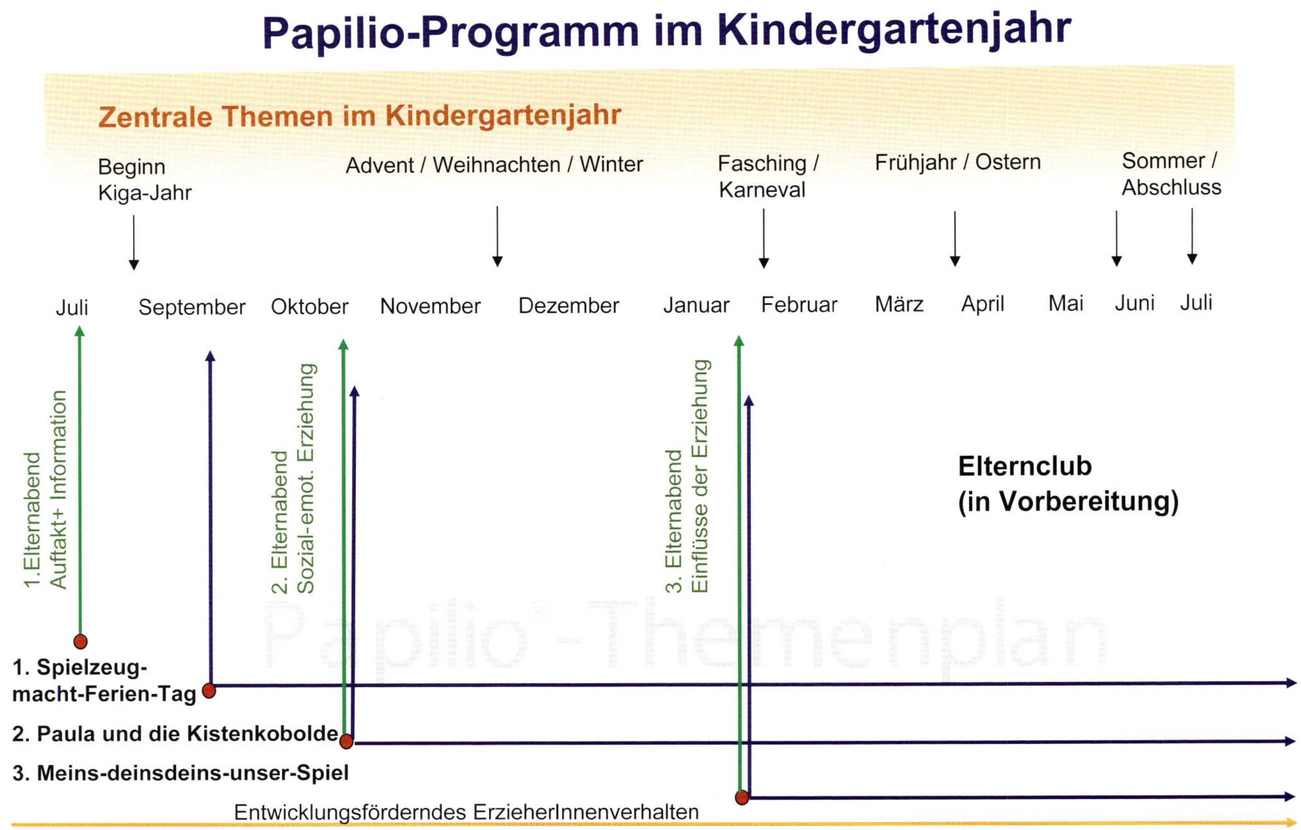

Abbildung 3.13: Einführung Papilio-Programm im Kindergartenjahr.

3.5.2 Einführung im Kindergarten

Zeitpunkt der Einführung

Abbildung 3.13 zeigt eine Übersicht des Programms für die Ein- und Durchführung innerhalb eines Kindergartenjahres. Die Module zur Elternarbeit behandelt Abschnitt 3.4 differenzierter. Der Elternclub ist nicht Bestandteil dieses Handbuchs, er wird zurzeit als eigener Programmbaustein entwickelt.

Der Ablauf eines Kindergartenjahres ist geprägt von der Integration neuer Kinder zu Beginn des Kindergartenjahres, religiösen und kulturellen Festen, jahreszeitlichen Aktivitäten und dem Jahresabschluss mit Verabschiedung der Kinder, die eingeschult werden. Abbildung 3.13 bezieht sich auf ein Kindergartenjahr im süddeutschen Raum, mit dem Schuljahresbeginn Mitte September. Der Zeitablauf ist problemlos auf nationale und internationale Gegebenheiten übertragbar.

Bei der Entscheidung, *wie* Papilio eingeführt wird, spielen die Einrichtungsgröße, die konzeptionellen Vorgaben, die Einstellungen der Mitarbeiterinnen und des Trägers der Einrichtung sowie die Fortbildungsmöglichkeiten und -bereitschaft eine Rolle. Die Einführung kann auch fließend im Jahresfortlauf erfolgen. Damit ist es bei der Umsetzung des Programms Papilio möglich, unabhängig von einem vorgegebenen Zeitrahmen über die Einführung zu entscheiden. Wichtig ist, die Einführung und Integration der Maßnahmen auf die Situation des Kindergartens/der Einrichtung individuell zu übertragen und abzustimmen.

Erzieherinnen, die Papilio in ihrer Gruppe umsetzen möchten, beginnen mit der Teilnahme an einer Papilio-Fortbildung. Parallel zu den Fortbildungstagen können die Maßnahmen im Kindergarten eingeführt werden. Die zertifizierten Papilio-Trainer begleiten und beraten die Erzieherinnen bei der Einführung vor Ort.

Vollständigkeit der Umsetzung der Maßnahmen

Die Wirksamkeit der Papilio-Maßnahmen wird – wie bei Präventionen generell (vgl. Olweus, 2004) – wesentlich durch die Vollständigkeit und Genauigkeit in der Umsetzung (in der angloamerikanischen Fachliteratur als „treatment integrity" und „treatment fidelity" bezeichnet) der vorgesehenen Maßnahmen bestimmt. Deshalb wird empfohlen, die Maßnahmen des Papilio-Programms möglichst standardisiert umzusetzen.

Reihenfolge der Umsetzung der Maßnahmen

Unabhängig vom Zeitpunkt der Fortbildung, die nach Möglichkeit das gesamte Team durchlaufen sollte (vgl. Abschnitt 3.4.2), ist es sinnvoll, dass die Erzieherin zunächst ihr *eigenes Erziehungsverhalten im Kindergartenalltag* bewusst beobachtet, die Kommunikationsmuster des *„Entwicklungsfördernden Erzieherinnenverhaltens"* praktisch umsetzt, übt, reflektiert und in ihr eigenes Verhaltensrepertoire integriert.

Das Interaktions- und Kommunikationsverhalten im direkten Umgang mit dem Kind ist zudem Bestandteil der Supervision durch die Kolleginnen und den Papilio-Trainer des beta Instituts, der die Kolleginnen mindestens über einen Jahreszyklus hinweg begleitet.

Exemplarisch wird im Folgenden die Einführung der kindorientierten Maßnahmen mit Beginn eines Kindergartenjahres dargestellt.

Spielzeug-macht-Ferien-Tag ▶

Für die *Integration des Programms Papilio* in den Kindergartenalltag ist es empfehlenswert, die Maßnahme *„Spielzeug-macht-Ferien-Tag" als erste kindorientierte Maßnahme* zu Beginn des Kindergartenjahres einzuführen. Dies ermöglicht der ganzen Gruppe einen Einstieg in das Papilio-Programm und erleichtert die Einführung der beiden anderen kindorientierten Maßnahmen. Zeitnah sollte ein *Elternabend* stattfinden, der über Sucht, Gewalt und Prävention informiert und die Maßnahmen im Überblick vorstellt.

Die *Aufnahme neuer Kinder* in die Gruppe erfordert es, Regeln neu zu erarbeiten, Rituale und Aufgaben bewusst zu machen. Beginnt die Kindergartengruppe (Stammgruppe und neue Kinder) mit dem Spielzeug-macht-Ferien-Tag, erschließt sie sich damit ein neues gemeinsames Identitätsmerkmal für die Gruppe. Die Ziele des Spielzeug-macht-Ferien-Tags unterstützen dabei die Ziele, die in der Orientierungsphase (vgl. Bernstein & Lowy, 1982) einer Gruppe vordergründig sind, z.B. den anderen als Gruppenmitglied wahrzunehmen und zu akzeptieren oder mit der Umgebung vertraut zu werden. Erfahrungsgemäß akzeptieren die Kinder die Regeln des Spielzeug-macht-Ferien-Tags sehr schnell für sich und nehmen ihn als festen Bestandteil im Alltag der Gruppe an.

Paula und die Kistenkobolde ▶

Die Maßnahme „Paula und die Kistenkobolde" wird als zweite kindorientierte Maßnahme im Oktober eingeführt. Die Kinder müssen in dieser Phase die Aufgabe bewältigen, ihre *Rolle in der Gruppe* zu definieren, einen Platz zu finden und ihn zu festigen (vgl. Bernstein & Lowy, 1982; Schmidt-Grunert, 2002). Sie machen möglicherweise die Erfahrung, nicht von allen Kindern der Gruppe in gleicher Weise anerkannt und gemocht zu werden, und sind in dieser Situation gefordert, sich mit ihren diesbezüglichen Gefühlen auseinander zu setzen. Paula und die Kistenkobolde bietet den Kindern daher in dieser Gruppenphase eine wichtige Unterstützung. Hier zeigt sich bereits, wie sich die Papilio-Maßnahmen sinnvoll ergänzen und aufeinander aufbauen. Beim Spielzeug-macht-Ferien-Tag erleben die Kinder, dass z.B. eigene Spielideen von den Mitspielern nicht angenommen werden. Auch hier können die diesbezüglichen Gefühle verbalisiert und thematisiert werden.

Im jahreszeitlichen Ablauf können die Inhalte von Paula und die Kistenkobolde anschließend in der Advents- und Weihnachtszeit vertieft und erweitert werden. Ein *Elternabend* zum Thema soziale und emotionale Kompetenz begleitet die Einführung der zweiten Maßnahme.

◀ Meins-deinsdeins-unser-Spiel

Mit *Beginn des zweiten Kindergartenhalbjahres* durchläuft die Kindergartengruppe erneut einen Entwicklungsschritt. Die Kinder sind einander vertraut, haben ein Wir-Gefühl entwickelt, Gruppenkonstellationen haben sich gebildet und die Gruppenrollen sind definiert. Die Kinder stellen sich als Gruppe neuen Herausforderungen (Schmidt-Grunert, 2002). Die Maßnahme *„Meins-deinsdeins-unser-Spiel"* kann diese Phase wirkungsvoll unterstützen. *Soziale Regeln*, die die Kinder bereits kennen, werden auf spielerische Weise eingeübt und erweitert. Gewinnen und Verlieren ist möglich, ohne die Position des Kindes zu gefährden. Die Kinder können also mit dem Regelwerk des Spiels umgehen. Das Meins-deinsdeins-unser-Spiel beeinflusst *Gruppenkonstellationen* positiv: Da das Spiel in kleinen Gruppen mit veränderter Zusammensetzung gespielt wird, können sich feste Grüppchen, die sich bereits gebildet haben, verändern, so dass sich die Gruppensituation insgesamt wieder offener gestaltet. Schüchterne oder bereits ausgegrenzte Kinder können wieder einen Platz in der Gruppe erhalten.

Die Erzieherin bietet den Eltern wieder einen begleitenden *Informationsabend* zum Thema an. Ob sie diesen optional im Rahmen der Gesamteinführung des Projekts oder verbindlich durchführt, sollte die Erzieherin je nach Intensität der bisherigen Elternarbeit entscheiden. Alternativen sind ein ausführlicher Elternbrief oder die individuelle Information der Eltern in Entwicklungs- und Beratungsgesprächen.

Integration und fortlaufende Umsetzung

Im Anschluss an die Einführung des Meins-deinsdeins-unser-Spiels beginnt die *Integrationsphase* des Programms. Die Kinder erleben, dass die Maßnahmen selbstverständlich in den Gruppenalltag gehören. Sie haben die Elemente der einzelnen Maßnahmen in ihren Alltag integriert. Die Maßnahmen sind dann, wie viele andere pädagogische Themenbereiche auch (z.B. Bewegungserziehung, religiöse Bildung), fortlaufend Bestandteil der konzeptionellen Arbeit und werden von den älteren Kindern an neue Kinder in der Gruppe weitergegeben. So können beispielsweise die Kinder neuen Kindern vom Spielzeug-macht-Ferien-Tag mit seinen Regeln berichten und Hilfestellung geben. Die Spielregeln des Meins-deinsdeins-unser-Spiels werden in gleicher Weise von Kindern weitergegeben und auch die Geschichte von Paula ist als Gruppenelement etwas, was die Kinder erzählen und damit weiter vermitteln. Die Aufgabe der Erzieherin ist es, die einzelnen Themen entsprechend zu vertiefen, um die Ziele zu erreichen.

Erfahrungen aus der Praxis der Einführung

Erzieherinnen berichten, dass sie nach Einführung der Maßnahmen zunehmend beobachten, dass diese für die Kinder selbstverständlich zum Alltag gehören. Die Kinder wissen auch ohne Erkennungsritual, wann z.B. der Spielzeug-macht-Ferien-Tag stattfindet. Sie wissen, wann das Meins-deinsdeins-unser-Spiel an der Reihe ist und haben die Kobolde in den Alltag aufgenommen. Die einzelnen Elemente werden zunehmend miteinander verschmolzen. Was einzeln nebeneinander stand, wird im Laufe der Zeit als zusammengehörend erlebt.

Dieses ganzheitliche Erleben spiegelt sich nicht nur in der Gruppe wieder, sondern auch im Empfinden der Erzieherinnen. Viele berichten, dass sie zunächst das Papilio-Programm durchführen und parallel dazu die anderen pädagogischen Aufgaben bewältigen wollten. Im Laufe der Zeit veränderte sich das: Je mehr das Programm integriert und von den Erzieherinnen regelmäßig wiederkehrend durchgeführt wurde, umso mehr gehörte es zum Alltag.

Weiter beobachten die Erzieherinnen eine Veränderung im Umgang der Kinder miteinander. Die Kinder würden wesentlich mehr miteinander sprechen und auf die gegenseitigen Bedürfnisse Rücksicht nehmen. Konflikte, die grundsätzlich seltener seien, würden häufig konstruktiv gelöst.

3.5.3 Kooperation im Kindergartenteam

Die Einführung des Papilio-Programms erfordert eine enge Zusammenarbeit des Kindergartenteams sowohl in der Gruppe als auch in der gesamten Einrichtung. Empfehlenswert ist, dass *möglichst alle Gruppen* in einer Einrichtung das Programm einführen und in ihre Konzeption aufnehmen. Ist dies nicht möglich, können auch einzelne Gruppen die Maßnahmen gruppenintern umsetzen und integrieren.

Da sich die Fortbildung für alle Mitarbeiterinnen eines Gruppenteams eignet, ist es möglich, eine *gemeinsame Grundlage für die pädagogischen Arbeit* in der Praxis zu schaffen. Das ermöglicht eine vertiefende Reflexionsbereitschaft. Sowohl die Mitarbeiterinnen der Gruppe als auch das gesamte Team setzen sich verstärkt mit ihrer Rolle und ihrer inneren Haltung bezüglich der Kommunikation und Interaktion mit dem Kind auseinander. Dies schließt die Haltung bezüglich der kindorientierten Maßnahmen und damit der entwicklungsorientierten Prävention insgesamt mit ein.

Als eine Möglichkeit, sich zu unterstützen, wird die gegenseitige *kollegiale Beobachtung* empfohlen. Die kollegiale Beobachtung ist eine sinnvolle und wirkungsvolle Methode, um sowohl die Qualität der pädagogischen Arbeit als auch die Arbeitszufriedenheit der pädagogischen Mitarbeiterinnen effektiv zu steigern. Die gegenseitige Beobachtung und differenzierte Rückmeldung bezüglich des entwicklungsfördernden Erzieherinnenverhaltens stärkt die *vertrauensvolle Zusammenarbeit* im Team. Die Erzieherinnen besprechen die Inhalte und den Zeitpunkt der gegenseitigen Beobachtung. Sie geben sich damit die Erlaubnis zur Beobachtung und zur Rückmeldung, ein Kontrakt wird geschlossen. Die Rückmeldung findet möglichst in entspannter Atmosphäre außerhalb der Gruppe statt. Um dies zu realisieren, ist die Unterstützung der Gruppen untereinander notwendig und muss entsprechend geregelt werden (z.B. gegenseitige Vertretung in den Gruppen).

Absprachen sind ebenfalls vor der Einführung der kindorientierten Maßnahmen in den Gruppen notwendig:

- Der *Spielzeug-macht-Ferien-Tag* sollte von der gesamten Einrichtung durchgeführt werden. Sinnvoll ist, dass alle Gruppen am selben Tag ohne Spielzeug spielen. Dann gelten die Regeln dieses Tages im ganzen Kindergarten und die Kinder finden in allen Gruppen die gleiche Situation vor. Besonders wichtig ist dies in Einrichtungen, die teiloffen arbeiten, in denen die Kinder der verschiedenen Gruppen sich gegenseitig besuchen dürfen oder in denen auch Schulkinder (Hort) betreut werden. Dies gilt in gleicher Weise für das Spielen im Freigelände bzw. Garten. Falls nur eine oder zwei Gruppen an einem bestimmten Tag ohne Spielzeug spielen, sprechen die Erzieherinnen untereinander ab, zu welchen Zeiten und Bedingungen sie das Freigelände mit den Kindern nutzen. Eine zeitversetzte Einführung des Spielzeug-macht-Ferien-Tages erfordert von den Erzieherinnen untereinander sehr genaue Absprache, wer wann welche Räume oder das Freigelände nützt.

- *Paula und die Kistenkobolde* und das *Meins-deinsdeins-unser-Spiel* können ohne große Schwierigkeiten gruppenintern eingeführt werden.

Die *Elternarbeit* erfordert ebenfalls Absprachen unter den Mitarbeiterinnen. So muss die Frage geklärt werden, ob die Elternabende gruppenintern oder gruppenübergreifend anzubieten sind. Ausschlaggebend ist hierbei, wann die Maßnahmen in den einzelnen Gruppen eingeführt werden. Für eine effektive Zeitplanung ist es ratsam, die Maßnahmen in den Gruppen möglichst zeitnah einzuführen: Je geringer die zeitliche Verschiebung der Einführung, um so eher können die Elternabende gemeinsam gestaltet werden.

Mitarbeiterinnen, die in Gruppen tätig sind, die von *schulpflichtigen Kindern* besucht werden (Hort), können durchaus einzelne Elemente aus den Papilio-Maßnahmen übernehmen. Es ist möglich, den Spielzeug-macht-Ferien-Tag mit der gleichen Zielsetzung bei älteren Kindern einzuführen. Paula und die Kistenkobolde kann den Kindern z.B. den Übergang von der Kindergartengruppe in die Hortgruppe erleichtern.

! *Hinweis:* Eine qualitätsgesicherte Durchführung des Programms Papilio erfordert den regelmäßigen Austausch über den aktuellen Stand im Team. Gegenseitige Unterstützung und Beratung sind unerlässliche Bestandteile einer qualifizierten Teamarbeit und für die einzelnen Erzieherinnen wertvolle Unterstützung im pädagogischen Handeln.

Erfahrungen aus der Praxis

Erzieherinnen berichten, sie seien seit der Einführung des Programms wesentlich häufiger im Gespräch miteinander. Das Wir-Gefühl im Team sei gewachsen und sie fühlten sich in ihrer Arbeit unterstützt. Die gegenseitige Beratung über den direkten Umgang mit dem Kind und der Gruppe sei verstärkt in den Vordergrund getreten. Der Ablauf des Alltags in der Einrichtung sei transparenter geworden, d.h. die Erzieherinnen in den einzelnen Gruppen würden nicht mehr parallel nebeneinander her arbeiten, sondern wesentlich mehr kooperieren. Missverständnisse im Umgang miteinander seien wesentlich weniger geworden.

3.5.4 Die Rolle der Erzieherin im Papilio-Programm

Bei der Umsetzung von primärpräventiven Maßnahmen ist darauf zu achten, dass es sich um wissenschaftlich fundierte Programme handelt. Dabei hat die Person, die die einzelnen Präventionsmaßnahmen mit den Kindern umsetzt, eine besondere Funktion. Da die Erzieherin eine wichtige Bezugsperson für Kinder im Kindergartenalter ist und häufig auch den familiären Hintergrund einschätzen kann, ist es ein Anliegen, die Erzieherin in den Mittelpunkt – als Vermittlerin der Maßnahme – zu stellen und hierfür zu qualifizieren. Sie ist diejenige, die letztlich in der Hand hat, ob die Maßnahmen so umgesetzt werden, wie sie konzipiert worden sind, und dabei individuell auf die besonderen Bedürfnisse der ihr anvertrauten Kinder eingeht. Ein noch so gutes Programm kann nicht die gewünschte Wirksamkeit erzielen, wenn es nicht mit Sorgfalt und Professionalität von einer dafür qualifizierten Betreuungsperson im Kindergartenalltag umgesetzt wird. Aus diesem Grund steht die Erzieherin bei Papilio ausdrücklich im Mittelpunkt. Sie ist diejenige, die für das Kind häufig die erste wichtige Bezugsperson außerhalb der Familie darstellt und in den meisten Fällen mit den familiären Gegebenheiten vertraut ist. Somit ist die Erzieherin in dieser wichtigen Entwicklungsphase der Kindergartenzeit stark in die Lebenswelt des Kindes eingebunden. Daher nimmt sie im Programm Papilio einen hohen Stellenwert ein und wird durch die mit dem Programm einhergehenden Schulungen und durch die konkrete Maßnahmenumsetzung fachlich weiterqualifiziert, in der Umsetzung begleitet und in der Professionalisierung ihrer Arbeit gefördert (Brandes, 2006).

Die Erzieherin hat – trotz Standardisierung – ein sehr hohes Maß an pädagogischem Freiraum, der es ihr ermöglicht, die Maßnahmen den Anforderungen und Bedürfnissen der Gruppe entsprechend ein- und durchzuführen. Dass Papilio gerade nicht „extern lenkend" wirken möchte, zeigt sich schon daran, dass die Gruppenerzieherinnen das Programm ein- und durchführen. Von wesentlicher Bedeutung für das Gelingen des Programms ist, dass die Ziele der Maßnahmen die eigene Einstellung bzw. Grundhaltung der Erzieherin widerspiegeln: Das heißt, dass die Erzieherin

- ihre eigenen sozial-emotionalen Kompetenzen reflektiert,
- sich in die Rolle der Selbst-Lernenden begibt,
- bereit ist, ihr eigenes Verhalten im entwicklungsfördernden Erzieherinnenverhalten zu reflektieren,

- auf Situationen, Stimmungen und Ereignisse flexibel reagiert und
- die Rolle der Anleitenden bewusst wahrnimmt.

Es wird deutlich, dass der Erzieherin nicht nur in ihrer Funktion als „Tagesbetreuerin" – mit festgelegten Verhaltensweisen und zu erfüllenden Aufgaben –, sondern unter einer ganzheitlicheren Betrachtungsweise eine wesentliche Rolle zukommt. Die Erziehung im Kindergarten ist nicht nur abhängig von Funktionalität, sondern auch und gerade von der Persönlichkeit der Erzieherin, ihrer Einstellung und ihrem Verhalten (Alsaker & Valkanover, 2000). Die von Hebenstreit (1998) erläuterte These dazu ist, dass die Erzieherin nicht als eine Art von Serviceperson fungiert, sondern sich mit ihrer ganzen Persönlichkeit für die Kinder zur Verfügung stellt: „In der Erziehung stellt eine Erzieherin ihren Körper, ihren Geist, ihre Liebe zur Verfügung, damit das Kind zu einer Persönlichkeit sich bilden kann, die mit Selbstvertrauen auf die Welt zugeht" (S. 5).

Auch Dartsch (2001) rückt bei der Beurteilung von Qualität in Tageseinrichtungen die Person der Erzieherin stärker in den Mittelpunkt und betrachtet sie als Ressource der pädagogischen Arbeit. Da die Entwicklung der Kinder davon abhängt, mit welcher pädagogischen Qualität sie betreut werden, ist es bei den vielfältigen Anforderungen an Kindertageseinrichtungen und an das pädagogische Fachpersonal besonders wichtig, nicht nur die Qualitätsstandards der Kindertageseinrichtung, sondern vor allem die Persönlichkeit der Erzieherin im Auge zu haben. Demnach braucht die Erzieherin ein reflektiertes „Sich-selbst-Einbringen" (Teschner, 2004, S. 5) zur Erfüllung ihrer beruflichen Professionalität. Dabei ist es wesentlich zu bedenken, dass sich alles Persönliche im Beruf niederschlägt und die berufliche Tätigkeit auch die Persönlichkeit verändert. Eine reflektierte Auseinandersetzung mit der eigenen

Person ist somit eine notwendige Anforderung, um ein angemessenes berufliches Selbstverständnis und eine berufliche Professionalität zu entwickeln (Teschner, 2004). Genau darauf bezieht sich die Maßnahme „entwicklungsförderndes Erzieherinnenverhalten". *Bestimmte Faktoren aufseiten der Erzieherin stellen* zudem wesentliche Einflussfaktoren auf die Wirksamkeit des Programms Papilio dar. Zu diesen Faktoren zählen unter anderem die Arbeitszufriedenheit, die erlebte berufliche Belastung und Selbstwirksamkeitserwartungen der Erzieherin (vgl. Brandes, 2006).

Die Grundhaltung, auf der Papilio basiert, wie auch die persönliche Grundhaltung der Erzieherinnen, sind demzufolge wiederkehrende Themen bei allen Fortbildungstagen zum Papilio-Programm. Zentral werden sie am zweiten Fortbildungstag zum entwicklungsfördernden Erzieherinnenverhalten behandelt.

Basis jeden pädagogischen Handelns ist die grundsätzliche Einstellung der Erzieherin sich selbst und anderen gegenüber. Diese sollte von Wertschätzung, Akzeptanz und Empathie geprägt sein (vgl. Schulz von Thun, 2004). Ihre Rolle kann demzufolge auf vier Ebenen betrachtet werden:

- sich selbst gegenüber in ihrer beruflichen Identität,
- den Kindern gegenüber,
- den Kolleginnen gegenüber,
- den Eltern gegenüber.

Die Ziele der Papilio-Maßnahmen sollten sich in ihrer eigenen Einstellung bzw. Grundhaltung widerspiegeln. Die Erzieherin sollte beispielsweise ihre eigenen Gefühle wahrnehmen, diese zeigen und adäquat damit umgehen können. Sie muss ihre eigenen Stärken und Schwächen kennen und diese den Kindern gegenüber kongruent zeigen. Eigene hohe soziale Kompetenz ist die Grundlage zur Umsetzung der Papilio-Maßnahmen.

Wenn sich die Erzieherin entschließt, die Maßnahmen umzusetzen, begibt sie sich in die Rolle, „Selbst-Lernende" zu sein, die den Situationen offen und aufgeschlossen gegenüber steht. Sie entdeckt z.B. beim Spielzeug-macht-Ferien-Tag mit den Kindern gemeinsam alternative Spielmöglichkeiten oder lässt sich auf das kindliche Rollenspiel mit wesentlich höherer Intensität ein. Die Erzieherin probiert eventuell mit dem Meins-deinsdeins-unser-Spiel gemeinsam mit den Kindern eine neue, ungewohnte Form des sozialen Lernens aus. Während der Umsetzung der Maßnahmen wird der Erzieherin vielleicht bewusst, dass es sinnvoll sein kann, Altbekanntes und Gewohntes aufzugeben und sich auf Veränderungen einzulassen. Die Erzieherin muss fähig sein, flexibel auf Situationen, Stimmungen und Ereignisse einzugehen und diese im Alltag aufzugreifen. Die Bereitschaft, eigenes Handeln, Verhalten und damit auch die eigene Person zu reflektieren und sich auch der kritischen Auseinandersetzung mit anderen (z.B. Kolleginnen, Eltern) zu stellen, ist eine grundlegende Voraussetzung der Durchführung von Papilio im Kindergarten.

Den Kindern gegenüber ist die Erzieherin Vorbild. Sie sieht das Kind in seiner Persönlichkeit als gleichberechtigten Partner. Das heißt, sie begegnet dem Kind mit derselben Ernsthaftigkeit wie einem Erwachsenen und wie sie selbst von Erwachsenen behandelt werden möchte. In der Wortwahl berücksichtigt sie den Entwicklungstand der Kinder. Die Erzieherin begleitet die Kinder in ihrem Handeln, gibt Anregungen zum Selbstentdecken und zum eigenständigen Miteinander in der Gruppe, z.B. wenn Kinder beim Spielzeug-macht-Ferien-Tag alternative Möglichkeiten suchen, um Spielmaterial herzustellen. Durch zirkuläres Fragen unterstützt die Erzieherin das Kind, selbst Möglichkeiten und Lösungen zu entdecken. Damit regt sie die kognitive Entwicklung des Kindes an (vgl. Massey, 2004). Das Kind findet zudem selbst heraus, was realisierbar ist und was nicht. Sie bemüht sich, dem Kind kongruente Rückmeldungen für sein Verhalten zu geben, die nicht belehrend, sondern partnerschaftlich und verständlich sind.

In der Rolle der Anleitenden macht sich die Erzieherin bewusst, dass sie bei der Einführung der Maßnahmen die Kinder intensiver anleiten muss. Mit zunehmender Verselbstständigung der einzelnen Maßnahmen kann sie sich zurücknehmen. Hiermit wird sie zwei wesentlichen gruppenpädagogischen Prinzipien gerecht:

- Die Gruppe/den Einzelnen abholen, wo sie/er steht.
- Sich entbehrlich machen.

Anleiten heißt demzufolge:

- Bewusstes Wahrnehmen der Situation des Kindes in seiner Entwicklung, um dem Kind zu ermöglichen, Aufgaben zu bewältigen, ohne überfordert zu werden.
- Dem Kind altersentsprechend Verantwortung übertragen und ihm vermitteln, dass sie ihm zutraut, diese Aufgaben zu erledigen.

Damit fördert die Erzieherin die Eigeninitiative und Selbstwirksamkeit der Kinder.

◄ Grundgedanke Partizipation

Ein weiterer, wesentlicher Grundgedanke, auf dem das ganze Programm aufgebaut ist, stellt die Partizipation dar. Ziel aller pädagogischen Aktivitäten ist es immer, dem Kind genügend Rückhalt zu bieten, neugierig auf Neues zugehen zu können und dabei immer unabhängiger zu werden. Ein wesentlicher Aspekt dafür, dass dies gelingen kann, ist die Teilhabe am Gemeinschaftsleben. Bei Papilio werden die Partizipation und damit die Selbstverantwortlichkeit der Kinder dadurch gefördert, dass sie bei allen Maßnahmen die Möglichkeit haben, gestalterisch mitzuwirken. Beim Spielzeug-macht-Ferien-Tag sind die Kinder selbst gefordert, eigene Ideen zu entwickeln und gemeinsam umzusetzen, im Meinsdeinsdeins-unser-Spiel sind sie es, die die sozialen Regeln in der Gruppe mitbestimmen, diskutieren und festlegen und bei der Maßnahme Paula und die Kistenkobolde wird den Kindern der Raum geboten, von ihren eigenen Erlebnissen und Gefühlen zu berichten.

Im Folgenden werden weitere Aspekte herausgearbeitet, die die Bedeutung der Erzieherin bei der Umsetzung der Maßnahmen vor dem Hintergrund des Forschungsstandes betonen.

3.5.5 Die Erzieherin im Spannungsfeld von Verhaltensregulation und Interaktion

Dem Erziehungsverhalten von Eltern und Erzieherinnen wird eine besonders große Bedeutung für die Entwicklung von Kindern beigemessen (Patterson, 1982; Morell & Murray, 2003), weil das Verhalten der Eltern und Erzieherinnen unmittelbar das kindliche Verhalten beeinflusst und lenkt. Trotzdem gibt es in Deutschland bislang wenige Präventionsprogramme, die neben den Eltern auch die Erzieherinnen schulen. Für das Papilio-Programm wurde bewusst auch eine Maßnahme zum Erziehungsverhalten für Erzieherinnen entwickelt. Dieses betont die Rolle der Erzieherin für die kindliche Entwicklung. Sie ist häufig die erste außerfamiliäre Bezugs- und Erziehungsperson der Kinder und betreut sie über einen längeren Zeitraum des Tages. Dadurch hat sie eine zentrale Rolle im Alltag des Kindes. Besonders für Kinder aus widrigen familiären Verhältnissen bietet die Erzieherin durch ihr Erziehungsverhalten manchmal den einzigen positiven Rahmen, in dem Kinder sich ausprobieren und entfalten können. Andererseits setzt sie Kindern notwendige Grenzen, ohne die ein geregeltes Miteinander nicht möglich ist.

Die Themen und Inhalte des entwicklungsfördernden Erzieherinnenverhaltens stehen in der Tradition von lerntheoretisch orientierten Elternprogrammen. Diese wurden in den letzten Jahrzehnten sehr erfolgreich im Rahmen von Interventionsmaßnahmen zur Reduktion von Verhaltensproblemen eingesetzt. Daneben wurden auch Konzepte für die Prävention von kindlichen Verhaltensproblemen erarbeitet. Sowohl in der Therapie als auch in der Prävention haben diese Programme zur Förderung des Erziehungsverhaltens positive Effekte auf die kindliche Entwicklung (Kazdin, 1997). Diese Maßnahmen können Verhaltensprobleme signifikant reduzieren und angemessenes Verhalten systematisch aufbauen. Das entwicklungsfördernde Erzieherinnenverhalten wurde in Anlehnung an diese Erkenntnisse entwickelt. Die Inhalte des entwicklungsfördernden Erzieherinnenverhaltens zielen darauf ab, Erzieherinnen bei dieser Aufgabe zu unterstützen. Es werden Erziehungspraktiken und -verhaltensweisen vorgestellt, die aus theoretischer und empirischer Sicht eine positive Entwicklung von Kindern besonders fördern.

◀ Qualitätsmerkmale der Interaktion

Die Qualität der Erzieherin-Kind-Interaktion kann durch Merkmale beschrieben werden, die auch für Eltern-Kind-Interaktionen gelten. Das sind beispielsweise Nähe und Emotionalität, Distanz, die Häufigkeit von Konflikten und Feindseligkeit (Howes & Matheson, 1992). Bei Kindern mit problematischem Verhalten konnte z.B. beobachtet werden, dass die Erzieherinnen/Lehrer die Kinder eher zurückweisen, vermehrt kritisieren und weniger unterstützen (Ladd et al., 1999). Dabei hängt ein ablehnendes Verhalten von Erzieherinnen/Lehrern mit einem geringen Selbstwertgefühl der Kinder zusammen (Henricsson &

Rydell, 2004). Für das entwicklungsfördernde Erzieherinnenverhalten wird somit der Qualität der Erzieherin-Kind-Beziehung eine besondere Bedeutung beigemessen. Dies basiert auf Forschungsergebnissen, die zeigen, dass qualitative Merkmale der Erzieherin-Kind-Beziehung mit der emotionalen und sozialen Entwicklung, mit den späteren schulischen Leistungen sowie mit der Integration der Kinder in die Gruppe der Gleichaltrigen in Beziehung stehen (Birch & Ladd, 1997; Howes et al., 1994; Pianta, 1997).

Bei der Interpretation dieser Ergebnisse muss die wechselseitige Beeinflussung von Erzieherin und Kind beachtet werden. Das Kind trifft mit einem bestimmten sozialen und emotionalen Entwicklungsstand, aber auch mit bereits zu Hause erlernten Verhaltensmustern, auf die Erzieherin (vgl. Ladd et al., 1999). Diese weist ebenfalls bestimmte Kompetenzen und Eigenschaften auf. Beide, Kind und Erzieherin, gestalten bzw. beeinflussen gemeinsam die Qualität der Interaktion (Pianta et al., 1997). Es ist vorstellbar, dass sich zwischen Kind und Erzieherin ebenso negative Interaktionsmuster aufbauen wie z.B. zwischen Mutter und Kind. Diese können sich im Laufe der Zeit immer weiter stabilisieren und problematisches Verhalten des Kindes verstärken (s. Tabelle 3.2).

Entwicklungsverläufe früh auffälliger Kinder oder von Kindern aus sozial benachteiligten Familien müssen aber nicht zwangsläufig negativ sein. Eine hohe Qualität der Betreuung durch die Erzieherinnen kann diesen Kindern helfen, eine positivere Entwicklung einzuschlagen. Dies zeigt beispielsweise eine Längsschnittstudie über fünf Jahre (vom vierten bis zum achten Lebensjahr der Kinder) von Peisner-Feinberg und Kollegen (2001). Sie konnten einen signifikanten Zusammenhang zeigen zwischen einer von Zuneigung und Wärme geprägten Erzieherin-Kind-Beziehung und einer positiveren kognitiven und sozialen

Entwicklung der Kinder. Wurden in dieser Analyse zudem Merkmale der Herkunftsfamilie des Kindes berücksichtigt, zeigte sich, dass am ehesten die Kinder von Müttern mit einer geringeren Schulausbildung von der positiven Beziehung zu ihrer Erzieherin profitierten. Kinder von Müttern mit einem hohen Bildungsabschluss fielen im Alter von acht Jahren unabhängig von der Qualität der Erzieherin-Kind-Beziehung am wenigsten auf. Dagegen hatten Kinder von Müttern mit geringer Schulausbildung und mit geringer Wärme in der Erzieherin-Kind-Beziehung am meisten Verhaltensprobleme.

Gerade beim Umgang mit verhaltensauffälligen Kindern ist die positive Beziehung zur Erzieherin wichtig, da nach Laewen (1998) die Qualität der Bindung Auswirkungen auf das Sozialverhalten des Kindes hat. Die Erzieherin-Kind-Beziehung erweist sich als bedeutsam für die weitere kindliche Entwicklung (Ahnert, 2004), insbesondere eine Sensibilität der Erzieherin gegenüber den Kindern in der Kindergartengruppe erweist sich als wichtiger Vorhersagefaktor für eine sichere Kind-Erzieherin-Bindung (Ahnert, Pinquart & Lamb, 2006). In einer Befragung von Becker-Textor (1990) zur Selbsteinschätzung der Erzieherinnen hinsichtlich des kindlichen Verhaltens zeigte sich jedoch, dass die meisten der befragten Personen ihr eigenes Verhalten als Ursache von Problemverhalten ausschließen. Die geringe Beantwortung der Fragen zu diesem Thema (2/3 der Befragten nahmen nicht Stellung dazu) und auch die häufig beobachtete Rechtfertigung der befragten Erzieherinnen deutet nach Becker-Textor (1990) auf eine gewisse Hilflosigkeit oder zu wenig eigene Reflexion zu diesem Thema hin.

Es kann ebenfalls davon ausgegangen werden, dass es Wechselwirkungen von Verhaltensauffälligkeiten beim Kind und im Verhalten von Erwachsenen gibt. Das verhaltensauffällige Kind wird immer im sozialen bzw. familiären Netzwerk betrachtet, daher stehen die auffälligen Verhaltensweisen nicht für sich, sondern bedingen sich auch immer durch Beziehungsmuster zwischen Kind und Erwachsenen. Als häufige Auslöser von auffälligem Verhalten werden Frustration, Konflikte und Überforderung angegeben (Becker-Textor, 1990). Daher sind gezielte Beobachtungen des kindlichen Verhaltens, dessen Reflexion und die Rolle der Eltern bei der Arbeit mit verhaltensauffälligen Kindern ein wichtiger Aspekt. Auch Frey (2001) betont, dass sich eine belastende und von Spannungen bestimmte Beziehung zwischen dem Kind und der Erzieherin negativ auf das Verhalten des Kindes auswirkt und Auffälligkeiten im Verhalten des Kindes begünstigen kann.

Die pädagogische Funktion der Erzieherin ist ein wesentlicher Aspekt bei der Wirkung der Präventionsmaßnahmen. In ihrem Berufsalltag tröstet die Erzieherin die Kinder, erklärt Neues und ist sowohl verlässlicher Gesprächspartner als auch Bezugsperson für die Kinder. Sie ist Modell, an dem die Kinder lernen, und sie vermittelt in ihrem Umgang mit den Kindern ein Repertoire an Handlungsalternativen sowie sprachlicher und emotionaler Ausdrucksfähigkeit. Dass sich diese Aspekte auf die Effektivität von Präventionsmaßnahmen auswirken, wird in verschiedenen Studien belegt. Ashiabi (2000) führt an, dass Kinder, die in der Beziehung zu ihren Betreuungspersonen gelernt haben, Emotionen bei sich selbst und bei anderen zu verstehen und den Umgang mit eigenen Emotionen selbstständig regulieren können, sozial kompetenter sind. Dies hat weitreichende Auswirkungen auf die Interaktion mit Peers, denn sozial kompetente Kinder werden von Peers als bessere Spielpartner eingeschätzt, sind akzeptierter, erreichen eher soziale Ziele und werden insgesamt mehr gemocht (vgl. Abschnitt 2.4). Es ist demnach eine weitreichende Konsequenz der Fertigkeiten zu beobachten, die Kinder in der Beziehung zu Betreuungspersonen erlernen können.

◀ Punkte der Beziehungsgestaltung

Textor (2005; vgl. Textor & Blank, 2004) fasst die Punkte der Beziehungsgestaltung von Kind und Erzieherin zusammen. Dazu zählen unter anderem „eigene und beim Kind wahrgenommene Gefühle, Gedanken und Absichten angemessen ausdrücken", „kleine Fortschritte beachten und verstärken", „Regeln und Grenzen aussprechen und setzen" und „Konsequenzen ankündigen und erleben lassen" (Textor & Blank, 2004, S. 113). Diese und weitere Punkte für die Gestaltung der Erzieherin-Kind-Beziehung finden sich in den Maßnahmen zum Primärpräventionsprogramm Papilio wieder. So wird bei dem entwicklungsfördernden Erzieherinnenverhalten beispielsweise richtiges Loben, Vereinbarung von Regeln und die Auszeit thematisiert. Der Fokus bei der Interaktion zwischen Kind und Erzieherin sollte darauf liegen, die Initiative des Kindes zu fördern. Die Erzieherin sollte sich selbst zurücknehmen und sich selbst als eine Art Mentorin sehen, die dem Kind alles Notwendige zur Verfügung stellt, um die Welt für sich begreifen zu können (Laewen, 1998). Erst wenn eine enge Beziehung zwischen Kind und Erzieherin besteht, bzw. wenn die Bindung des Kindes an die Erzieherin ansatzweise sicher ist, sind Maßnahmen (bei verhaltensauffälligen Kindern) Erfolg versprechend (Textor & Blank, 2004; Textor, 2005).

Die Förderung der Initiative des Kindes und des sich selbst Zurücknehmens ist dabei gleichzeitig eine Unterstützung der Interaktion zwischen den Kindern. Auf die Bedeutung von Peers für die kindliche Entwicklung beziehen sich auch Lawhon und Lawhon (2000). Die gezielte Beobachtung des kindlichen Verhaltens und die sich daraus ableitende positive Unterstützung durch die Erzieherin können die sozialen Beziehungen bzw. Freundschaften zu Peers verbessern. Dabei ist Selbstreflexion und -evaluation von Seiten der Erzieherin notwendig für die Unterstützung der Interaktion und Kommunikation zwischen den Kindern (Lawhon & Lawhon, 2000). Die positive Unterstützung durch die Erzieherin sollte auf die Initiative des Kindes fokussiert sein und darauf, das Kind in der Interaktion mit Peers zu unterstützen und nicht eine alleinige Zuwendung zum einzelnen Kind sein. Harper und McCluskey (2003) stellten in ihrer Untersuchung fest, dass Kinder auf manche Interaktion mit Erwachsenen mit weniger Interaktion und sozialem Austausch mit Peers reagieren und nach der Zuwendung von Erwachsenen in der Gruppenbetreuung eher die Aufmerksamkeit des Betreuers zu erregen versuchen, anstatt mit den Peers in Interaktion zu treten.

Zwischen Kind und Erzieherin kann sich bei stabiler und langfristiger Betreuung eine vertrauensvolle Beziehung entwickeln. So kann die Erzieherin bei stabiler Betreuung zu einer Sicherheit gebenden Person werden (von der sich das Kind trösten lässt), zu der das Kind eine Bindung aufbaut (Ahnert, 2004). Obwohl die Beziehung zwischen Erzieherin und Kind kein Ersatz für die Bindung zwischen Mutter und Kind ist – da die Mutter-Kind-Bindung entwicklungspsychologisch einen anderen Stellenwert hat –, ist sie dennoch bedeutsam (Ahnert, 2003). Die Voraussetzung, dass die Erzieherin zu einer Bindungsfigur für die von ihr zu betreuenden Kinder werden kann, ist empathisches und gruppenorientiertes Verhalten (Ahnert, 2004). Eine sichere Erzieherin-Kind-Bindung entsteht also am ehesten in einer positiven Gruppenatmosphäre und bei empathischem Erziehungsverhalten, welches sich auf die ganze Gruppe bezieht. Eine kleine Gruppengröße ist ebenfalls förderlich, da die Erzieherin besser auf die Interaktion der Kinder eingehen kann.

3.6 Perspektiven von Papilio im Gesamtkontext des frühkindlichen Erziehungs- und Bildungsauftrags

Betrachtet man die hier aufgeführten und durch das Programm angesprochenen *Entwicklungsbereiche*, fällt auf, dass sich viele der im Kindergartenalter relevanten Entwicklungsthematiken (s. Tab. 2.6) mit den zurzeit diskutierten

- Entwicklungs- und Bildungsbereichen (z.B. Weber, 2003) sowie
- Bildungsplänen (z.B. Fthenakis 2003) im Kindergartenalter decken.

Im Zusammenhang mit *Bildungsprozessen im Kindergarten* werden neben kognitiven, insbesondere *motorische, emotionale und soziale Fähigkeiten* und Fertigkeiten diskutiert, die mit erfolgreichen Bildungsprozessen und letztlich einem besseren Bildungs-Outcome in der Grundschule verbunden sind (s. Beiträge in Weber, 2003). Grundlegende Kompetenzen, die für die weitere Bildungskarriere von Bedeutung sind, werden demnach bereits im Vorschulalter herausgebildet. Dabei wird der Bildungsbegriff, der sich lediglich auf Lernen und Wissen bezieht, erweitert, beispielsweise um den Bereich emotionaler Kompetenzen (z.B. Schneewind, 2003). Bildung bezieht sich somit auf alle Aspekte des Menschseins, beinhaltet Sach- und Beziehungswissen und stellt einen lebenslangen, in Zusammenhang mit der Umwelt stattfindenden Prozess dar (Schneewind, 2003).

Erfahrungen von Erzieherinnen. Erzieherinnen berichteten während und nach der Durchführung von Papilio, dass sich bei den Kindern – neben den vom Programm anvisierten und in Abbildung 3.1 zusammengefassten Grobzielen – eine Reihe von weiteren, *positiven Veränderungen im Verhalten und in den Kompetenzen der Kinder* einstellten.

Dazu zählte zum Beispiel, dass die Kinder:

- Verantwortung übernahmen für ihr eigenes Handeln;
- erlebten, dass sie selbst Interaktionen erfolgreich initiieren können (Selbstwirksamkeit) und so langfristig ihr Selbstwertgefühl stärken;
- sich ihrer Beteiligung am Geschehen in der Gruppe bewusst waren und dadurch ein Zusammengehörigkeitsgefühl entwickelten;
- damit umgehen lernten, als Gruppe Erfolg und Misserfolg zu erleben;
- sich als gleichwertiges Mitglied in der Gruppe akzeptierten;
- lernten, sich gegenseitig zu vertrauen;
- Konsequenzen ihres Verhaltens von der Wertschätzung ihrer Person trennen konnten;
- ihre Fertigkeiten erweiterten, sich differenziert auszudrücken;
- ihren Wortschatz erweiterten und differenzierten;
- Erlebnisse zum Ausdruck bringen konnten;
- lernten, ihre Beobachtungen und Wahrnehmungen differenziert mitzuteilen;
- sich darüber bewusst waren, dass Regeln für das Zusammenleben in der Gruppe notwendig sind;
- sich ausdauernd und konzentriert ohne Spielmaterial in ein Spiel vertiefen konnten;
- sich ohne Spielmaterial auf unterschiedliche Spielpartner einlassen und sich in direkte Interaktion begeben konnten;
- sich trauten, sich vor und in einer Gruppe mitzuteilen;
- aus eigenen Impulsen kreativ und phantasievoll eigene Spielideen entwickelten und diese umsetzten;
- sich in unterschiedlichen Rollen erlebten und daraus ein angebrachtes Verhalten ableiteten.

Einige dieser Aspekte werden zwar im Einzelnen nicht explizit durch die Maßnahmen des Programms anvisiert, die einzelnen Maßnahmen fordern die Kinder aber dazu auf, ohne Spielzeug stärker miteinander in Interaktion zu treten, sich mit Emotionen zu beschäftigen und damit, wie man Emotionen verbal beschreiben kann. Es liegt auf der Hand, dass dies die sprachlichen Fertigkeiten der Kinder verbessern hilft und die kognitive Entwicklung und Kreativität der Kinder anregt. Das heißt, dass Papilio ursprünglich *nicht explizit* durch die Maßnahmen angesprochene Entwicklungsbereiche tatsächlich erreichen und ansprechen konnte.

Sozial-emotionale Kompetenzen und Bildung. Eine Vielzahl von Studien belegt die große Bedeutung sozial-emotionaler Kompetenzen für die Schulreife (Carlton & Winsler, 1999; Denham, 2006). Kinder, die höhere sozial-emotionale Kompetenzen aufweisen, entwickeln mit höherem Erfolg eine positive Einstellung zur Schule, passen sich besser an das Schulumfeld an und weisen bessere Noten und bessere Leistungen auf (Birch, Ladd & Blecher-Sass, 1997; Ladd, Birch & Buhs, 1999; Ladd, Kochenderfer & Coleman, 1996). Wenn Kinder in das Schulalter eintreten, zeigt sich ein positiver Entwicklungsverlauf (z.B. positive Einstellung zur Schule, stärkere Teilnahme und Einbindung in das schulische Umfeld, bessere Schulleistungen), wenn sie Freundschaften eingehen können, von den Gleichaltrigen gemocht werden, Freundschaften aufrechterhalten und positive Interaktionen mit ihren Lehrern eingehen können (Carlton, 1999; Howes & Smith, 1995; Izard et al., 2001; Jacobsen & Hofmann, 1997; O'Neil, Welsh, Parke, Wang & Strand, 1997; Pianta, 1997; Pianta, Steinberg & Rollins, 1995; Shields et al., 2001). In verschiedenen Studien (Alexander, Entwisle & Dauber, 1993; Birrell, Phillips & Scott, 1985; Brigman, Lane, Switzer, Lane & Lawrence, 1999; Bushweller, 1995; Eisenberg et al., 1997; Foulks & Morrow, 1989; Green & Francis, 1988; Guimard, Florin & Nocus, 2002; Masten & Coatsworth, 1998; Raver & Zigler, 1991; Schneewind, 2003; Tramontana, Hooper & Selzer, 1988; Werner, 1996; Zimmerman & Arunkumar, 1994) konnte gezeigt werden, dass soziale Fertigkeiten und emotionale Kompetenzen in einem positiven Zusammenhang stehen mit einem problemlosen Übergang ins Schulalter, einer erfolgreichen Schullaufbahn und guten akademischen Leistungen.

Eine Reihe von Fertigkeiten, die sich im Vorschulalter herausbilden, stellen wichtige Entwicklungsvorläufer für spätere Lesefertigkeiten dar (National Research Council, 1998; Whitehurst & Lonigan, 1998). Die so genannte Literacy (Lesekompetenz) ist die Fähigkeit, einzelne Wörter, Sätze und ganze Texte flüssig lesen und im Textzusammenhang verstehen zu können. Die Lesekompetenz ist nicht zuletzt die Basis für den Erwerb zusätzlicher weiterer Kompetenzen. So kann man die Lesekompetenz als eine der wichtigsten Schlüsselqualifikationen bezeichnen. In einer Studie im Vorschulalter konnten Doctoroff, Greer und Arnold (2006) ermitteln, dass Schwierigkeiten, eine Lesekompetenz zu erwerben, bei Jungen assoziiert war mit einem negativen Sozialverhalten und aggressivem Verhalten sowie geringerem prosozialem Verhalten. Jungen und Mädchen mit ersten Anzeichen für Probleme in der Lesekompetenz spielten häufiger alleine und zeigten häufiger negative Affekte.

Lesekompetenz ▶

Cooper und Farran (1989; 1991) sowie Bronson (1994; 1996; 2000; Bronson, Tivnan & Seppanen, 1995) unterschieden zwei Subkategorien des Sozialverhaltens:

Subkategorien des Sozialverhaltens ▶

- lernrelevante soziale Fertigkeiten, z.B. Zuhören, Anweisungen folgen, angemessene Teilnahme an Gruppenaktivitäten und
- interpersonale Fertigkeiten, z.B. positive Interaktionen zu Gleichaltrigen, Teilen, kooperatives Spielen.

Erste Studien belegen, dass insbesondere lernrelevante soziale Fertigkeiten im Vorschulalter mit späteren Schulleistungen sowie positivem Schulverhalten assoziiert sind (Cooper & Farran, 1989, 1991; Cooper & Speece, 1989; Ladd et al., 1999; McClelland, Morrisson & Holmes, 2000; McClelland & Hansen, 2001).

Sozial-emotionale Defizite und Bildung. Sozial-emotionale Kompetenzdefizite erweisen sich für die weitere Entwicklung als problematisch. Kinder, die von anderen Kindern viktimisiert werden oder selbst aggressiv sind, haben große Schwierigkeiten, sich mit den Schulroutinen vertraut zu machen und weisen ein erhöhtes Risiko für eine Reihe von Problemen auf, wie z.B. Schulschwierigkeiten, Delinquenz und Substanzmissbrauch (Gagnon, Craig, Tremblay, Zhou & Vitaro, 1995; Haapasalo & Tremblay, 1994; Kochenderfer & Ladd, 1996). Werden wichtige Entwicklungsschritte in der sozialen und emotionalen Kompetenzentwicklung nicht erfolgreich bewältigt (z.B. Regulation negativer Emotionen), zeigen Kinder im Vorschulalter ein erhöhtes Risiko für Schulversagen und eine Reihe von psychischen Problemen (Cytryn, McKnew, Zahn-Waxler & Gershon, 1986; Denham, Zahn-Waxler, Cummings & Iannotti, 1991; Robins & Rutter, 1990; Roff & Ricks, 1970; Rubin & Clark, 1983; Sroufe, Schork, Motti, Lawroski & LaFreniere, 1984). Andere Studien belegen, dass Kinder mit beschränkten sozialen Fertigkeiten bei der Einschulung ein hohes Risiko aufweisen, akademische Misserfolge zu erleiden bzw. vorzeitig aus der Schule auszuscheiden (Masten & Coatsworth, 1998; Newcomb, Bukowski & Pattee, 1993). Einer amerikanischen Studie zufolge verfügen ca. 50% der eingeschulten Kinder bei der Einschulung nicht über die nötigen Kompetenzen, um erfolgreich in der Schule bestehen zu können. So waren sie z.B.

häufiger nicht in der Lage, Anweisungen zu folgen oder unabhängig an Aufgaben zu arbeiten (Rimm-Kaufman, Pianta & Cox, 2000).

Studien mit Grundschülern und Schülern aus weiterführenden Schulen haben einen deutlichen Zusammenhang zwischen Lernstörungen und externalisierendem Verhalten ermittelt (Frick et al., 1991). Schulische Probleme und Verhaltensprobleme treten sehr häufig zusammen auf, Studien zufolge in bis zu 50% aller Fälle (Hinshaw, 1992). Schulische Probleme können einerseits zur Herausbildung von Verhaltensproblemen beitragen. Schwierigkeiten in der Schule verstärken Frustration sowie ein niedriges Selbstwertgefühl und gehen mit dem Bedarf des Kindes nach erhöhter Aufmerksamkeit einher, was wiederum die Wahrscheinlichkeit erhöht, dass das Kind in seinem Verhalten als auffällig erlebt wird. Zudem führen schulische Schwierigkeiten dazu, dass weitere Fertigkeiten in geringerem Umfang erworben werden. Weiterhin liegen Befunde vor, die verdeutlichen, dass eine reziproke Beziehung zwischen Verhaltensproblemen und Schulschwierigkeiten besteht, d.h. Verhaltensprobleme führen in Folge zu Schulschwierigkeiten und Schulschwierigkeiten führen in Folge zu Verhaltensproblemen (Alexander et al., 1993; Haskins, Walden & Ramey, 1983; McGee, Partridge,Williams & Silva, 1991; Piel, 1990; Tremblay et al., 1992; Velting &Whitehurst, 1997; Williams & McGee, 1994).

Folgerungen für die Praxis: entwicklungsorientierte Prävention. Zusammenfassend lässt sich somit sagen, dass bildungsrelevante Kompetenzen bereits im Vorschulalter herausgebildet werden (vgl. Bos et al. 2003; Büchel, Spieß & Wagner, 1997; Fthenakis, 2002; Spieß et al., 2003). Für einen optimalen Übergang zur Schule und für die Gestaltung optimaler Bildungsverläufe in der (Grund-)Schule ist es somit sinnvoll, positive Anzeichen für einen gelungenen Schuleinstieg zu systematisieren und bei Kindern, die diese Anzeichen nicht zeigen, bereits im vorschulischen Bereich präventiv wirksame Maßnahmen zu realisieren.

Berrueta-Clement, Schweinhart, Barnet, Epstein und Weikart (1984; vgl. Yoshikawa, 1994) zeigten zudem, dass sich die Effekte erfolgreicher und positiver Erfahrungen im Kindergarten, wie sie beispielsweise über die Verbesserung der Erzieherin-Kind-Interaktion angesprochen werden, im Sinne eines Dominoeffekts in der Schule und in anderen sozialen Kontexten „weiterentwickeln". Die Förderung prosozialen Verhaltens hilft dem Kind, sich späteren sozialen Erwartungen besser anpassen zu können. Es wird sogar angenommen, dass sich die positive Entwicklung des Sozialverhaltens in der Schule und in anderen sozialen Kontexten positiv auf das Familienklima auswirken kann. Das Programm Papilio mit seinen Präventionszielen hilft dem Kind, die weiteren Entwicklungsschritte und die während der Schulzeit aufkommenden Leistungsanforderungen besser bewältigen zu können. Papilio versteht sich somit auch als einen Beitrag für einen verbesserten Eintritt der Kinder in die „Zeit nach dem Kindergarten" und als einen wichtigen Schritt in eine positive Zukunft.

Hinsichtlich des Nutzens einer qualitativ hochwertigen, außerfamiliären Betreuung, wie in Kindergärten, liegen inzwischen viele Forschungsergebnisse aus den USA vor. Sie belegen, dass Kinder aus „guten" Kindertageseinrichtungen seltener in der Schule sitzen bleiben, seltener in Sonderschulklassen kommen, häufiger die Schule abschließen und häufiger weiterführende Schulen besuchen (Berrueta-Clement et al., 1984; Copple, Cline & Smith, 1987; Schweinhart & Weikart, 1997; Weikart, 1989). Sie werden seltener arbeitslos und bedürfen seltener einer öffentlichen Unterstützung, verfügen später über ein höheres Einkommen und werden seltener delinquent bzw. kriminell (Berrueta-Clement et al., 1984; Schweinhart, Barnes & Weikart, 1993; Schweinhart & Weikart, 1997).

Der Ansatz entwicklungsorientierter Prävention im Vorschulalter lässt sich folglich in bestehende Konzepte der Frühpädagogik integrieren. Hier sei insbesondere der *entwicklungsgemäße Ansatz* (developmentally appropriate practices; vgl. Textor, 2000) genannt. Der Nutzen, Erzieherinnen zu informieren und zu schulen, ein am Entwicklungsstand der Kinder orientiertes pädagogisches Vorgehen zu wählen, ist wohl dokumentiert (Bredekamp, 1987; Bredekamp & Copple, 1997; Bredekamp & Rosegrant, 1992; Burts et al., 1992; Charlesworth et al., 1993). Handeln gemäß eines solchen entwicklungsorientierten Ansatzes heißt, zu reflektieren und umzusetzen, was dem aktuellen Wissensstand der Entwicklungspsychologie und Pädagogischen Psychologie/Pädagogik entspricht sowie die Berücksichtigung individueller und kultureller Variationen (Bredekamp & Rosegrant, 1992). Somit ist es möglich, Prinzipien entwicklungsorientierter Prävention aggressiv-dissozialen Verhaltens im Kindergarten und die Grobziele im Sinne einer dauerhaften Veränderung psychologisch-pädagogischen Vorgehens in Kindergärten mit den Grundsätzen einer entwicklungsorientierten Frühpädagogik zu verbinden.

4 Evaluation zum Programm Papilio

Die im Folgenden dargestellten Ergebnisse sind Teil der Augsburger Längsschnittstudie zur Evaluation des Programms Papilio (ALEPP). Eine detailliertere Darstellung kann beispielsweise Barquero et al. (2005; 2007), Scheithauer, Bondü und Mayer (2007) sowie Scheithauer, Bondü, Niebank und Mayer (2007) entnommen werden.

4.1 Zielsetzung der ALEPP

Im Rahmen der ALEPP wurden verschiedene Ziele verfolgt:

1. Hauptsächlich sollte überprüft werden, ob das Durchlaufen des Programms Papilio der Entstehung möglicher Verhaltens- sowie emotionaler Probleme (z.B. externalisierende Verhaltensauffälligkeiten, soziales Rückzugsverhalten, Hyperaktivität) vorbeugt, bzw. dazu beiträgt, schon bestehenden Verhaltensproblemen von 3- bis 6-Jährigen erfolgreich entgegenzuwirken. Zudem sollte überprüft werden, inwiefern sich die Maßnahmen von Papilio günstig auf die Entwicklung bestimmter altersrelevanter sozial-emotionaler Kompetenzen auswirken.
2. Weiterhin wurde untersucht, ob positive Effekte hauptsächlich bei jenen Kindern auftreten, die unter besonders ungünstigen Bedingungen leben oder in besonderem Maße von Verhaltensproblemen betroffen sind (erhöhtes Risiko für eine negative und defizitäre Entwicklung).
3. Außerdem interessierte, ob die Durchführung des Programms Papilio auch einen positiven Einfluss auf die Erzieherinnen selbst ausüben würde.
4. Um die Qualität der Maßnahmen bzw. die Art und Intensität der Durchführung der Maßnahmen zu prüfen, sollten zusätzlich Informa-

tionen über die Durchführbarkeit und Beurteilung des Programms seitens der Erzieherinnen der Interventionsgruppe gewonnen werden.

5. Schließlich wurde eine kleinere Gruppe der Kinder, die an dem Programm teilgenommen hatten, sowie deren Eltern und Lehrer in einer separaten Längsschnittstudie am Ende der ersten Schulklasse erneut befragt, um die langfristigen Auswirkungen des Programms zu ermitteln.

Grundsätzlich erwartet das Studienteam gemäß der Ziele und der darauf ausgerichteten Maßnahmen von Papilio, dass:

1. bei den Kindern, die die Maßnahmen durchlaufen haben (Interventionsgruppe) im Vergleich zu Kindern aus einer Kontrollgruppe, die nicht an der Maßnahme teilgenommen haben, eine stärkere Abnahme schon bestehender Problemverhaltensweisen, eine stärkere Zunahme ihres prosozialen Verhaltens und ausgeprägtere sozial-emotionale Kompetenzen zu ermitteln sind sowie, dass bei den Kindern der Interventionsgruppe eine Verbesserung ihrer Akzeptanz durch Peers festgestellt wird;
2. Risikokinder (z.B. familiäre Belastungen, hohes Ausmaß an Verhaltensproblemen) in der Interventionsgruppe eine stärkere Abnahme der Verhaltensprobleme und eine stärkere Zunahme ihres prosozialen Verhaltens aufweisen werden als Nichtrisikokinder;
3. bei den Erzieherinnen der Interventionsgruppe im Vergleich zu den Erzieherinnen der Kontrollgruppe eine Verbesserung ihrer Arbeitszufriedenheit zu ermitteln ist (z.B. die berufliche Situation als weniger belastend erleben, mehr Vertrauen in ihre Selbstwirksamkeit zeigen);
4. das Programm von Erzieherinnen, Eltern und Kindern positiv bewertet wird;

5. die Durchführung und Implementierung des Programms in der erwünschten Weise erfolgt;
6. das Programm langfristig dazu beitragen wird, dass Kinder, die zum ersten Messzeitpunkt einen erhöhten Risikostatus aufwiesen, mit denselben Voraussetzungen in die Schule eintreten und am Ende der ersten Schulklasse (4. Messzeitpunkt) dieselben Leistungen und sozial-emotionalen Kompetenzen aufweisen werden, wie Kinder ohne erhöhten Risikostatus.

In diesem Kapitel wreden die Teilaspekte der ALEPP betrachtet. Inhaltlich werden im Folgenden Evaluationsergebnisse zu den Zielen 1 und 2 – hier aus der Sicht der Bewertung durch die Erzieherinnen und durch die Kinder – vorgestellt. Weitere, detailliertere Analysen werden zurzeit noch durchgeführt oder können den oben angeführten Veröffentlichungen entnommen werden.

4.2 Studiendesign und Stichprobe

Rekrutierung der Stichprobe. Um für die Teilnahme an der ALEPP zu werben, erhielten alle Kindergärten der Region Augsburg (mit Ausnahme von heilpädagogischen Einrichtungen, Eltern-Kind-Initiativen und Betriebskindergärten) einen Brief vom beta Institut mit kurzen Informationen über das Projekt und einem Antwortschreiben, das zur Anmeldung zurückgeschickt werden sollte. Zusätzlich erschien in der Tageszeitung „Augsburger Allgemeine" eine Meldung über das Projekt mit einer Einladung zur Teilnahme. Darüber hinaus wurden zwei Informationsabende für interessierte Erzieherinnen durchgeführt. Weitere Möglichkeiten zur

Anmeldung bestanden zudem über die Website des Projektes oder direkt, telefonisch, über die Studienzentrale im beta Institut.

Studiendesign. Zur Evaluation des Programms Papilio wurde in der Modellregion Augsburg (Stadt und Landkreis Augsburg, Landkreis Aichach-Friedberg) eine gemäß sozioökonomischer (Anteil der Arbeitslosen, Anteil nichtdeutscher Kinder und Anteil der Empfänger von laufenden Hilfen zum Lebensunterhalt) und Bevölkerungsstrukturmerkmale repräsentative Stichprobe von 25 Kindergärten (mit je 2 Kindergartengruppen) mit drei- bis sechsjährigen Kindern gezogen. Da das Programm mit der gesamten Kindergartengruppe durchgeführt wird, wurden die teilnehmenden Kindergartengruppen – nicht die einzelnen Kinder – randomisiert einer Interventions- (IG) bzw. einer Warte-Kontrollgruppe (KG) zugeordnet (quasi-experimentelles Studiendesign). Die Warte-Kontrollgruppen erhielten das Programm ein Jahr nach Durchführung in den Interventionsgruppen. Informationen aus beiden Gruppen wurden simultan zu drei Messzeitpunkten (Längsschnittstudie von 2003 bis 2004) erhoben. Dabei wurden sowohl die Erzieherinnen, die Eltern der Kinder als auch die Kinder selbst befragt:

- vor der Schulung der Erzieherinnen der IG (t_1),
- nach Einführung aller Maßnahmen in der IG (ca. 6-8 Monate nach Schulung) (t_2) und
- nach kontinuierlicher Durchführung der Maßnahmen in der IG (10 Monate nach Schulung) (t_3).

Abbildung 4.1 veranschaulicht den Ablaufplan der Evaluation zu den ersten drei Messzeitpunkten in schematischer Form.

Ein Follow-Up-Messzeitpunkt (t_4, 1 Jahr nach t_3) für eine Substichprobe von Kindern der IG (ca. 120 der Papilio-Kinder, ca. 200 Kontroll-Kinder sowie deren Eltern und Lehrer) wurde im Rahmen einer sich anschließenden Studie zum Ende des ersten Schuljahres hin durchgeführt.

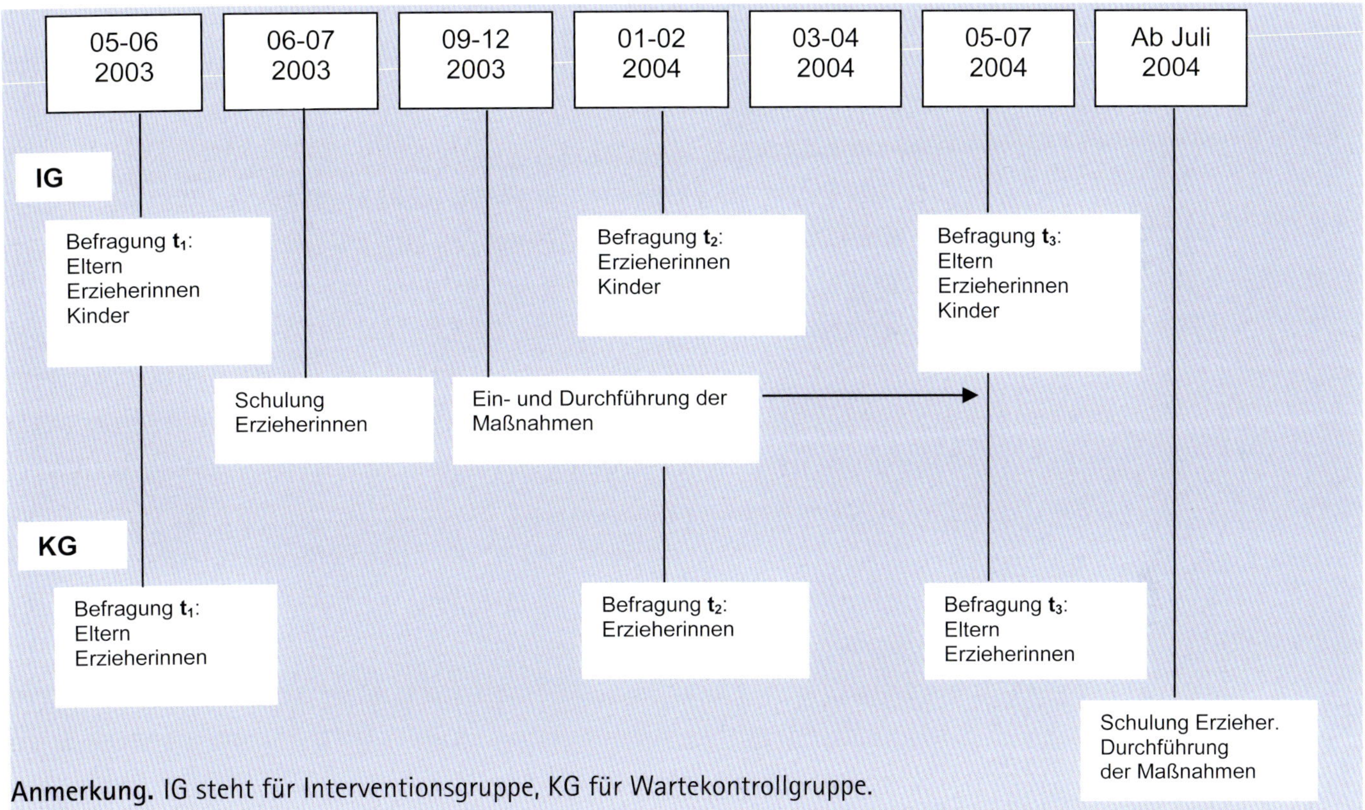

Anmerkung. IG steht für Interventionsgruppe, KG für Wartekontrollgruppe.

Abbildung 4.1: Ablaufplan der Augsburger Längsschnittstudie zur Evaluation des Präventionsprogramms Papilio (ALEPP) (t_1-t_3).

Stichprobenzusammensetzung. Von 1231 Kindern in insgesamt 50 Kindergartengruppen wurden 435 für die ALEPP ausgeschlossen, da sie aufgrund ihres baldigen Schuleintritts nicht für die längsschnittliche Evaluationsstudie zur Verfügung gestanden hätten. Für 716 (89,9%) Kinder lagen Einverständniserklärungen der Eltern vor. Zum ersten Messzeitpunkt (baseline) vor der Schulung der Erzieherinnen wurden zudem weitere 29 Kinder ausgeschlossen, da sie die Kindergartengruppe gewechselt hatten oder mit ihren Familien umgezogen waren. Insgesamt liegen uns somit für 687 Kinder zum ersten Messzeitpunkt Daten vor. Von den 687 Kindern des ersten Messzeitpunktes waren 28 zum zweiten Messzeitpunkt (t_2) nicht mehr erreichbar (Stichprobenausfall von 4,1%). Die Ausfallrate unterschied sich nicht zwischen Interventions- und Kontrollgruppe. Von 14 weiteren Kindern (2%) lagen uns zum dritten Messzeitpunkt (t_3) keine kompletten Datensätze vor, so dass deren Ergebnisse im Folgenden unberücksichtigt bleiben. Insgesamt liegen den folgenden Ergebnissen somit die Daten von 645 Kindern (314 Kinder aus der IG, 331 aus der KG) zugrunde.

Die Stichprobe setzte sich aus 318 Mädchen (49,3%) und 327 Jungen (50,7%) zusammen. Das Durchschnittsalter der Kinder lag zum ersten Messzeitpunkt (t_1) bei 56,6 Monaten (SD = 7,9). Somit bestand die Stichprobe zu diesem Zeitpunkt mit einem Anteil von 47,3% bzw. 38,6% größtenteils aus 4- und 5-jährigen Kindern. Die 3- und 6-Jährigen stellten jeweils nur einen Anteil von 13,8% und 0,3% der Teilnehmer dar. Dieser Unterschied in der Altersverteilung erwies sich als statistisch signifikant (χ^2 (3) = 382,89; $p < .001$), war aber zu erwarten, da die erste Befragung gegen Ende eines Kindergartenjahres erfolgte, d.h. zu einem Zeitpunkt, in dem wenige 3-jährige Kinder in Kindergartengruppen zu finden sind. Zudem wurden für die Teilnahme an der Studie solche Kinder nicht berücksichtigt, die im September 2003 eingeschult werden sollten, wodurch viele 6-Jährige ausgeschlossen wurden.

Repräsentativität der Stichprobe. Die Repräsentativität der Stichprobe wurde gemäß sozioökonomischer und Bevölkerungsstrukturmerkmale bestimmt. Die folgenden Informationen beziehen sich auf alle 687 Kinder, zu denen zum ersten Messzeitpunkt Daten aus den Befragungen der Eltern oder Erzieherinnen bzw. aus beiden Informationsquellen vorlagen (vgl. Barquero et al., 2005; 2007). Die Verteilung der Stichprobe nach Gebiet (Landkreise Augsburg und Aichach-Friedberg, Stadt Augsburg) und soziodemographischer Schicht (Schichten 1 bis 4, wobei höhere Nummern niedrigere soziodemographische Verhältnisse bezeichnen) kann den Tabellen 4.1 und 4.2 entnommen werden.

Tabelle 4.1: Anzahl (und Anteil an der Gesamtzahl N = 687) der Kinder nach Studiengruppe und Gebiet.

	LK Augsburg		Aichach-Friedberg		Stadt Augsburg	
Interventionsgruppe	108	15,7%	114	16,6%	112	16,3%
Kontrollgruppe	120	17,5%	106	15,4%	127	18,5%
Gesamt	228	33,2%	220	32,0%	239	34,8%

Anmerkung: Höhere Nummern der Schichten kennzeichnen niedrigere soziodemographische Verhältnisse der Gemeinden bzw. Stadtteile, in denen sich die jeweiligen Kindergärten befinden.

	Schicht 1		Schicht 2		Schicht 3		Schicht 4	
Interventionsgruppe	84	12,2%	86	12,5%	87	12,7%	77	11,2%
Kontrollgruppe	79	11,5%	108	15,7%	79	11,5%	87	12,7%
Gesamt	163	23,7%	194	28,2%	166	24,2%	164	23,9%

Anmerkung: Höhere Nummern der Schichten kennzeichnen niedrigere soziodemographische Verhältnisse der Gemeinden bzw. Stadtteile, in denen sich die jeweiligen Kindergärten befinden.

Tabelle 4.2: Anzahl (und Anteil an der Gesamtzahl N = 687) der Kinder nach Studiengruppe und soziodemographischer Schicht.

Auch wenn die Anzahl der Kinder der Schicht 2 in der Kontrollgruppe höher war als in den restlichen Schichten beider Studiengruppen, erwies sich dieser Unterschied als nicht signifikant.

Hinsichtlich der Herkunft der Kinder (deutsche vs. nichtdeutsche) belief sich der Anteil der deutschen Kinder auf 89%, der Anteil der nichtdeutschen Kinder auf 11%. Wie aus Tabelle 4.3 zu ersehen ist, spiegelt sich dieses Verhältnis zwar in den Substichproben der Augsburger Gebiete wider, aber die Verteilung nichtdeutscher Kinder ist in den drei Gebieten signifikant unterschiedlich (χ^2 (2) = 43,22; $p < .001$): Ihr Anteil ist in der Stadt Augsburg etwa vier mal so hoch wie in beiden Landkreisen. Die Daten aus unserer Stichprobe entsprechen den Verhältnissen der Population von nichtdeutschen 2- bis 5-Jährigen in den drei Gebieten der Region Augsburg (Quelle SAGS, 2001[3]): Der Anteil nichtdeutscher 2- bis 5-jähriger Kinder ist in der Stadt Augsburg (26,0%) erheblich höher als in den Landkreisen Augsburg (6,5%) und Aichach-Friedberg (3,8%).

Tabelle 4.3: Anzahl (und Anteil an der Gesamtzahl N = 687) der Kinder nach Gebiet und Herkunft (deutsche vs. nichtdeutsche).

	deutscher Herkunft		nichtdeutscher Herkunft	
LK Augsburg	215	31,3%	13	1,9%
Aichach-Friedberg	204	29,7%	16	2,3%
Stadt Augsburg	182	26,5%	57	8,3%
Gesamt	601	87,5%	86	12,5%

Anmerkung: Die Bezeichnung „nichtdeutscher Herkunft" betrifft solche Kinder, deren Eltern Ausländer oder Aussiedler sind.

In Tabelle 4.4 sind weitere Informationen über die Stichprobe hinsichtlich der erfassten kind- und familienbezogenen Risikovariablen aufgeführt. Hier beziehen sich die Angaben auf jene 645 Kinder, zu denen zu allen drei Messzeitpunkten vollständige Datensätze vorlagen. Auffällig ist, dass ein beträchtlicher Anteil der Kinder (38,7%) keine regelmäßige Teilnahme

[3] SAGS (Institut für Sozialplanung, Jugend- und Altenhilfe, Gesundheitsforschung und Statistik).

an Freizeitaktivitäten (Sport- oder Bewegungsaktivitäten, anderen Kursen wie Malkursen oder Musikunterricht) aufwies. Davon abgesehen, handelte es sich insgesamt um eine Stichprobe von Kindern, die nur in geringem Ausmaß unter ungünstigen familiären Bedingungen betroffen waren. Bei nur 5,6% der Kinder war mindestens ein Elternteil zur Zeit der ersten Befragung arbeitslos. Nur 5,9% der Kinder lebten in einer Familie mit eher schwierigen bis schwierigen finanziellen Verhältnissen. In 7,3% der Fälle

Tabelle 4.4: Informationen hinsichtlich der kind- bzw. familienbezogenen Risikovariablen für die Gesamtstichprobe (N = 645) sowie für die IG (n = 314) und KG (n = 331).

Risikovariablen	% IG	% KG	% Gesamt
Nichtdeutsche Herkunft	15,0	7,3	11,0
Geburtsrisiken (> 1)	6,7	5,7	6,2
Schwere Erkrankungen in ersten Lebensjahren (> 1)	8,3	9,4	8,8
Mangelnde soziale Kontakte	18,2	14,5	16,3
Keine Teilnahme an Freizeitaktivitäten	40,1	37,3	38,7
Beengte Wohnverhältnisse (> 1 Person pro Wohnraum)	19,1	16,0	17,5
Belastende Lebensereignisse (> 1)	19,1	16,9	18,0
Schwierige finanzielle Situation der Familie	5,8	6,0	5,9
Niedriges Ausbildungsniveau der Eltern	10,8	6,9	8,8
Arbeitslosigkeit der Eltern	7,3	3,9	5,6
Unvollständige Familie (nur 1 Erwachsener)	9,2	5,4	7,3

Anmerkungen: Die Prozentsätze für Geburtsrisiken bezeichnen die Fälle, in denen die Eltern mehr als eine der drei Fragen zu Geburtsrisiken bejaht hatten. Bei schweren Erkrankungen in ersten Lebensjahren entsprechen die Zahlen solchen Fällen, in denen die Eltern mehr als eine der vier Fragen diesbezüglich mit „ja" beantwortet hatten. Die Bezeichnung mangelnde soziale Kontakte bezieht sich auf Kinder, die nach Einschätzung ihrer Eltern durchschnittlich „nie" bis „mehrmals im Monat" zusammen mit anderen Kindern waren. Die Prozentsätze bzgl. belastender Lebensereignisse entsprechen solchen Fällen, in denen die Eltern mehr als eine der sechs Fragen zu psychosozial belastenden Ereignissen die das Kind miterlebt hat, bejaht hatten. Die Zahlen zum niedrigen Ausbildungsniveau der Eltern bezeichnen die Fälle, in denen beide Eltern (oder der bekannte Elternteil, wenn diese Information nur von einem Elternteil verfügbar war) eine Ausbildung höchstens bis zum Realschulniveau abgeschlossen hatten. Bei Arbeitslosigkeit der Eltern betreffen die Zahlen solche Fälle, in denen mindestens ein Elternteil arbeitslos war. Unvollständige Familie bezeichnet Fälle, in denen das Kind (und eventuell seine Geschwister) nur mit einem Erwachsenen lebte (z.B. bei alleinerziehenden Müttern oder Vätern). In der Auswertung der finanziellen Situation der Familie und der Teilnahme an Freizeitaktivitäten fehlten die Daten von jeweils einem Kind (N = 644), in der Auswertung der beruflichen Situation der Eltern (arbeitslos/nichtarbeitslos) die Daten von zwei Kindern (N = 643).

handelte es sich um eine Familie mit alleinerziehendem Elternteil. Nach den Informationen bzgl. der Geburtsrisiken und der schweren Erkrankungen in den ersten Lebensjahren zu urteilen, wiesen auch weniger als 10% der Kinder eine ungünstige gesundheitliche Entwicklung auf. Etwas höher fiel der Anteil der Kinder aus, die unzureichende Kontakte zu anderen Kindern (aus ihrem Kindergarten, aus der Nachbarschaft oder außerhalb des Kindergartens und der Familie) pflegten (16,3%). Ca. 20% der Kinder lebten in beengten Wohnverhältnissen (d.h. mehr als eine Person pro Wohnraum) oder in einer familiären Situation, die eine hohe psychosoziale Belastung für das Kind darstellen könnte (z.B. durch die Trennung oder Scheidung der Eltern, einen Todesfall in der näheren Verwandtschaft oder die psychische Erkrankung eines Elternteils).

Vergleichbarkeit von Interventions- und Kontrollgruppe. Der Vergleich zwischen IG und KG bzgl. der Variablen Alter und Geschlecht sowie bzgl. der erfassten kind- und familienbezogenen Risikovariablen ergab zum Zeitpunkt der ersten Befragung nur in Bezug auf die Herkunft der Kinder einen signifikanten Unterschied (exakter Test nach Fisher: $p < .01$). Zusammenfassend waren die Substichproben für IG und KG in Bezug auf die in unserer Studie berücksichtigten Variablen gut vergleichbar, mit Ausnahme der Variable Herkunft der Kinder. Dies wird im weiteren Verlauf der Datenanalysen berücksichtigt.

4.3 Verwendete Instrumente zur Datenerhebung

Innerhalb der ALEPP wurde eine Reihe unterschiedlicher Verfahren zur Befragung der Erzieherinnen, der Eltern sowie der Kinder selbst eingesetzt. Die Fragebogenverfahren wurden den Erzieherinnen und Eltern in Form eines „Heftes" vorgelegt, so dass im Folgenden zusammenfassend von „Erzieherinnenheften" und „Elternheften" gesprochen wird.

Die eingesetzten Instrumente werden im Folgenden zwar vollständig dargestellt, im vorliegenden Kapitel werden aber nur ausgewählte Ergebnisse aus der Befragung der Erzieherinnen sowie der Kinder präsentiert.

4.3.1 Elternbefragung (t_1 und t_3)

Das Elternheft enthielt mehrere Fragen, die Aufschluss über die bereits in Tabelle 4.4 genannten möglicherweise bestehenden Risiko- bzw. Schutzbedingungen im familiären und sozialen Kontext sowie in der (Früh-)Entwicklung der Kinder geben:

- familiäre Situation des Kindes (leibliche Eltern zusammenlebend, alleinerziehende Mutter bzw. Vater u. a.; Anzahl der leiblichen bzw. nicht leiblichen Geschwisterkinder),
- belastende Lebensereignisse,
- Geburtsrisiken und frühere schwere Erkrankungen bzw. dauerhafte Behinderungen des Kindes,
- finanzielle und räumliche Verhältnisse der Familie,
- Ausbildung und berufliche Situation der Eltern,
- soziale Kontakte der Kinder und Teilnahme an Freizeitaktivitäten.

Zur Erfassung relationaler Aggression wurde eine deutsche Version der entsprechenden *Skala aus der Preschool Social Behavior Scale – Teacher Form* (PSBS-T) von Crick und Mitarbeitern (Crick, Casas & Mosher, 1997; Crick, Casas & Ku, 1999) übernommen. Die Skala besteht aus sechs Items zur Beschreibung von Verhaltensweisen, die ein Kind einsetzt, um die Beziehungen von Kindern mit anderen Kindern zu schädigen (z.B. „er/sie sagt anderen Kindern, dass sie nicht mitspielen dürfen, wenn sie nicht tun, was er/sie will").

Zur Erfassung prosozialen Verhaltens und zur Erfassung von Verhaltens- sowie emotionalen Problemen wurde die deutsche Fassung des *Strengths and Difficulties Questionnaire* (SDQ-Deu) von Goodman eingesetzt, deren Elternversion mit einer deutschen Stichprobe 6- bis 16-Jähriger normiert wurde (Klasen, Woerner, Rothenberger & Goodman, 2003). Versionen in unterschiedlichen Sprachen sowie Normierungsdaten zum SDQ sind über die Website http://www.sdqinfo.com erhältlich. Der Fragebogen beinhaltet 25 Items, jeweils fünf dieser Items sind einer von fünf Einzelskalen zugeordnet:

- *Skala zu emotionalen Problemen:* Enthält Items, die auf ängstliches Verhalten oder depressive Merkmale hinweisen (z.B. „hat viele Ängste, fürchtet sich leicht", „oft unglücklich oder niedergeschlagen; weint häufig");
- *Skala zu externalisierenden Verhaltensauffälligkeiten:* Umfasst Items, die auf aggressives und oppositionelles Verhalten hindeuten (z.B. „hat oft Wutanfälle; ist aufbrausend", „lügt oder mogelt häufig");
- *Skala zu Hyperaktivitäts- und Aufmerksamkeitsproblemen* (z.B. „unruhig, überaktiv, kann nicht lange still sitzen", „leicht ablenkbar, unkonzentriert", „ständig zappelig");
- *Skala zu Problemen im Umgang mit Gleichaltrigen* (z.B. „Einzelgänger", „wird von anderen gehänselt oder schikaniert", „kommt besser mit Erwachsenen aus als mit anderen Kindern");
- *Skala zu prosozialem Verhalten: enthält Items zu Verhaltensweisen,* die das Eingehen und Aufrechterhalten positiver zwischenmensch-

licher Beziehungen begünstigen (z.B. „teilt gerne mit anderen Kindern [Süßigkeiten, Spielzeug, Buntstifte usw.]", „hilft anderen oft freiwillig [Eltern, Erzieherinnen oder anderen Kindern])".

Die Items werden auf einer 3-Punkte-Skala von 0 = *nicht zutreffend* bis 2 = *sicher zutreffend* bewertet. Die Skalensummenwerte der Problemskalen können aufsummiert werden, um einen Gesamtproblemwert zu erhalten.

Zu t_3 enthielt das Elternheft grundsätzlich die gleichen Fragen wie zu t_1, allerdings wurden die Fragen bzgl. Geburtsrisiken und früherer Erkrankungen des Kindes sowie bzgl. der Ausbildung der Eltern ausgeschlossen. Zudem wurde den Eltern zu t_3 die *Skala zur Erfassung sozial-emotionaler Kompetenzen* (Version für Eltern) aus dem für 3- bis 6-Jährige normierten Verhaltensbeurteilungsbogen für Vorschulkinder (VBV-EL 3-6) von Döpfner, Berner, Fleischmann und Schmidt (1993) vorgelegt. Die Skala besteht aus 10 Items und bezieht sich auf Fertigkeiten der Kinder zum angemessenen Umgang mit den eigenen Gefühlen sowie zur positiven Interaktion mit anderen Kindern in Spielsituationen etc.

Für die Befragung der Eltern zu den Messzeitpunkten t_1 und t_3 wurden in den teilnehmenden Kindergärten Elternabende von Mitarbeiterinnen des beta Instituts durchgeführt. Bei einem Teil der Elternabende wurden den Eltern die Fragen des Elternhefts kurz erklärt und ihnen wurde genügend Zeit zum Ausfüllen des Fragebogens eingeräumt. In einem anderen Teil des Elternabends wurden den Eltern einige Informationen zum Inhalt des Projekts (z.B. zu Prävention im Kindergarten und der Funktion von Lob in der Erziehung) gegeben und diese mit ihnen besprochen.

4.3.2 Erzieherinnenbefragung (t_1, t_2 und t_3)

Das Erzieherinnenheft war von der Erzieherin – allein oder zusammen mit ihrer Gruppenkollegin – für jedes an der Studie teilnehmende Kind auszufüllen. Es beinhaltete:

- die *Skala zur Erfassung relationaler Aggression* (s. Abschnitt 4.3.1; Version für Erzieherinnen) und
- die *deutsche Version des SDQ* (s. Abschnitt 4.3.1; Version für Erzieherinnen).

Um mögliche Sensibilisierungseffekte bei den Erzieherinnen der Interventionsgruppe (z.B. bedingt durch das in der Schulung vermittelte Wissen und die bei der Einführung der Maßnahmen gesammelten Erfahrungen) zu testen, wurde das Erzieherinnenheft zu t_2 durch einen dem zu t_1 eingesetzten Erzieherinnenheft identischen Teil zur retrospektiven Pretest-Beurteilung des Kindverhaltens zu t_1 ergänzt (vgl. Pratt, McGuigan & Katzev, 2000). Auf die Ergebnisse aus der retrospektiven Pretest-Beurteilung wird im vorliegenden Kapitel allerdings nicht weiter eingegangen.

Zu t_3 enthielt das Erzieherinnenheft zusätzlich die *Skala zur Erfassung sozial-emotionaler Kompetenzen des VBV* (VBV-ER 3-6) in der Version für Erzieher. Diese Version für Erzieher dient der Erfassung der Fertigkeiten der Kinder, ihre Gefühle und Wünsche angemessen zu äußern oder in Spiel- und Gruppensituationen adäquates Verhalten zu zeigen. Die Fragebogenversion für Lehrer besteht aus 21 fünfstufigen Items (0 = nie bis 4 = sehr oft), die drei Subskalen zugeordnet werden können: Interaktions- und Kommunikationsfähigkeit (10 Items), Konfliktlösekompetenz (4 Items) und Spielintensität (7 Items).

Zu t_1 füllten die Erzieherinnen zudem einen Fragebogen zu ihrem Interesse am Programm Papilio, zu ihrer Zufriedenheit mit verschiedenen Aspekten des Kindergartens sowie zu ihren bisherigen Fortbildungserfahrungen in den Bereichen Sucht, Gewalt, Verhaltensstörungen und Verbesserung ihrer pädagogischen Arbeit aus. Die Fragen hinsichtlich ihrer Zufriedenheit mit verschiedenen Aspekten des Kindergartens wurden einer aus fünf Items bestehenden Skala entnommen, die Alsaker und Valkanover zur *Erfassung der Zufriedenheit der Erzieherinnen mit ihrer Arbeitssituation* eingesetzt haben (Alsaker & Valkanover, 2000). Für die Studie wurden dieser Skala drei weitere Items hinzugefügt. Zu t_3 erhielten die Erzieherinnen einen ähnlichen Bogen, der nicht nur Fragen zu ihrer Zufriedenheit mit verschiedenen Aspekten des Kindergartens, sondern auch eine an Erzieherinnen angepasste Version der *Skala zur Lehrer-Selbstwirksamkeitserwartung* von Schwarzer und Schmitz (in Schwarzer & Jerusalem, 1999) und der *Skala zur beruflichen Belastung* von Enzmann und Kleiber (1989) umfasste. Die Skala zur Selbstwirksamkeitserwartung besteht aus 10 Items, die verschiedene berufliche Fertigkeiten der Erzieherinnen ansprechen (z.B. „ich weiß, dass ich es schaffe, selbst den problematischen Kindern die altersrelevanten Verhaltensweisen beizubringen"). Die Skala zur beruflichen Belastung besteht aus 15 Items, von denen sechs Items zur Subskala Arbeitsüberforderung, drei Items zur Subskala Kontrolliertheitserleben und sechs Items zur Subskala Arbeitsunzufriedenheit zugeordnet werden.

Für die Erzieherinnen der Interventionsgruppe beinhaltete der Fragebogen zu t_3 zusätzlich Fragen zur Beurteilung und Bewertung der Maßnahmen des Programms (Spielzeug-macht-Ferien-Tag, Paula und die Kistenkobolde, Meins-deinsdeins-unser-Spiel, entwicklungsförderndes Erzieherinnenverhalten) und verschiedener weiterer Aspekte des Programms Papilio. Die Erzieherinnen der Kontrollgruppe wurden zu t_3 ebenfalls nach Fortbildungserfahrungen gefragt, die sie im Zeitraum zwischen der 1. und 3. Befragung eventuell gemacht hatten.

Kasten 4.1: Interne Konsistenzen der verwendeten Skalen (Erzieherinnenbericht).

Die internen Konsistenzen (Cronbach's α) der SDQ-Subskalen und des Gesamtproblemwerts zu den ersten drei Messzeitpunkten lagen bei .76, .78 und .77 für emotionale Probleme, .71, .75 und .74 für externalisierende Verhaltensprobleme, .86, .86 und .87 für Hyperaktivität, .78, .74 und .74 für Probleme im Umgang mit Gleichaltrigen sowie .83, .85 und .86 für den Gesamtproblemwert. Die internen Konsistenzen der Skala prosoziales Verhalten lagen zu den ersten drei Messzeitpunkten bei $\alpha = .85$, .85 und .84. Die internen Konsistenzen der drei Subskalen des VBV fielen wie folgt aus: Interaktions- und Kommunikationsfähigkeit (10 Items; $\alpha = .87$), Konfliktlösekompetenz (4 Items; $\alpha = .76$) und Spielintensität ($\alpha = .84$). Die Interne Konsistenz der Gesamtskala sozial-emotionale Kompetenz lag bei $\alpha = .93$.

4.3.3 Kinderbefragung (t_1, t_2 und t_3)

Die Kinder der Interventionsgruppe wurden von trainierten Interviewerinnen zu ihrer Einbindung in die Gleichaltrigengruppe befragt. Dazu wurde die *Methode der Peer-Nennungen* in einer ähnlichen Version eingesetzt wie sie Alsaker (2003) in einer Untersuchung im Kindergarten verwendet hat (vgl. Asher, Singleton, Tinsley & Hymel, 1979). Die Kinder wurden einzeln, nach Möglichkeit in einem separaten Raum, befragt. Jedes Kind sollte die Namen jener Kinder seiner Gruppe nennen,

1. mit denen es spielt,
2. der/die sein bester Freund oder seine beste Freundin ist und
3. die das Kind auf eine imaginäre Busreise mitnehmen würde.

Die Befragung wurde mit Hilfe von Fotos aller Kinder der Gruppe durchgeführt, um sicher zu stellen, dass das jeweils befragte Kind die anderen Kinder beim Namen kannte. Um kleine Gruppen innerhalb der Gesamtgruppe identifizieren zu können, wurde jedem Kind zusätzlich die Frage gestellt, welche Kinder in seiner Gruppe sehr oft zusammen spielen. Die mit dieser Frage erfassten Informationen können durch die *Methode des composite social-cognitive map* analysiert werden (vgl. Cairns, Gariépy, Kindermann & Leung, 1996). Aus Ressourcegründen konnte dieser Teil der Erhebung nur in der IG stattfinden. Da die Anzahl möglicher Nominierungen von der Anzahl der befragten Kinder einer Klasse abhängt, werden zu diesem Teil der Erhebung im Folgenden Prozentwerte angegeben.

4.4 Erwartete Effekte

Die hier angeführten Ergebnisse beziehen sich auf die Veränderungen in der Interventions- und Kontrollgruppe von t_1 zu t_3 bezüglich der Abnahme von Verhaltensproblemen (Skalen aus SDQ-Deu; Klasen et al., 2003) sowie der Zunahme prosozialen Verhaltens (Skala „prosoziales Verhalten" aus SDQ-Deu; Klasen et al., 2003) und sozial-emotionaler Kompetenzen (Skala aus VBV 3-6; Döpfner et al., 1993) in der Beurteilung durch die Erzieherinnen sowie auf die stärkere Integration in die Gleichaltrigengruppe in der Interventionsgruppe (Peernominierung nach Asher et al., 1979; vgl. Alsaker, 2003). Es wird erwartet, dass Papilio-Kinder nach Durchlaufen des Programms in geringerem Maße Verhaltensprobleme aufweisen, in stärkerem Maße über sozial-emotionale Kompetenzen verfügen und prosoziales Verhaltens zeigen als Kinder aus der Kontrollgruppe und sie zu t_3 stärker in die Gleichaltrigengruppe integriert sind als zu t_1. Zudem wird über die Erfassung der Einbindung in die Gleichaltrigengruppe und der Popularität der Kinder erhoben, inwiefern sich neue Gleichaltrigenbeziehungen innerhalb der Kindergartengruppe entwickeln, ausgehend davon, dass die Förderung sozial-emotionaler Kompetenzen in einer Verbesserung des prosozialen Verhaltens resultiert (vgl. Katz & McClellan, 1997).

4.5 Ergebnisse[4]

Nicht für alle Kinder lagen zu allen drei Messzeitpunkten Informationen vor (s. Kasten 4.2). Aus dem Vergleich der IG und KG hinsichtlich der Outcome-Variablen „relationale Aggression", „Verhaltensauffälligkeiten" und „emotionale Probleme" und „prosoziales Verhalten" der Kinder nach Einschätzung ihrer Erzieherinnen zum ersten Messzeitpunkt ergaben sich keine signifikanten Unterschiede. Die im Folgenden berichteten signifikanten Unterschiede zwischen den beiden Gruppen beruhen somit nicht auf bereits à priori bestehenden Differenzen.

Tabelle 4.5 fasst die Ergebnisse hinsichtlich der Veränderungen im Auftreten von Verhaltens- und emotionalen Problemen, dem Ausmaß prosozialen sowie sozial-emotional kompetenten Verhaltens zusammen. Die Daten wurden mittels zweifaktorieller ANOVAs mit Messwiederholung auf einem Faktor ausgewertet.

---

[4] Die im Folgenden dargestellten Befunde sind in Barquero et al. (2005; 2007), Scheithauer, Bondü und Mayer (2007) sowie Scheithauer, Bondü, Niebank und Mayer (2007) ausführlicher nachzulesen. Wir möchten Frau Beatriz Barquero für Ihre Unterstützung und federführende Tätigkeit im Erstellen der angeführten Berichte (Barquero et al., 2005; 2007) danken.

Kasten 4.2: Aussteiger/Drop-Outs von t1 zu t3.

Von den 687 Kindern, von denen Informationen aus den Eltern- bzw. Erzieherinnenbefragungen zum ersten Messzeitpunkt vorlagen, sind bis zum Zeitpunkt der 3. Befragung 28 Kinder ausgeschieden, meistens wegen Wohn-, Kindergarten- oder Gruppenwechsels. Die Aussteiger stellen eine relativ geringe Ausfallquote von 4,08% dar. Die Anzahl der Aussteiger (Drop-Out) in der Interventionsgruppe ($n = 17$) unterschied sich nicht signifikant von der Anzahl der Aussteiger in der Kontrollgruppe ($n = 11$). Der Vergleich der ausgeschiedenen Kinder mit den bis zur 3. Befragung in der Studie verbleibenden Kindern – auf der Datenbasis des ersten Messzeitpunktes – ergab folgende signifikante Unterschiede: unter den Drop-Outs befand sich ein höherer Anteil von Jungen (exakter Test nach Fisher: $p < .05$), von nichtdeutschen Kindern (exakter Test nach Fisher: $p = .001$), von Kindern, die in den ersten Lebensjahren an mehr schweren Erkrankungen gelitten hatten (exakter Test nach Fisher: $p < .01$), von Kindern mit mangelnden sozialen Kontakten (exakter Test nach Fisher: $p < .05$) und von Kindern mit keiner Teilnahme an Freizeitaktivitäten (exakter Test nach Fisher: $p < .05$). Hinsichtlich der Verhaltensauffälligkeiten nach Einschätzung der Erzieherinnen wiesen die Drop-Outs höhere Werte auf den Skalen zu relationaler Aggression (t 683) = -2,66; $p < .01$), zu externalisierenden Verhaltensproblemen ($t(28) = -2{,}57$; $p < .05$; adjustierte Freiheitsgrade wegen Ungleichheit der Gruppenvarianzen), zu Hyperaktivitäts- und Aufmerksamkeitsproblemen ($t(683) = -2{,}34$; $p < .05$) sowie einen höheren Gesamtproblemwert ($t(683) = -2{,}76$; $p < .01$) und niedrigere Werte auf der Skala „prosoziales Verhalten" ($t(683) = -3{,}36$; $p = .001$) auf als die Nichtaussteiger.

Als Effektgröße wurde jeweils Hedges' *d* herangezogen (zur Interpretation s. Kasten 4.3).

Kasten 4.3: Interpretation der Effektstärken.

Als Effektstärke wurde die standardisierte Gruppenmittelwertsdifferenz Hedges' *d* (Hedges & Olkin, 1985) ermittelt. Die Effektstärke *d* (oder auch die bei großen Stichproben nicht um den Mess- oder Stichprobenfehler korrigierte Mittelwertsdifferenz g), bezieht sich auf ein Studiendesign, in dem zwei Gruppen miteinander verglichen werden, bzw. in dem Daten für zwei Gruppen erhoben wurden (z.B. für eine Interventions- und Kontrollgruppe). Nach Cohen (1988) gelten Effektstärken von $d = .20$ als klein, $d = .50$ als mittelstark und $d = .80$ als groß. Die erhaltene Effektstärke *d* lässt sich somit – Normalverteilung vorausgesetzt (vgl. Glass et al., 1981) – wie folgt interpretieren: Eine Gesamteffektstärke von $d = .40$ lässt sich als Differenz von .40 Standardabweichungseinheiten zwischen den Mittelwerten der Verteilungen der Populationen der Experimental- und Kontrollgruppe hinsichtlich des untersuchten Konstruktes (z.B. Gesamtproblemwert) darstellen. Anders ausgedrückt: Ein durchschnittliches Kind aus der Interventionsgruppe wird von Dritten hinsichtlich des Ausmaßes an Problemen insgesamt weniger aggressiv beschrieben, als 66% der Kinder aus der Kontrollgruppe (nach Wittmann & Matt, 1986). Die Interpretation der Effektstärke sollte jedoch unbedingt vor dem Hintergrund theoretischer Abwägungen erfolgen, also beispielsweise vor dem Hintergrund bekannter Effektstärken zu ähnlichen Fragestellungen (vgl. Eagly, 1995; Glass et al., 1981). Im Vergleich zu klinischen Interventionen stellen Effektstärken von ca. .30 (*d* oder *g*) für Präventionsprogramme die Normalität dar (Lösel & Plankensteiner, 2005; vgl. Beelmann, 2000, Brezinka, 2003; Scheithauer et al., 2003; Scheithauer & Petermann, 2003), d.h. die im Durchschnitt für das Programm Papilio ermittelten Effektstärken entsprechen denen vergleichbarer, namhafter nationaler und internationaler Programme.

Verhaltens-/emotionale Probleme. Hinsichtlich des SDQ-Gesamtproblemwertes (s. Tabelle 4.5) fanden sich signifikante Haupteffekte der Gruppe ($F[1, 643] = 7.35$, $p < .01$) und der Zeit ($F[2, 1286] = 110.98$, $p < .001$) sowie ein ebenfalls signifikanter Interaktionseffekt ($F[2, 1286] = 7.40$, $p = .001$). Somit nahm der Gesamtproblemwert zwar in beiden Gruppen ab, diese Abnahme fiel in der IG aber signifikant stärker aus als in der KG, so dass auf einen Effekt der Intervention geschlossen werden kann (s. Abbildung 4.2).

Abbildung 4.2: Mittelwerte (Minimum 0, Maximum 40) im Gesamtproblemwert (SDQ-Erzieherinnen) für beide Gruppen und drei Messzeitpunkte.

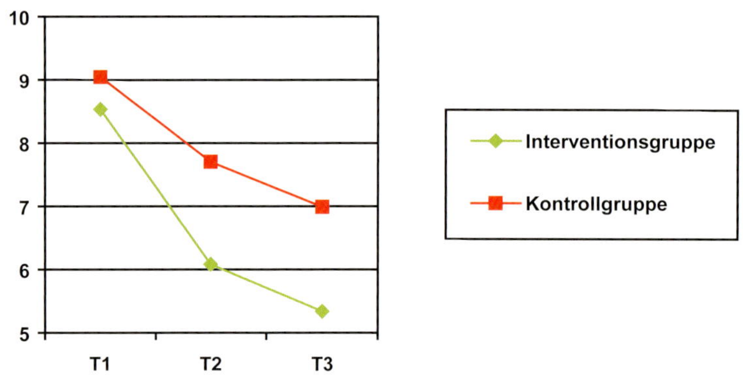

Auf der SDQ-Subskala Hyperaktivität (s. Tabelle 4.5) fanden sich signifikante Haupteffekte der Gruppe ($F[1, 643] = 8.51$, $p < .01$) und der Zeit ($F[2, 1286] = 93.48$, $p < .001$) sowie ein signifikanter Interaktionseffekt ($F[2, 1286] = 13.87$, $p < .001$), der auch in diesem Fall einen Effekt der Intervention kennzeichnet. So zeigten zwar beide Gruppen eine Abnahme des Hyperaktivitätswerts, diese fiel in der IG aber signifikant stärker aus als in der KG (s. Abbildung 4.3).

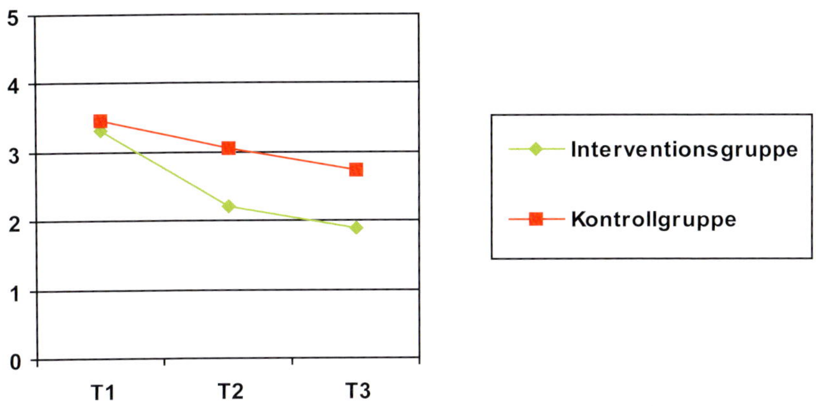

Abbildung 4.3: Mittelwerte (Minimum 0, Maximum 10) bzgl. Hyperaktivitäts- und Aufmerksamkeitsprobleme (SDQ-Erzieherinnen) für beide Gruppen und drei Messzeitpunkte.

Auf den übrigen Problemskalen fanden sich signifikante Effekte der Zeit (s. Tabelle 4.5) für emotionale Probleme ($F(2, 1286) = 33.51$, $p < .001$), externalisierende Verhaltensauffälligkeiten ($F(2, 1286) = 11.34$, $p < .001$) und Probleme im Umgang mit Gleichaltrigen ($F(2, 1286) = 50.25$, $p < .001$). Das heißt, dass sowohl in der Interventions- als auch in der Kontrollgruppe eine Abnahme in diesen Problemwerten über die Zeit zu beobachten sind (s. Abbildung 4.4).

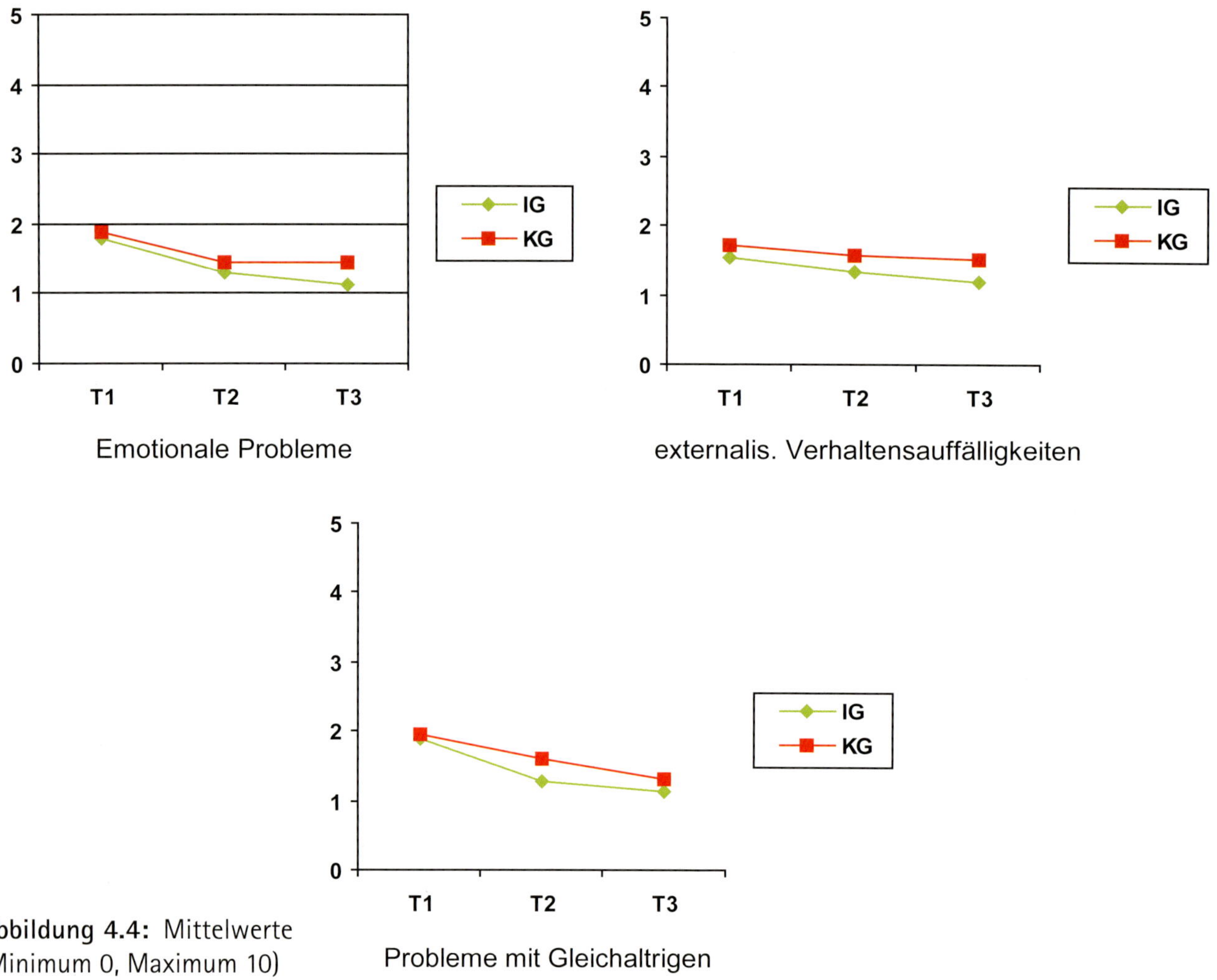

Abbildung 4.4: Mittelwerte (Minimum 0, Maximum 10) bzgl. emotionaler Probleme, externalisierender Verhaltensauffälligkeiten und Probleme mit Gleichaltrigen (SDQ-Erzieherinnen) für beide Gruppen und drei Messzeitpunkte.

Tabelle 4.5: Mittelwerte und Standardabweichungen von IG und KG zu den Outcome-Maßen auf Grundlage der Erzieherinneneinschätzung.

	Baseline (t_1)				2. Messzeitpunkt (t_2)				3. Messzeitpunkt (t_3)			
	IG		KG		IG		KG		IG		KG	
Skalen	M	SD	M	SD	M	SD	M	SD	M	SD	M	SD
SDQ – Emotionale Probleme	1.79	2.13	1.89	2.15	1.29	1.72	1.44	2.09	1.12	1.61	1.43	1.98
SDQ–Externalisierende Verhaltensauffälligkeiten	1.57	1.92	1.69	1.93	1.34	1.86	1.57	1.91	1.20	1.75	1.49	1.82
SDQ – Hyperaktivität	3.37	2.84	3.42	2.87	2.22	2.36	3.03	2.85	1.92	2.31	2.71	2.74
SDQ – Probleme im Umgang mit Gleichaltrigen	1.90	2.21	1.93	2.22	1.30	1.90	1.58	2.00	1.15	1.70	1.31	1.89
SDQ – Gesamtproblemwert	8.64	6.13	8.94	6.13	6.15	5.40	7.63	6.15	5.39	5.19	6.94	5.90
SDQ – Prosoziales Verhalten	6.72	2.84	6.67	2.72	7.42	2.56	6.99	2.68	7.68	2.46	7.13	2.44
VBV – Sozial-emot. Kompetenz	--	--	--	--	--	--	--	--	56.43	14.57	54.34	14.50
VBV – Interaktion/ Kommunikation	--	--	--	--	--	--	--	--	27.78	7.21	26.90	7.09
VBV – Konfliktlösekompetenz	--	--	--	--	--	--	--	--	9.74	3.17	9.03	3.28
VBV – Spielintensität/Produktiv.	--	--	--	--	--	--	--	--	18.91	5.57	18.42	5.69

Anmerkung: SDQ = deutsche Version des Strengths and Difficulties Questionnaire; VBV = Subskalen der Lehrerversion des „Verhaltensbeurteilungsbogen für Vorschulkinder".

Prosoziales Verhalten/sozial-emotionale Kompetenzen. Hinsichtlich der SDQ-Subskala „prosoziales Verhalten" wurde eine signifikanter Haupteffekt der Zeit ($F[2, 1286] = 32.52$, $p < .001$) ermittelt. Zwar erwies sich der Haupteffekt der Gruppe als nicht signifikant, es fand sich allerdings ein signifikanter Interaktionseffekt ($F[2, 1286] = 4.22$, $p < .05$), der auf einen Effekt der Intervention deutet (s. Tabelle 4.5). Somit stieg das prosoziale Verhalten im Laufe der Zeit zwar in beiden Gruppen an, in der Interventionsgruppe fiel diese Zunahme aber signifikant stärker aus als in der Kontrollgruppe (s. Abbildung 4.5).

Abbildung 4.5: Mittelwerte (Minimum 0, Maximum 10) bzgl. prosozialen Verhaltens (SDQ-Erzieherinnen) für beide Gruppen und drei Messzeitpunkte.

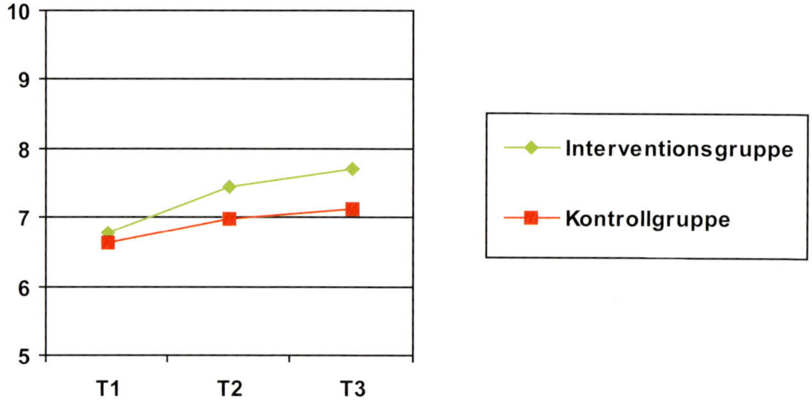

Der Gruppenvergleich in Bezug auf die gesamte Skala sozial-emotionale Kompetenz des VBV erwies sich als nicht signifikant (s. Abbildung 4.6). Während die Kinder aus der Interventionsgruppe in der Subskala Konfliktlösekompetenz dagegen signifikant höhere Werte als die der Kontrollgruppe zeigten ($t[642] = 2.79$, $p < .01$, $SE = .25$; $d = .22$), fanden sich in Bezug auf die anderen beiden VBV-Subskalen keine signifikanten Unterschiede zwischen den Gruppen.

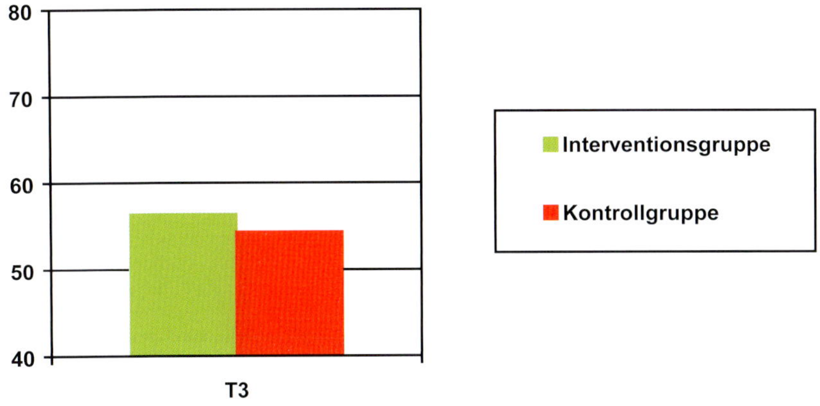

Abbildung 4.6: Mittelwerte (Minimum 0, Maximum 84) bzgl. sozial-emotionaler Kompetenzen (VBV 3-6 – Erzieherinnen) für beide Gruppen zum 3. Messzeitpunkt.

Akzeptanz durch Peers. Die Analyse des Prozentsatzes von Peer-Nominierungen in der Interventionsgruppe (s. Tabelle 4.6) zeigte eine signifikante Zunahme der Peer-Akzeptanz über die Zeit in Bezug auf alle drei Akzeptanzmaße: $F(2, 622) = 26.17$, $p < .001$, für Nominierung als Spielgefährte; $F(2, 622) = 10.15$, $p < .001$; für Nominierung als beste(r) Freund(in); und $F(2, 622) = 28.45$, $p < .001$, für Nominierung als Reisegefährte. Wie die signifikanten Unterschiede zwischen den beiden Messzeitpunkten zeigen, fanden die Verbesserungen vor allem in der Zeit zwischen dem ersten und zweiten Messzeitpunkt statt[5]: $t(311) = 6.20$, $p < .001$, $SE = .89$ ($d = .36$) für die Akzeptanz als Spielgefährte; $t(311) = 4.16$, $p < .001$, $SE = .61$ ($d = .28$) für die Akzeptanz als beste(r) Freund(in); and $t(311) = 7.51$, $p < .001$, $SE = .95$ ($d = .43$) für die Akzeptanz als Reisegefährte. Obwohl sich vom zweiten bis zum dritten Messzeitpunkt keine signifikanten Verbesserungen mehr ergaben, lagen die Werte der Peer-Akzeptanz zum dritten Messzeitpunkt natürlich über

[5] Für die drei möglichen Vergleiche zwischen den Messzeitpunkten wurde das α-Fehlerniveau mittels Bonferroni-Korrektur adjustiert ($p < .017$).

Tabelle 4.6: Mittelwerte und Standardabweichungen der Prozentwerte zu Peer-Nominierung in der Interventionsgruppe.

denen des ersten Messzeitpunkts: $t(311) = 5.95$, $p < .001$, $SE = .97$ ($d = .37$) für die Akzeptanz als Spielgefährte; $t(311) = 3.00$, $p < .01$, $SE = .61$ ($d = .20$) für die Akzeptanz als beste(r) Freund(in); und $t(311) = 4.75$, $p < .001$, $SE = 1.09$ ($d = .29$) für die Akzeptanz als Reisegefährte.

	Baseline (t_1)		**2. Messzeitpunkt (t_2)**		**3. Messzeitpunkt (t_3)**	
Akzeptanz durch Peers	M	SD	M	SD	M	SD
Spielgefährte	24.71	15.33	30.23	15.42	30.49	16.16
Beste(r) Freund(in)	7.18	8.46	9.73	9.69	9.01	10.11
Reisegefährte	25.58	16.25	32.70	16.74	30.75	18.88

Anmerkung: Das Peer-Nominierungs-Verfahren wird im Methodenteil ausführlich beschrieben.

Hoch-Risiko-Kinder. Bisherige Forschungsergebnisse zeigen, dass bereits auffällige Kinder von einer Intervention stärker profitieren. Daher wurde getestet, ob sich dieser Effekt auch bei der vorliegenden Intervention zeigt. Zu diesem Zweck wurden sowohl die Teilnehmer in der Interventions- als auch in der Kontrollgruppe anhand des SDQ-Gesamtproblemwertes zu t_1 nach den Einschätzungen der Erzieherinnen in die Kategorie „unauffällig", „grenzwertig" und „auffällig" unterteilt (s. Koglin et al., im Druck) und miteinander verglichen. Insgesamt wurden 528 Kinder (79%) als unauffällig eingestuft, 73 als grenzwertig (10,9%) und 66 (9,9%) als auffällig. In der IG wurden 12,8% der Kinder als grenzwertig und 8,1% als auffällig eingestuft, in der KG 9,2% der Kinder als grenzwertig, 11,5% als auffällig. Für die im Folgenden dargestellten Befunde liegen die Daten der Messzeitpunkte t_1 und t_2 zugrunde.

Eine zweifaktorielle MANOVA (s. Tabelle 4.7) zur Differenz der einzelnen Skalenwerte von t_1 zu t_2 (Prüfgröße: Wilk's Lambda) zeigte einen hochsignifikanten Effekt der Kategorie (unauffällig, grenzwertig, auffällig; $F(12,1312)=10,34$; $p \leq .001$) und der Gruppenzugehörigkeit ($F(6,656)=6,34$; $p \leq .001$) sowie einen nicht signifikanten Interaktionseffekt ($F(12,1312)=2,30$; $p > .05$). Berechnet man die Interaktion allerdings mit Roy's Largest Root zeigt sich ein auf dem 5%-Niveau signifikantes Ergebnis ($F(6,657)=3,17$; $p \leq .05$). Bei der Betrachtung der zweifaktoriellen ANOVAs auf Skalenebene zeigten sich für den SDQ-Gesamtproblemwert hochsignifikante Effekte der Kategorie ($F(2,661)=54,06$; $p \leq .001$) und der Gruppenzugehörigkeit ($F(1,661)=14,94$; $p \leq .001$), aber kein signifikanter Interaktionseffekt ($F(2,661)=2,30$; $p > .05$). Für die Subskala prosoziales Verhalten fanden sich hochsignifikante Effekte der Kategorie ($F(2,661)=19,71$; $p \leq .001$) und der Gruppenzugehörigkeit ($F(1,661)=20,42$; $p \leq .001$) sowie ein ebenfalls hochsignifikanter Interaktionseffekt ($F(2,661)=7,72$; $p \leq .001$). Alle SDQ-Subskalen zeigten hochsignifikante Effekte der Kategorie und die Skalen Hyperaktivität und Verhaltensprobleme daneben auch signifikante Effekte der Gruppenzugehörigkeit ($F(1,661)=24,44$; $p \leq .001$ und $F(1,661)=6,36$; $p \leq .01$). Auf den weiteren SDQ-Subskalen fand sich nur für Hyperaktivität und Verhaltensprobleme ein signifikanter Interaktionseffekt ($F(2,661)=4,78$; $p \leq .01$ und $F(2,661)=3,05$; $p \leq .05$). Bonferroni-Post-hoc-Tests zeigten, dass auf allen Subskalen die als grenzwertig und auffällig eingestuften Kinder stärker profitieren als die unauffälligen Kinder. Zwischen den als grenzwertig und auffällig eingestuften Kindern zeigten sich dagegen keine signifikanten Differenzen.

	Kategorie nach SDQ-Gesamtwert $F(2,661)^+$	Studienbedingung (IG, KG) $F(1,661)^+$	Kategorie x Studienbedingung $F(2,661)^+$
MANOVA	10,34***	6,34***	2,30
Emotionale Probleme	18,01***	0,25	0,10
Verhaltensprobleme	13,70***	6,36*	3,05*
Verhaltsprobleme mit Gleichaltrigen	22,69***	3,0	0,27
Hyperaktivität	24,04***	24,44***	4,78**
Prosoziales Verhalten	19,71***	20,42***	7,72***
Gesamtproblemwert	54,06***	14,94***	2,30

Anmerkungen: $^+$Angaben zu den Freiheitsgraden beziehen sich auf die Ebene der Subskalen, $^*p < .05$, $^{**}p < .01$, $^{***}p < .001$.

Tabelle 4.7: Differenzwerte in den Outcome-Variablen zwischen t_1 und t_2 (F-Statistik, zweifaktorielle MANOVA).

In Tabelle 4.8 sind die Effektstärken (Hedges' *d*) der Veränderungen auf den Subskalenebenen des SDQ sowie für den SDQ-Gesamtproblemwert, jeweils getrennt nach IG und KG sowie für die einzelnen Kategorien (unauffällig, grenzwertig, auffällig), aufgeführt. Aus den Effektstärken für diese beiden Gruppen wurde durch Subtraktion schließlich die Netto-Effektstärke der IG berechnet.

4.6 Zusammenfassung, Diskussion und Ausblick

Zusammenfassung und Diskussion. Die angeführten Befunde können als Beleg für die Wirksamkeit des Programms Papilio aus der Sicht der Erzieherinnen und auf Basis der Daten aus den Einschätzungen der

Tabelle 4.8: Prä-post- und Netto-Effektstärken von IG und KG für die SDQ-(Sub-)Skalen.

	IG		KG		Netto-Effektstärke+	
	d	S_d^2	d	S_d^2	d	S_d^2
Emotionale Probleme	.18	0,0032	.22	0,0030	-.04	0,0061
• unauffällig	.17	0,0040	.11	0,0036	.07	0,0077
• grenzwertig	.60	0,0288	.51	0,0354	.09	0,0642
• auffällig	.37	0,0412	.58	0,0293	-.21	0,0705
Verhaltensprobleme	.16	0,0032	.06	0,0029	.09	0,0061
• unauffällig	.01	0,0040	.00	0,0036	.01	0,0076
• grenzwertig	.66	0,0298	.12	0,0315	.54	0,0613
• auffällig	.52	0,0437	.28	0,0260	.24	0,0697
Verhaltensprobleme mit Gleichaltrigen	.32	0,0033	.18	0,0029	.14	0,0062
• unauffällig	.23	0,0041	.06	0,0036	.16	0,0077
• grenzwertig	.60	0,0289	.40	0,0338	.21	0,0626
• auffällig	.58	0,0453	.63	0,0300	-.04	0,0753
Hyperaktivität	.52	0,0036	.17	0,0031	.36	0,0067
• unauffällig	.37	0,0042	.09	0,0037	.27	0,0078
• grenzwertig	1.11	0,0397	.52	0,0356	.59	0,0753
• auffällig	1,45	0,0805	.30	0,0261	1,15	0,1066
Gesamtproblemwert	.52	0,0036	.25	0,0030	.27	0,0068
• unauffällig	.39	0,0042	.11	0,0037	.24	0,0079
• grenzwertig	1,12	0,0401	.68	0,0388	.45	0,0789
• auffällig	1,20	0,0671	.69	0,0311	.51	0,0982
Prosoziales Verhalten*	|.29|	0,0036	|.09|	0,0033	|.20|	0,0126
• unauffällig	|.11|	0,0040	|.07|	0,0036	|.03|	0,0094
• grenzwertig	|.94|	0,0355	|.30|	0,0327	|.64|	0,0683
• auffällig	|1,18|	0,0663	|.22|	0,0256	|.99|	0,0919

Anmerkung:

\+ Die in der Tabelle aufgeführten Effektstärken für die Interventions- und Kontrollgruppe wurden berechnet, indem die Differenz der Gruppenmittelwerte zu t_1 und t_2 durch die Standardabweichung der Differenzwerte geteilt wurde. Aus dem so ermittelten Hedges' *g* (Standardisierte Mittelwertsdifferenz) wurde danach durch Adjustierung (zur Berücksichtigung jeweils unterschiedlicher [Sub-]Stichprobengrößen) Hedges' *d* berechnet. Die Netto-Effektstärken ergeben sich aus der Subtraktion der Effektstärke der KG von der Effektstärke der IG. Negative Werte der Netto-Effektstärken kennzeichnen somit stärkere Veränderungen in der Kontrollgruppe.

* Zur besseren Vergleichbarkeit der Befunde wurden in Bezug auf die Skala Prosoziales Verhalten die Beträge der Effektstärken angegeben (ursprünglich kennzeichneten negative Effektstärken in diesem Fall eine Verbesserung).

Kinder gewertet werden. Den Erzieherinneneinschätzungen zufolge zeigen sich Reduktionen von Verhaltensauffälligkeiten bei den Kindern sowie Verbesserungen ihres prosozialen Verhaltens. Signifikante Interaktionseffekte z.B. in Bezug auf den SDQ-Gesamtproblemwert sowie die SDQ-Subskalen Hyperaktivität und Prosoziales Verhalten belegen, dass diese positiven Effekte auf die Intervention zurückzuführen sind, da die Verbesserungen in der IG signifikant stärker ausfallen als in der KG. Wie zudem die im Vergleich zur Kontrollgruppe signifikant besseren Werte in der Interventionsgruppe zeigen, konnten diese positiven Veränderungen nicht nur zum zweiten Messzeitpunkt einige Monate nach der Implementierung der Maßnahme, sondern auch noch zum dritten Messzeitpunkt beobachtet werden. Zum dritten Messzeitpunkt fanden sich den Einschätzungen der Erzieherinnen zufolge zudem bessere Werte in der IG als in der KG in Bezug auf die sozial-emotionalen Kompetenzen und insbesondere die Konfliktlösefähigkeiten der Kinder. Auf den anderen beiden VBV-Subskalen Interaktions- und Kommunikationsfähigkeit sowie Spielintensität und Produktivität fanden sich dagegen zum dritten Messzeitpunkt in der IG keine besseren Werte als in der KG. Es ist jedoch möglich, dass sich Verbesserungen dieser Fähigkeiten erst zu späteren (Mess-)Zeitpunkten manifestieren, da so genannte „Schläfer"-Effekte auch in anderen Studien bereits häufiger beobachtet wurden (z.B. Conduct Problems Prevention Research Group, 2002; Tremblay, Pagani-Kurtz, Masse, Vitaro & Pihl, 1995).

Die Zunahme der Prozentwerte der Peer-Nominierungen vom ersten zum dritten Messzeitpunkt zeigt eine signifikante Verbesserung der Akzeptanz von Peers in der Interventionsgruppe über die Zeit. Aufgrund der fehlenden Daten zur Kontrollgruppe lassen sich diese Ergebnisse allerdings nicht eindeutig als Effekt der Intervention interpretieren.

Die zunächst auf Gesamtgruppen-Ebene angeführten Effektstärken decken sich mit denen aus anderen Präventionsmaßnahmen zur Förderung sozial-emotionaler Kompetenz und Prävention von Verhaltensproblemen (z.B. Beelmann, 2004; Lösel & Plankensteiner, 2005). Sämtliche Analysen zeigen aber auch, dass die Wirksamkeit von Interventionen bei nicht oder kaum auffälligen Stichproben weit geringer ausfällt als im (sub-)klinischen Bereich. Programme für bereits leicht auffällige Kinder führen zu stärkeren Effekten als universelle Präventionsprogramme, die für alle Kinder einer Klasse oder Altersgruppe angeboten werden (Lösel & Plankensteiner, 2005; Nelson, Westhues & MacLeod, 2003). Zudem findet sich konsistent das Ergebnis, dass bereits auffällige Kinder von den Interventionen in stärkerem Maße profitieren. Daraus könnte man schließen, dass sich Präventionen lediglich auf Hoch-Risiko-Kinder beschränken sollten. Doch Verhaltensprobleme im Vorschulalter treten in der Regel in sozialen Interaktionen mit Peers und Personen außerhalb des häuslichen Umfelds auf. In sozialen Interaktionen zeigen sich die Defizite in den sozialen Fertigkeiten der Kinder mit Verhaltensproblemen. Demzufolge können Verhaltensprobleme nur wirksam verbessert werden, wenn die Intervention mit der gesamten Gleichaltrigengruppe durchgeführt wird. Peers mit höheren sozialen und emotionalen Kompetenzen können zudem als Verhaltensmodelle fungieren. Auch ist davon auszugehen, dass Niedrig-Risiko-Kinder ebenfalls einen Nutzen aus Präventionsprogrammen ziehen, da selbst sie eine, wenn auch geringere, Kompetenzförderung erfahren. Zudem können durch eine universelle Vorgehensweise aufwändige und kostenintensive diagnostische Selektion sowie Stigmatisierungsprozesse vermieden werden (vgl. Lösel & Plankensteiner, 2005; Nelson et al., 2003). In der vorliegenden Studie konnte nachwiesen werden, dass auch die Kinder, die als „unauffällig" auf den Skalen des SDQ eingestuft wurden, nach Durchlaufen des Programms bessere Werte aufwiesen als Kinder aus der Kontrollgruppe. Dies kann als Hinweis darauf gewertet werden, dass mit den Maßnahmen des Programms Papilio einerseits besonders jene Kinder mit ersten Auffälligkeiten erreicht werden, andererseits jedoch auch jene Kinder profitieren, die keine Auffälligkeiten aufweisen (allgemeine Entwicklungsförderung).

Ausblick. In weiteren Analysen wird zu überprüfen sein, inwiefern die Einschätzungen der Erzieherinnen sich in den Einschätzungen der Eltern im häuslichen Umfeld widerspiegeln, die positiven Effekte, die sich im von den Erzieherinnen bewerteten Interaktionsverhalten der Kinder untereinander zeigen, also auch in anderen Situationen deutlich werden. Hier werden insbesondere Analysen interessant sein, die sich auf risikobelastete Kinder beziehen (also Kinder mit besonders ausgeprägten Verhaltensproblemen und/oder psychosozialen, familiären Risikolagen).

Einer amerikanischen Studie zufolge wiesen ca. 50% der Kinder bei der Einschulung nicht die nötigen Kompetenzen auf, um erfolgreich in der Schule bestehen zu können. So waren sie z.B. häufig nicht in der Lage, Anweisungen zu folgen oder unabhängig an Aufgaben zu arbeiten (Rimm-Kaufman, Pianta & Cox, 2000). Gerade die Kindergartenzeit und während dieser Zeit durchgeführte Programme zur Förderung sozial-emotionaler Kompetenzen können dabei unterstützen, den Entwicklungsübergang (Transition) in die Schule für die Kinder – insbesondere für solche mit Defiziten in der sozial-emotionalen Kompetenz – zu erleichtern und den Kindern wesentliche Fähigkeiten und Fertigkeiten vermitteln, die im Sinne von Schutzbedingungen eine abpuffernde Wirkung haben können, wenn im Laufe der Grundschulzeit Risiken auftreten sollten (Berruetta-Clement, Schweinhardt, Barnett, Epstein & Weikart, 1984). Mit der Nachbefragung (Follow-Up) der Kinder zum 4. Messzeitpunkt am Ende der ersten Schulklasse kann somit überprüft werden, ob die angeführten Maßnahmen des hier dargestellten Programms Papilio insgesamt dazu beitragen, dass insbesondere risikobelastete Kinder aufgrund verbesserter sozial-emotionaler Kompetenzen einen leichteren Übergang in die Grundschule haben werden, da sie

1. sich besser in die neue Gleichaltrigengruppe integrieren können,
2. in geringerem Maße Verhaltensauffälligkeiten (aggressives Verhalten, soziales Rückzugsverhalten) aufweisen und sich somit besser in die Klassengemeinschaft integrieren werden und
3. somit der Aufbau einer positiven Kind-Lehrerinnen-Beziehung erleichtert wird.

Schließlich deuten erste Analysen darauf hin, dass insbesondere auch Erzieherinnen vom Programm Papilio profitieren. Weitere Analysen sollen den Zusammenhang zur Wirksamkeit des Programms untersuchen.

Literaturverzeichnis

Ahnert, L. (2003). Frühe Kindheit: Bindungs- und Bildungsgrundlagen. Frühe Kindheit, 5, 8-12.

Ahnert, L. (Hrsg.). (2004). Frühe Bindungen – Entstehung und Entwicklung. München: Reinhardt.

Ahnert, L., Pinquart, M. & Lamb, M.E. (2006). Security of Children's Relationships With Nonparental Care Providers: A Meta-Analysis. Child Development, 74, 664-679.

Ahrens-Eipper, S. (2002). Soziale Unsicherheit im Kindesalter. Indikation und Effektivität eines verhaltenstherapeutischen Trainings. Unveröffentlichte Dissertation: Martin-Luther-Universität Halle-Wittenberg.

Alexander, K.E., Entwisle, D.R. & Dauber, S.L. (1993). First-grade classroom behavior: Its short- and long-term consequences for school performance. Child Development, 64, 801-814.

Alsaker, F. (2003). Kleine Quälgeister und ihre Opfer. Umgang mit Gewalt im Kindergarten. Bern: Huber.

Alsaker, F.D. & Valkanover, S. (2000). Das Plagen im Kindergarten. Formen und Präventionsmöglichkeiten. Wissenschaftlicher Schlussbericht des NFP40-Projekts „Das Plagen im Kindergarten". Institut für Psychologie der Universität Bern.

Angold, A., Costello, E.J. & Erkanli, A. (1999). Comorbidity. Journal of Child Psychology and Psychiatry, 40, 57-87.

Armstrong, T.D. & Costello, E.J. (2002). Community studies on adolescent substance use, abuse, or dependence and psychiatric comorbidity. Journal of Consulting and Clinical Psychology, 6, 1224-1239.

Arsenio, W.F., Cooperman, S. & Lover, A. (2000). Affective predictors of preschooler's aggression and peer acceptance: Direct and indirect effects. Developmental Psychology, 36, 438-448.

Asendorpf, J. (1989). Soziale Gehemmtheit und ihre Entwicklung. Berlin: Springer.

Asendorpf, J.B. (1993). Abnormal shyness in children. Journal of Child Psychology and Psychiatry and Allied Disciplines, 34, 1069-1081.

Asher, S.R., Singleton, L.C., Tinsley, B.R. & Hymel, S. (1979). A reliable sociometric measure for preschool children. Developmental Psychology, 15, 443-444.

Ashiabi, G.S. (2000). Promoting the Emotional Development of Preschoolers. Early Childhood Education Journal, 28, 79-84.

Bandura, A. (1979). Sozial kognitive Lerntheorie. Stuttgart: Klett-Cotta.

Barquero, B., Scheithauer, H., Mayer, H., Heim, P., Meir-Brenner, S. & Erhardt, H. (2005). Primärprävention von Verhaltensproblemen und Förderung sozial-emotionaler Kompetenz im Kindergarten. Ein Beitrag zur entwicklungsorientierten Sucht- und Gewaltprävention. Abschlussbericht zur Evaluation des Projekts PAPILIO. Augsburg: beta-Institut.

Barquero, B., Mayer, H., Heim, P., Scheithauer, H., Meir-Brenner, S., Koglin, U., Petermann, F. & Erhardt, H. (2007). Papilio: Ein Programm zur Primärprävention von Verhaltensproblemen, zur Förderung sozial-emotionaler Kompetenzen im Kindergarten und zur langfristigen Prävention von Sucht und Gewalt. In Röhrle, B. (Hrsg). Prävention und Gesundheitsförderung für Kinder und Jugendliche. DGVT-Verlag (in Druck).

Barrish, H., Saunders, M. & Wolf, M.M. (1969). Good Behavior Game: Effects of individual contingencies for group consequences on disruptive behavior in a classroom. Journal of Applied Behavior Analysis, 2, 119–124.

Beelmann, A. (2000). Prävention dissozialer Entwicklung: Psychologische Grundlagen und Evaluation früher kind- und familienbezogener Maßnahmen. Habilitationsschrift der Philosophischen Fakultät I der Friedrich-Alexander-Universität Erlangen-Nürnberg.

Beelmann, A. (2004). Förderung sozialer Kompetenzen im Kindergarten: Evaluation eines sozialen Problemlösetrainings zur universellen Prävention dissozialer Verhaltensprobleme. Kindheit und Entwicklung, 13, 113-121.

Becker-Textor, I. (1990). Schwierige Kinder gibt es nicht – oder doch? „Problemkinder" im Kindergarten. (Praxisbuch Kindergarten). Freiburg: Herder.

Bernstein S. & Lowy, L. (1982). Untersuchungen zur Sozialen Gruppenarbeit. Freiburg i. Br.: Lambertus.

Berrueta-Clement, J., Schweinhart, L., Barnett, W., Epstein, A. & Weikart, D. (1984). Changed lives: The effects of the Perry Preschool Program on youths through age 19. Monographs of the High/Scope Educational Research Foundation, Nr. 8. Ypsilanti: High/Scope Press.

Beyers, J.M., Bates, J.E., Pettitt, G.S. & Dodge, K.A. (2003). Neighbourhood structure, parenting processes, and the development of Youths externalizing behaviours: A multilevel analysis. American Journal of Community Psychology, 31, 35-53.

Biederman, J., Faraone, S.V., Hirshfeld-Becker, D., Friedman, D., Robin, J. & Rosenbaum, J. (2001). Patterns of psychopathology and dysfunction in high-risk children of parents with panic disorder and major depression. American Journal of Psychiatry, 158, 49-57.

Birch, S.H. & Ladd, G.W. (1997). The teacher-child relationship and children's early school adjustment. Journal of School Psychology, 35, 61-79.

Birch, S.H., Ladd, G.W. & Blecher-Sass, H. (1997). The teacher-child relationship and children's early school adjustment: Good-byes can build trust. Journal of School Psychology, 35, 61–79.

Birrell, H.V., Phillips, C.J. & Scott, D.H. (1985). Learning style and school attainment in young children: A follow-up study. School Psychology International, 6, 207-218.

Bos, W., Lankes, E.M., Prenzel, M., Schwippert, K., Walther, G. & Valtin, R. (2003). Erste Ergebnisse aus IGLU. Schülerleistungen am Ende der vierten Jahrgangsstufe im internationalen Vergleich. Münster: Waxmann.

Botvin, G.J. (2000). Preventing drug abuse in schools: Social and competence enhancement approaches targeting individual-level etiologic factors. Addictive Behaviors, 25, 887-897.

Brandes, M. (2006). Wirksamkeit von Primärprävention in Abhängigkeit von der Person der Erzieherin. Unveröffentlichte Diplomarbeit: Universität Bremen/ Freie Universität Berlin.

Bredekamp, S. (Ed.). (1987). Developmentally appropriate practice in early childhood programs serving children from birth through age 8. Washington, DC.: National Association for the Education of Young Children.

Bredekamp, S. & Copple, C. (Eds.). (1997). Developmentally appropriate practice in early childhood programs, rev. ed. Washington, DC.: National Association for the Education of Young Children.

Bredekamp, S. & Rosegrant, T. (Eds.). (1992). Reaching potentials: Appropriate curriculum and assessment for young children, Vol. I (pp. I-27). Washington, DC.: National Association for the Education of Young Children.

Brennan, P.A., Hammen, C., Andersen, M.J., Bor, W., Najman, J.M & Wiliams, G.M. (2000). Chonicity, severity, and timing of maternal depressive symptoms: Relationships with child outcomes at age 5. Developmental Psychology, 36, 759-766.

Brezinka, V. (2003). Zur Evaluation von Präventivinterventionen für Kinder mit Verhaltensstörungen. Kindheit und Entwicklung, 12, 71-83.

Brigman, G., Lane, D., Switzer, D., Lane, D. & Lawrence, R. (1999). Teaching children school success. Journal of Educational Research, 92, 323-329.

Bronson, M.B. (1994). The usefulness of an observational measure of young children's social and mastery behaviors in early classrooms. Early Childhood Research Quarterly, 9, 19-43.

Bronson, M.B. (1996). Manual for the Bronson Social and Task Skill Profile (teacher version). Chestnut Hill: Boston College.

Bronson, M.B. (2000). Self-regulation in early childhood: Nature and nurture. New York: Guilford Press.

Bronson, M.B., Tivnan, T. & Seppanen, P.S. (1995). Relations between teacher and classroom activity variables and the classroom behaviors of prekindergarten children in Chapter 1 funded programs. Journal of Applied Developmental Psychology, 16, 253-282.

Büchel, F., Spieß, C.K. & Wagner, G. (1997). Bildungseffekte vorschulischer Kinderbetreuung. Kölner Zeitschrift für Soziologie und Sozialpsychologie, 49, 528-539.

Bundeskriminalamt (Hrsg.). (2001). Polizeiliche Kriminalstatistik, Berichtsjahr 2000. Wiesbaden: Bundeskriminalamt.

Bundesministerium für Familie, Senioren, Frauen und Jugend (BMFSFJ). (Hrsg.). (2002): Elfter Kinder- und Jugendbericht. Berichte über die Lebenssituation junger Menschen und die Leistungen der Kinder- und Jugendhilfe in Deutschland, Bonn: BMFSFJ.

Bundeszentrale für gesundheitliche Aufklärung (2001). Die Drogenaffinität Jugendlicher in der Bundesrepublik Deutschland. Köln: BzgA.

Burts, D.C., Hart, C.H., Charlesworth, R., Fleege, P.O., Mosley, J. & Thomasson, R.H. (1992). Observed activities and stress behaviors of children in developmentally appropriate and inappropriate kindergarten classrooms. Early Childhood Research Quarterly, 7,297-318.

Bushweller, K. (1995). The resilient child. The American School Board Journal, 182, 18-23.

Cairns, R.B., Gariépy, J.-L., Kindermann, T. & Leung, M.-C. (1996). Identifying social clusters in natural settings. Unpublished Manuscript. University of North Carolina at Chapel Hill.

Caldarella, P. & Merrell, K.W. (1997). Common dimensions of social skills of children and adolescents: A taxonomy of positive behaviors. School Psychology Review, 26, 264-278.

Carlton, M.P. & Winsler, A. (1999). School readiness: The need for a paradigm shift. School Psychology Review, 28, 338–352.

Casey, R.J. (1996). Emotional competence in children with externalizing and internalizing disorders. In M. Lewis & M.W. Sullivan (Eds.), Emotional development in atypical children (pp. 161-183). Mahwah: Erlbaum.

Caspi, A. & Silva, P.A. (1995). Temperamental qualities at age three predict personality traits in young adulthood: Longitudinal evidence from a birth cohort. Child Development, 66, 486-498.

Charlebois, P., Vitaro, F., Normandeau, S. & Rondeau, N. (2001). Predictors of persistence in a longitudinal preventive intervention program for young disruptive boys. Prevention Science, 2, 133-143.

Charlesworth, R., Hart, C.H., Butts, D.C., Thomasson, R.H., Mosley, J. & Fleege, P.O. (1993). Measuring the developmental appropriateness of kindergarten teachers' beliefs and practices. Early Childhood Research Quarterly, 8, 255-276.

Choi, D.H. & Kim, J. (2003). Practicing social skills training for young children with low peer acceptance: A cognitive-social learning model. Early Childhood Education Journal, 31, 41-46.

Colberg-Schrader, H. (2000). Erzieherin – Berufsbild mit neuen Konturen. Aufgabenprofil, Selbstverständnis und Zukunftschancen. München: Don Bosco.

Cohen, J. (1988). Statistical power analysis for the behavioral sciences, 2nd edition. Hillsdale: Erlbaum.

Conduct Problems Prevention Research Group. (2002). Evaluation of the first 3 years of the Fast Track prevention trial with children at high risk for adolescent conduct problems. Journal of Abnormal Child Psychology, 30, 19-35.

Cooley, E.L. & Triemer, D.M. (2002). Classroom behaviour and the ability to decode nonverbal cues in boys with severe emotional disturbance. Journal of Science Psychology, 142, 741-751.

Cooper, D.H. & Farran, D.C. (1989). Behavioral risk factors in kindergarten. Early Childhood Research Quarterly, 3, 1-19.

Cooper, D.H. & Farran, D.C. (1991). The Cooper-Farran Behavioral Rating Scales. Brandon: Clinical Psychology Publishing.

Cooper, D.H. & Speece, D.L. (1989). A novel methodology for the study of children at risk for school failure. The Journal of Special Education, 22, 186-198.

Copple, C, Cline, M. & Smith, A. (1987). Path to the future: Long-term effects of Head Start in the Philadelphia school district. Washington: U.S. Department of Health and Human Services.

Creasey, G.L., Jarvis, P.A. & Berk, L.E. (1998). Play and social competence. In O.N. Saracho & B. Spodek (Eds.), Multiple perspectives on play in early childhood education (pp. 116-143). Albany: State University of New York Press.

Crick, N.R., Casas, J.F. & Ku, H.-C. (1999). Relational and physical forms of peer victimization in preschool. Developmental Psychology, 35, 376-385.

Crick, N.R., Casas, J.F. & Mosher, M. (1997). Relational and overt aggression in preschool. Developmental Psychology, 33, 579-588.

Crick, N.R. & Grotpeter, J.K. (1995). Relational aggression, gender, and social-psychological adjustment. Child Development, 66, 710-722.

Criss, M.M., Pettitt, G.S., Bates, J.E., Dodge, K.A. & Lapp, A.L. (2002). Family adversity, positive peer relationships, and children's externalizing behaviour: A longitudinal perspective on risk and resilience. Child Development, 73, 1220-1237.

Cytryn, L., McKnew, D.H., Zahn-Waxler, C. & Gershon, E.S. (1986). Developmental issues in risk research: The offspring of affectively ill parents. In M. Rutter, C.E. Izard & P.B. Read (Eds.), Depression in young people: Developmental and clinical perspectives (pp. 163–188). NewYork: Guilford.

Dartsch, M. (2001). Erzieherinnen in Beruf und Freizeit – Eine Regionalstudie zur Situation von Fachkräften in Tageseinrichtungen für Kinder. Opladen: Leske & Budrich.

Denham, S.A. (1997). When I have a bad dream mommy holds me: Preschoolers´ conceptions of emotions, parental socialisation, and emotional competence. International Journal of Behavioral Development, 20, 301-319.

Denham, S.A. (2006). Social–Emotional Competence as Support for School Readiness: What Is It and How Do We Assess It? Early Education and Development, 17, 57–89.

Denham, S.A., Blair, K., DeMulder, E., Levitas, J., Sawyer, K., Auerbach-Major, S. & Queenan, P. (2003). Pre-school emotional competence: Pathway to social competence? Child Development, 74, 238-256.

Denham, S.A., Caverly, S., Schmidt, M., Blair, K., De Mulder, E., Caal, S., Hamada, H. & Mason, T. (2002). Preschool understanding of emotions: Contributions to classroom anger and aggression. Journal of Child Psychology and Psychiatry and Allied Disciplines, 43, 901-916.

Denham, S.A., Zahn-Waxler, C., Cummings, E.M. & Iannotti, R.J. (1991). Social competence in young children's peer relationships: Patterns of development and change. Child Psychiatry and Human Development, 22, 29–43.

Denham, S.A., Zoller, D. & Couchoud, E.A. (1994). Socialization of preschool emotion understanding. Developmental Psychology, 30, 928-936.

Diener, M.L. & Kim, D.-Y. (2004). Maternal and child predictors of preschool children's social competence. Applied Developmental Psychology, 25, 3-24.

Doctoroff, G.L., Greer, J.A. & Arnold, D.H. (2006). The relationship between social behavior and emergent literacy among preschool boys and girls. Applied Developmental Psychology, 27, 1-13.

Dodge, K.A., Lansford, J.E., Burks, V.S., Bates, J.E., Pettitt, G.S., Fontaine, R. & Price, J.M. (2003). Peer rejection and social information processing factors in the development of aggressive behaviour problems in children. Child Development, 74, 374-393.

Döpfner, M., Berner, W., Fleischmann, T. & Schmidt, M. (1993). Verhaltensbeurteilungsbogen für Vorschulkinder VBV 3–6. Göttingen, Weinheim: Beltz Test GmbH.

Dunsmore, J.C. & Karn, M.A. (2001). Mother's beliefs about feelings and children's emotional understanding. Early Education and Development, 12, 117-139.

Edelmann, W. (2000). Lernpsychologie, 6., vollst. überarb. Aufl. Weinheim: Psychologie Verlags Union.

Eagly, A.H. (1995). The science and politics of comparing women and men. American Psychologist, 50, 145-158.

Egger, H.L., Costello, E.J. & Angold, A. (2003). School refusal and psychiatric disorders: A community study. Journal of the American Academy of Child and Adolescent Psychiatry, 42, 797-807.

Eisenberg, N., Cumberland, A., Spinrad, T.L., Fabes, R.A., Shepard, S.A., Reiser, M., Murphey, B.C., Losoya, S.H. & Guthrie, I.K. (2001a). The relations of regulation and emotionality to children's externalizing and internalizing problem behaviour. Child Development, 72, 1112-1134.

Eisenberg, N. & Fabes, R.A. (1998). Prosocial development. In W. Damon & N. Eisenberg, Handbook of child psychology: Vol.3. Social, emotional, and personality development, 5th ed.(pp. 701-778). New York: Wiley.

Eisenberg, N., Gersthoff, E.T., Fabes, R.A., Shepard, S.A., Cumberland, A.J., Losoya, S.H., Guthrie, I.K. & Murphy, B.C. (2001b). Mother's emotional expressivity and children's behaviour problems and social competence: Mediation through children's regulation. Developmental Psychology, 37, 475-490.

Eisenberg, N., Guthrie, I., Fabes, R., Reiser, M., Murphy, B.C., Holgren, R., Maszk, P. & Losoya, S. (1997). The relations of regulation and emotionality to resiliency and competent social functioning in elementary school children. Child Development, 68, 295-311.

Eisenberg, N., Guthrie, I.K., Fabes, R.A., Shepard, S., Losoya, S., Murphy, B.C., Jones, S., Poulin, R. & Reiser, M. (2000). Prediction of elementary school children's externalizing problem behaviours forms attention and behavioural regulation and negative emotionality. Child Development, 71, 1367-1382.

Eisenberg, N. & Harris, J.D. (1984). Social competence: A developmental perspective. School Psychology Review, 13, 267-277.

Elias, M.J., Zins, J.E., Weissenberg, R.P., Frey, K.S., Greenberg, M.T., Haynes, N.M., Kessler, R., Schwab-Stone, M.E. & Shriver, T.P. (1997).Promoting social and emotional learning: Guidelines for educators. Alexandria, V.A.: Association for Supervision and Curriculum Development.

Embry, D.D (2002). The Good Behavior Game: A best practice candidate as a universal behavioral vaccine. Clinical Child and Family Psychology Review, 5, 273-297.

Enzmann, D. & Kleiber, D. (1989). Helfer-Leiden: Streß und Burnout in psychosozialen Berufen. Heidelberg: Asanger.

Essau, C.A., Karpinksi, N.A., Petermann, F. & Conradt, J. (1998). Häufigkeit und Komorbidität von Störungen durch Substanzkonsum. Zeitschrift für Klinische Psychologie, Psychiatrie und Psychotherapie, 46, 105-124.

Essau, C.A., Stigler, H. & Scheipl, J. (2002). Epidemiology and comorbidity. In C.A. Essau (Ed.), Substance abuse and dependence in adolescence. London: Brunner-Routledge.

Fabes, R.A., Leonard, S.A., Kupanoff, K. & Martin, C.L. (2001). Parental coping with children's negative emotions: Relations with children's emotional and social responding. Child Development, 72, 907-920.

Foulks, B. & Morrow, R.D. (1989). Academic survival skills for the young child at risk for school failure. Journal of Educational Research, 82, 158-165.

Freitag, M. & Hurrelmann, K. (1999). Illegale psychoaktive Substanzen – die neuen Alltagsdrogen des Jugendalters? In M. Freitag & K. Hurrelmann (Hrsg.), Illegale Alltagsdrogen (S. 7-22). Weinheim: Juventa.

Frey, A. (2001). Verhaltensauffällige Kinder im Kindergarten. Von der Beobachtung bis zur pädagogischen Maßnahme, 3. voll. überarb. und erw. Aufl. (Materialien für Lehre, Aus- und Weiterbildung, Bd. 12). Landau: Verlag empirischer Pädagogik.

Frick, P.J., Kamphaus, R.W., Lahey, B.B., Loeber, R., Christ, M.A.G., Hart, E.L., et al. (1991). Academic underachievement and the disruptive behavior disorders. Journal of Consulting and Clinical Psychology, 59, 289-294.

Fthenakis, W.E. (2002). Der Bildungsauftrag in Kindertageseinrichtungen: ein umstrittenes Terrain? Frühe Kindheit. Zeitschrift der Deutschen Liga für das Kind, 5, 24-27.

Gagnon, C., Craig, W.M., Tremblay, R.E., Zhou, R.M. & Vitaro, F.A. (1995). Kindergarten predictors of boys' stable behavior problems at the end of elementary school. Journal of Abnormal Child Psychology, 23, 751–766.

Gagnon, S.G. & Nagle, R.J. (2004). Relationships between peer interactive play and social competence in at-risk preschool children. Psychology in the Schools, 41, 173-189.

Garner, P.W. (1999). Continuity in emotion knowledge from preschool to middle-childhood and relation to emotion socialization. Motivation and Emotion, 23, 247-266.

Gifford-Smith, M.E. & Brownell, C.A. (2003). Childhood peer relationships: Social acceptance, friendships, and peer networks. Journal of School Psychology, 41, 235-284.

Glantz, M.D. (2002). Introduction to the special issue on the impact of childhood psychopathology interventions on subsequent substance abuse: Pieces of the puzzle. Journal of Consulting & Clinical Psychology, 70, 1203-1206.

Glass, G.V., McGraw, B. & Smith, M.L. (1981). Meta-analysis in social research. Beverly Hills: Sage.

Green, L. & Francis, J. (1988). Children's learning skills at the infant and junior stages: A follow-on study. British Journal of Educational Psychology, 58, 120-126.

Greenberg, M.T., Kusche, C.A., Cook, E.T. & Quamma, J.P. (1995). Promoting emotional competence in school-aged children: The effects of the PATHS curriculum. Development and Psychopathology, 7, 117-136.

Guimard, P., Florin, A. & Nocus, I. (2002). How can nursery school teachers predict the scholastic trajectories of their students? European Review of Applied Psychology, 52, 63-76.

Haapasalo, J. & Tremblay, R.E. (1994). Physically aggressive boys from ages 6 to 12: Family background, parenting behavior, and prediction of delinquency. Journal of Consulting and Clinical Psychology, 62, 1044–1052.

Harper, L.V. & McCluskey, K.S. (2003). Teacher-child and child-child interactions in inclusive preschool settings: Do adults inhibit peer interactions? Early Childhood Research Quarterly, 18, 163-184.

Hartup, W.W. (1996). The company they keep: Friendships and their developmental significance. Child Development, 67, 1-13.

Haskins, R., Walden, T. & Ramey, C.T. (1983). Teacher and student behavior in high- and low-ability groups. Journal of Educational Psychology, 75, 865□876.

Hawkins, J.D., Arthur, M.W. & Catalano, R.F. (1995). Preventing substance abuse. In M. Tonry & D.P. Farrington (Eds.), Building a safer society. Crime justice (pp. 343-427). Chicago: University of Chicago Press.

Hawkins, J.D., Catalano, R.F. & Miller, J.Y. (1992). Risk and protective factors for alcohol and other drug problems in adolescence and early adulthood: Implications for substance abuse prevention. Psychological Bulletin, 112, 64-105.

Hay, D.F., Payne, A. & Chadwick, A. (2004). Peer relations in childhood. Journal of Child Psychology and Psychiatry, 45, 84-108.

Hebenstreit, S. (1998). Die Persönlichkeit der Erzieherin als wichtigstes Handwerkszeug in der kindzentrierten Kindergartenarbeit. Vortrag in Siegen 1998. Unveröff. Manuskript, Witten.

Hedges, L.V. & Olkin, I. (1985). Statistical methods for meta-analysis. San Diego: Academic Press.

Henricsson, L. & Rydell, A.-M. (2004). Elementary school children with behaviour problems: Teacher-child relations and self-perception. A prospective study. Merrill-Palmer Quarterly, 50, 111-138.

Henricsson, L. & Rydell, A.-M. (2006). Children with behaviour problems: The influence of social competence and social relations on problem stability, school achievement and peer acceptance across the first six years of school. Infant and Child Development, 15, 347-366.

Hinshaw, S.P. (1992). Externalizing behavior problems and academic underachievement in childhood and adolescence: Causal relationships and underlying mechanisms. Psychological Bulletin, 111, 127-155.

Hirshfeld, D.R., Rosenbaum, J.F., Biederman, J. & Bolduc, E. (1992). Stable behvaioral inhibition and ist association with anxiety disorder. Journal of the American Academy of Child and Adoelscent Psychiatry, 31, 103-111.

Holly, A., Türk, D., Nelson, C.B., Pfister, H. & Wittchen, H.-U. (1997). Prävalenz von Alkoholkonsum, Alkoholmissbrauch und -abhängigkeit bei Jugendlichen und jungen Erwachsenen. Zeitschrift für Klinische Psychologie, 26, 171-178.

Hooper, S.R., Roberts, J.E., Zeisel, S. & Poe, M. (2003). Core language predictors of behavioural functioning in early elementary school children: Concurrent and longitudinal findings. Behavioural Disorders, 29, 10-24.

Howes, C. (2000). Social-emotional classroom climate in child care, child-teacher relationships and children's second grade peer relations. Social Development, 9, 191-204.

Howes, C., Hamilton, C.E. & Matheson, C.C. (1994). Children's relationships with peers: Differential associations with aspects of the teacher-child relationship. Child Development, 65, 253-263.

Howes, C. & Matheson, C.C. (1992). Contextual constraints on the concordance of mother-child and teacher-child relationships. In R.C. Pianta (Ed.), Relationships between children and non-parental adults: New directions in child development. San Francisco: Jossey-Bass.

Howes, C. & Smith, E.W. (1995). Relations among child care quality, teacher behavior, children's play activities, emotional security, and cognitive activity in child care. Early Childhood Research Quarterly, 10, 381–404.

Hyson, M.C. (1994). Emotional development of young children: Building an emotion-centered curriculum. New York: Teacher's College, Columbia University.

Ingoldsby, E.M., Shaw, D.S., Owens, E.B. & Winslow, E.B. (1999). A longitudinal study of interparental conflict, emotional and behavioural reactivity, and preschoolers´ adjustment problems among low-income families. Journal of Abnormal Child Psychology, 27, 343-356.

Ittel, A., Bergann, S. & Scheithauer, H. (im Druck). Alkohol und der Gender Gap: Geschlechterspezifische Bedingungen des Alkoholkonsums im Jugendalter. In P. Tossmann und N.H. Weber (Hrsg.). Alkoholprävention in Erziehung und Unterricht, 2. überarb. und erw. Auflage. Herbolzheim: Centaurus.

Izard, C.E., Fine, S., Mostow, A., Trentacosta, C. & Campbell, J. (2002). Emotion processes in normal and abnormal development and preventive intervention. Development and Psychopathology, 14, 761-787.

Izard, C., Fine, S., Schultz, D., Mostow, A., Ackerman, B. & Youngsttrom, E. (2001). Emotion knowledge as a predictor of social behavior and academic comptence in children at risk. Psychological Science, 12, 18-23.

Jacobsen, T. & Hofmann, V. (1997). Children's attachment representations: Longitudinal relations to school behavior and academic competency in middle childhood and adolescence. Developmental Psychology, 33, 703–710.

Javo, C., Ronning, J.A., Heyerdahl, S. & Rudmin, F.W. (2004). Parenting correlates of child behavior porblems in a multiethnic community sample of preschool children in northern Norway. European Child and Adolescent Psychiatry, 13, 8-18.

Kaiser, A.P., Cai, X., Hancock, T.B. & Foster, E.M. (2002). Teacher-reported behaviour problems and language delays in boys and girls enrolled in Head Start. Behavioural Disorders, 28, 23-39.

Kandel, D.B. & Yamaguchi, K. (1999). Developmental stages of involvement in substance use. In P.J. Ott, R.E. Tarter & R.T. Ammermann (Eds.), Sourcebook on Substance Abuse (pp. 51-74). Boston: Allyn and Bacon.

Kanning, U.P. (2002). Soziale Kompetenz – Definition, Strukturen und Prozesse. Zeitschrift für Psychologie, 210, 154–163.

Katz, L.G. & McClellan, D.E. (1997). Fostering children's social competence: The teachers' role. Washington, DC: National Association for the Education of Young Children.

Kazdin, A.E. (1997). Practitioner Review: Psychology treatments for conduct disorder in children. Journal of Psychology and Psychiatry, 38 (2), 161-178.

Keiley, M.K., Bates, J.E., Dodge, K.A. & Pettit, G.S. (2000). A cross-domain growth analysis. Externalizing and internalizing behaviours during 8 years of childhood. Journal of Abnormal Child Psychology, 28, 161-179.

Klasen, H., Woerner, W., Rothenberger, A. & Goodman, R. (2003). Die deutsche Fassung des Strengths and Difficulties Questionnaire (SDQ-Deu) – Übersicht und Bewertung erster Validierungs- und Normierungsbefunde. Praxis der Kinderpsychologie und Kinderpsychiatrie, 52, 491-502.

Kochenderfer, B.J. & Ladd, G.W. (1996). Peer victimization: Cause or consequence of school maladjustment? Child Development, 67, 1305–1317.

Koglin, U., Barquero, B., Mayer, H., Scheihauer, H. & Petermann, F. (in Druck). Deutsche Version des Strengths and Difficulties Questionaire (SDQ-Deu): Psychometrische Qualität der Lehrerversion für Kindergartenkinder. Diagnostica.

Kokko, K. & Pulkkinen, L. (2000). Aggression in childhood and long-term unemployment in adulthood: A cycle of maladaption and some protective factors. Developmental Psychology, 36, 463-472.

Kruttschnitt, C. (1994). Gender and interpersonal violence. In A. Reiss & J. Roth (Eds.), Understanding and prevention violence, Vol. 3. Social influences (pp. 293-376). Washington: National Academy of Sciences Press.

Ladd, G.W., Birch, S.H. & Buhs, E.S. (1999). Children's social and scholastic lives in kindergarten: Related spheres of influence? Child Development, 70, 1373-1400.

Ladd, G.W., Kochenderfer, B.J. & Coleman, C.C. (1996). Friendship quality as a predictor of young children's early school adjustment. Child Development, 67, 1103–1118.

Laewen, H.-J. (1998). Früherkennung, Frühförderung und Schulfähigkeit als pädagogische Aufgabe in Kindertagesstätten? Verfügbar unter: http://www.brandenburg.de/sixcms/media.php/1231/laewen_frueherkennung__fruehfoerderung.pdf [12.08.2005].

Lansford, J.E., Deater-Deckard, K., Dodge, K.A., Bates, J.E. & Pettit, G.S. (2004). Ethnic differences in the link between physical discipline and later adolescent externalizing behaviours. Journal of Child Psychology and Psychiatry, 45, 801-812.

Lawhon, T. & Lawhon, D.C. (2000). Promoting social skills in young children. Early Childhood Education Journal, 28, 1082-3301.

Lehmkuhl, G., Döpfner, M., Plück, J., Berner, W., Fegert, J.M., Huss, M., Lenz, K., Schmeck, K., Lehmkuhl, U. & Poustka, F. (1998). Häufigkeit psychischer Auffälligkeiten und somatischer Beschwerden bei vier- bis zehnjährigen Kindern in Deutschland im Urteil der Eltern – ein Vergleich normorientierter und kriterienorientierter Modelle. Zeitschrift für Kinder- und Jugendpsychiatrie, 26, 83–96.

Lengua, L.J., West, S.G. & Sandler, I.N. (1998). Temperament as a predictor of symptomatology in children: Addressing contamination of measures. Child Development, 69, 164-181.

Lewin, L.M., Davis, B. & Hops, H. (1999). Childhood social predictors of adolescent antisocial behaviour: Gender differences in predictive accuracy end efficacy. Journal of Abnormal Child Psychology, 27, 277-292.

Loeber, R. & Farrington, D.P. (Eds.) (1998). Serious and violent juvenile offenders. Risk factors and successful interventions. Thousand Oaks, CA: Sage.

Loeber, R. & Hay, D.A. (1997). Key issues in the development of aggression and violence from childhood to early adulthood. Annual Review in Psychology, 48, 371-410.

Loeber, R., Stouthamer-Loeber, M. & White, H.R. (1999). Developmental aspects of delinquency and internalizing problems and their association with persistent juvenile substance use between ages 7 and 18. Journal of Clinical Child Psychology, 28, 322-332.

Lösel, F. (2003). The development of delinquent behaviour. In D. Carson & R. Bull (Eds.), Handbook of psychology in legal contexts (pp. 245-267): John Wiley & Sons.

Lösel, F. & Beelmann, A. (2003). Effects of child skills training in preventing antisocial behaviour: A systematic review of randomized evaluations. Annals of the American Academy of Political and Social Science, 587, 84-109.

Lösel, F., Beelmann, A., Jaursch, S. & Stemmler, M. (2004). Soziale Kompetenz für Kinder und Familien. Ergebnisse der Erlangen-Nürnberger Entwicklungs- und Präventionsstudie. Berlin: Bundesministerium für Familie, Senioren, Frauen und Jugend.

Lösel, F. & Plankensteiner, B. (2005). Präventionseffekte sozialer Kompetenztrainings für Kinder. Campbell Collaboration on Crime and Justice. Bonn: Deutsches Forum Kriminalprävention.

Lundahl, B., Risser, H.J. & Lovejoy, C. (2006). A meta-analysis of parent training: Moderators and follow-up effects. Clinical Psychology Review, 26, 86-104.

Massey, S.L. (2004). Teacher–Child Conversation in the Preschool Classroom. Early Childhood Education Journal, 31, 227-231.

Masten, A.S., Best, K.M. & Garmezey, N. (1990). Resilience and development: Contributions from the study of children who overcome adversity. Development and Psychopathology, 2, 425-444.

Masten, A. & Coatsworth, J. (1998). The development of competence in favorable and unfavorable environments: Lessons from research on successful children. American Psychologist, 53, 205-220.

McClelland, M.M. & Hansen, E.E. (2001). A follow-up of children with poor work-related skills: Do problems persist at the end of elementary school? Poster presented at the annual meeting of the Society for the Scientific Study of Reading, Boulder.

McClelland, M.M., Morrison, F.J. & Holmes, D.H. (2000). Children at-risk for early academic problems: The role of learning-related social skills. Early Childhood Research Quarterly, 15, 307-329.

McGee, R., Partridge, F., Williams, S. & Silva, P.A. (1991). A twelve-year follow-up of preschool hyperactive children. Journal of the American Academy of Child and Adolescent Psychiatry, 30, 224-232.

Miller, Y. & Hahlweg, K. (2000). Prävention von emotionalen Störungen und Verhaltensauffälligkeiten bei Kindern. Newsletter Entwicklungspsychologie. Bochum: Ruhr Universität.

Moffitt, T.E. & Caspi, A. (2001). Childhood predictors differentiate life-course persistent and adolescence-limited antisocial pathways among males and females. Development and Psychopathology, 13, 355-375.

Moffitt, T.E., Caspi, A., Harrington, H. & Milne, B.J. (2002). Males on the life-course-persistent and adolescence-limited antisocial pathways: Follow-up at age 26 years. Development and Psychopathology, 14, 179-207.

Morell, J. & Murray, L. (2003). Parenting and the development of conduct disorder and hyperactive symptoms in childhood: A prospective longitudinal study from 2 months to 8 years. Journal of Child Psychology and Psychiatry, 44, 489-508.

Mrazek, P.J. & Haggerty, R.J. (1994). (Eds.). Reducing risks for mental disorders: Frontiers for preventive intervention research. Committee on Prevention of Mental Disorders, Institute of Medicine.

National Research Council (1998). Preventing reading difficulties in young children. In C.E. Snow, M.S. Burns & P. Griffin (Eds.), Committee on the prevention of reading difficulties in young children: Commission on Behavioral and Social Sciences and Education (pp. 100-134). Washington, DC: National Academy Press.

Nelson, G., Westhues, A. & MacLeod, J. (2003). A meta-analysis of longitudinal research on preschool prevention programs for children. Prevention & Treatment, 6.(Online Journal).

Newcomb, A., Bukowski, W. & Pattee, L. (1993). Children's peer relations: A meta-analytic review of popular, rejected, neglected, controversial, and average sociometric status. Psychological Bulletin, 113, 99-128.

Nolting, H.P. (2001). Lernfall Aggression. Wie sie entsteht – wie sie zu vermindern ist. Ein Überblick mit Praxisschwerpunkt Alltag und Erziehung. Hamburg: Rowohlt.

Oerter, R. (2002). Spiel und kindliche Entwicklung. In R. Oerter & L. Montada (Hrsg.), Entwicklungspsychologie (S. 221-233). Weinheim: Beltz.

Olweus, D. (2004). The Olweus Bullying Prevention programme: design and implementation issues and a new national initiative in Norway. In P.K. Smith, D. Pepler & K. Rigby (Eds.), Bullying in schools: How successful can intervention be? (pp. 13-36). Cambridge: University Press.

O'Neil, R., Welsh, M., Parke, R.D., Wang, S. & Strand, C. (1997). A longitudinal assessment of the academic correlates of early peer acceptance and rejection. Journal of Clinical Child Psychology, 26, 290–303.

Patterson, G.R. (1976). Living with children: New methods for parents and teachers (revised). Champaign, IL: Research Press.

Patterson, G.R. (1982). A social learning approach: Vol. 3. Coercive family processes. Eugene: Castalia.

Payton, J.W., Wardlaw, D.M., Gracyk, P.A., Bloodworth, M.R., Tompsett, C.J. & Weissberg, R.P. (2000). Social and emotional learning: a framework for promoting mental health and reducing risk behaviours in children and youth. Journal of School Health, 70, 179-185.

Peisner-Feinberg, E.S., Burchinal, M.R., Cliford, R.M., Culkin, M.L., Howes, C.H., Kgan, S.L. & Yazejian, N. (2001). The relation of preschool child-care quality to children's cognitive and social development trajectories through second grade. Child Development, 72, 1534-1553.

Pellegrini, A.D. (1988). Elementary school children rough-and-tumble and social competence. Developmental Psychology, 24, 802-806.

Pepler, D.J., Craig, W. & Roberts, W.L. (1995). Social skills training and aggression in the peer group. In J. McCord (Ed.), Coercion and punishment in long-term perspectives (pp. 213-228). New York: Cambridge University Press.

Petermann, F. (2002). Klinische Kinderpsychologie: Das Konzept der sozialen Kompetenz. Zeitschrift für Psychologie, 210, 175-185.

Petermann, F. (Hrsg.) (2002). Lehrbuch der Klinischen Kinderpsychologie und -psychotherapie. Göttingen: Hogrefe.

Petermann, F., Döpfner, M., Lehmkuhl, G. & Scheithauer, H. (2002). Klassifikation und Epidemiologie psychischer Störungen. In F. Petermann (Hrsg.), Lehrbuch der Klinischen Kinderpsychologie und -psychotherapie, 5., überarb. Aufl. (S. 29-56). Göttingen: Hogrefe.

Petermann, F., Niebank, K. & Scheithauer, H. (2004). Entwicklungswissenschaft. Entwicklungspsychologie – Genetik – Neuropsychologie. Berlin: Springer.

Petermann, F. & Petermann, U., unter Mitarbeit von Nehrke, M. & Scheithauer, H. (2000). Aggressionsdiagnostik. Göttingen: Hogrefe.

Petermann, F. & Wiedebusch, S. (2003). Emotionale Kompetenz bei Kindern. Göttingen: Hogrefe.

Petermann, U. & Petermann, F. (2003). Lernpsychologische Grundlagen kinderverhaltenstherapeutischer Methoden. In F. Petermann (Hrsg.), Kinderverhaltenstherapie, 2. veränd. Aufl. (S. 16-63). Hohengehren: Schneider-Verlag.

Pianta, R.C. (1997). Adult-child relationship processes and early schooling. Early Education in Development, 8, 11-26.

Pianta, R.C., Nimetz, S.L. & Bennett, E. (1997). Mother-child relationships, teacher-child relationships, and school outcomes in preschool and kindergarten. Early Childhood Research Quarterly, 12, 263-280.

Pianta, R.C., Steinberg, M. & Rollins, K. (1995). The first two years of school: Teacher-child relationships and deflections in children's classroom adjustment. Development & Psychopathology, 7, 295–312.

Piel, J.A. (1990). Unmasking sex and social class differences in childhood aggression: The case for language maturity. Journal of Educational Research, 84, 100-106.

Pratt, C.C., McGuigan, W.M. & Katzev, A.R. (2000). Measuring program outcomes: Using Retrospective Pretest Design. American Journal of Evaluation, 21, 341-349.

Raver, C.C. & Zigler, E.F. (1997). Social competence: An untapped dimension in evaluation Head Start's success. Early Childhood Research Quarterly, 12, 363-385.

Raver, C. & Zigler, E. (1991). Three steps forward, two steps back: Head Start and the measurement of social competence. Young Children, 46, 3-8.

Reed, T. & Brown, M. (2001). The expression of cares in the rough and tumble play of boys. Journal of Research in Childhood Education, 15, 104-116.

Reinherz, H.Z., Giaconia, R.M., Hauf, A.M.C., Wasserman, M.S. & Paradis, A.D. (2000). General and specific childhood risk factors for depression and drug disorders by early adulthood. Journal of the American Academy of Child and Adolescent Psychiatry, 39, 223-231.

Repucci, N.D., Fries, C.S. & Schmidt, M.G. (2002). Youth violence: Risk and protective factors. In R.R. Corrado, R. Roesch, S.D. Hart & J.K. Gierowski (Eds.), Multi-problem violent youth (pp. 3-22). IOS Press.

Rimm-Kaufman, S.E., Pianta, R.C. & Cox, M.J. (2000). Teachers' judgements of problems in the transition to kindergarten. Early Childhood Research Quarterly, 15, 147-166.

Robins, L.N. & Rutter, M. (1990). Straight and devious pathways from childhood to adulthood. Cambridge, England: Cambridge University Press.

Roff, M. & Ricks, D. (1970). Life history research in psychopathology (Vol. 1). Minneapolis: University of Minnesota Press.

Rose-Krasnor, L. (1997). The nature of social competence. New York: Guilford.

Rosemann, B. & Bielski, S. (2001). Einführung in die Pädagogische Psychologie. Weinheim: Beltz Verlag.

Rubin, K.H., Bukowski, W. & Parker, J.G. (1998). Peer interactions, relationships, and groups. In W. Damon (Series Editor) & N. Eisenberg (Volume Editor), Handbook of child psychology, 5th ed. Vol. III. Social, emotional, and personality development (pp. 619-700). New York: Wiley.

Rubin, K.H. & Clark, M.L. (1983). Preschool teachers' ratings of behavioral problems: Observational, sociometric, and social-cognitive correlates. Journal of Abnormal Child Psychology, 11, 273–286.

Rubin, K.H. & Rose-Krasnor, L. (1992). Interpersonal problem solving. In V.B. Van Hassett & M. Hersen (Eds.), Handbook of social development (pp. 283-323). New York: Plenum.

Saarni, C. (1999). The development of emotional competence. New York: Guilford.

Scheithauer, H. (2003). Aggressives Verhalten von Jungen und Mädchen. Göttingen: Hogrefe.

Scheithauer, H. (2005). Lästern, soziale Manipulation, Gerüchte verbreiten, Ausschließen - (geschlechtsspezifische) Formen aggressiven Verhaltens? In I. Seiffge-Krenke (Hrsg.), Aggressionsentwicklung zwischen Normalität und Pathologie (S. 66-87). Göttingen: Vandenhoeck & Ruprecht.

Scheithauer, H., Al-Wiswasi, S. & Petermann, F. (im Druck). Aggressive Verhaltensstörungen als prädisponierende Faktoren für Störungen durch Substanzkonsum. In M. Klein (Hrsg.), Handbuch Kinder und Suchtgefahren. Stuttgart: Schattauer.

Scheithauer, H., Barquero, B., Mayer, H., Heim, P., Meir-Brenner, S., Koglin, U., Petermann, F. & Erhardt, H. (2004a). Papilio: Konzept und erste Ergebnisse eines universellen Präventionsprogramms gegen Sucht und Gewalt. Vortrag auf dem „44. Kongress der Deutschen Gesellschaft für Psychologie" in Göttingen, 26.-30. September 2004.

Scheithauer, H., Barquero, B., Mayer, H., Heim, P., Meir-Brenner, S., Koglin, U., Petermann, F. & Erhardt, H. (2004b). Papilio – Programm zur entwicklungsorientierten Prävention von Verhaltensproblemen und zur Förderung sozial-emotionaler Kompetenzen im Kindergarten. Poster auf dem „IX. Workshop Aggression" in Bern, 5.-6. November 2004.

Scheithauer, H., Barquero, B., Mayer, H., Heim, P., Meir-Brenner, S. & Erhardt, H. (2005a). Papilio. Wirksamkeit eines Präventionsprogramms zur Vorbeugung von Verhaltensproblemen von Kindergartenkindern und zur Förderung sozial-emotionaler Kompetenzen. Vortrag auf der 17. Tagung der Fachgruppe Entwicklungspsychologie in Bochum, 14.-16. September 2005.

Scheithauer, H., Hayer, T. & Petermann, F. (2003). Bullying unter Schülern. Erscheinungsformen, Risikobedingungen und Interventionskonzepte. Göttingen: Hogrefe.

Scheithauer, H., Bondü, R. & Mayer, H. (2007). Förderung sozial-emotionaler Kompetenzen im Vorschulalter im Präventionsprogramm Papilio®. Ergebnisse der Augsburger Längsschnittstudie zur Evaluation des primärpräventiven Programms Papilio® (ALEPP). In T. Malti & S. Perren (Hrsg.). Entwicklung und Förderung sozialer Kompetenzen in Kindheit und Adoleszenz. Kohlhammer Verlag (im Druck).

Scheithauer, H., Bondü, R., Niebank, K. & Mayer, H. (2007). Prävention von Verhaltensproblemen und Förderung prosozialen Verhaltens bei Hoch- und Niedrig-Risikokindern im Kindergarten: Erste Ergebnisse der Augsburger Längsschnittstudie zur Evaluation des Programms Papilio® (ALEPP). Zeitschrift für Rechtspsychologie (im Druck).

Scheithauer, H., Mayer, H., Barquero, B., Heim, P., Koglin, U., Meir-Brenner, S., Mehren, F., Niebank, K., Petermann, F. & Erhardt, H. (2005). Entwicklungsorientierte Primärprävention von Verhaltensproblemen und Förderung sozial-emotionaler Kompetenz im Kindergarten: Papilio – Vorstellung der Programmkonzeption. In A. Ittel & M. von Salisch (Hrsg.), Lästern, Lügen, Leiden lassen – Aggressionen in Kindheit und Jugend. Stuttgart: Kohlhammer.

Scheithauer, H., Mayer, H., Barquero, B., Heim, P., Meir-Brenner, S., Brandes, M. & Erhardt, H. (2005b). Papilio: Programm zur entwicklungsorientierten Primärprävention von Verhaltensproblemen und zur Förderung sozial-emotionaler Kompetenzen im Kindergarten. Wirksamkeit in Abhängigkeit von ErzieherInnenvariablen und Implementierungsqualität: Ergebnisse der Prozessevaluation. Vortrag auf der 10. Tagung der Fachgruppe Pädagogische Psychologie der Deutschen Gesellschaft für Psychologie in Halle, 26.-28. September 2005.

Scheithauer, H., Mehren, F. & Petermann, F. (2003). Entwicklungsorientierte Prävention von aggressiv-dissozialem Verhalten und Substanzmissbrauch. Kindheit und Entwicklung, 12, 84-99.

Scheithauer, H., Niebank, K. & Gottlieb, G. (2007). To see an elephant: Developmental Science. European Journal of Developmental Science, 1, 6-22.

Scheithauer, H., Niebank, K. & Petermann, F. (2000). Biopsychosoziale Risiken in der frühkindlichen Entwicklung: Das Risiko- und Schutzfaktorenkonzept aus entwicklungspsychopathologischer Sicht. In F. Petermann, K. Niebank & H. Scheithauer (Hrsg.), Risiken in der frühkindlichen Entwicklung. Entwicklungspsychopathologie der ersten Lebensjahre (S. 65-97). Göttingen: Hogrefe.

Scheithauer, H. & Petermann, F. (1999). Zur Wirkungsweise von Risiko- und Schutzfaktoren in der Entwicklung von Kindern und Jugendlichen. Kindheit und Entwicklung, 8, 3-14.

Scheithauer, H. & Petermann, F. (2000). Frühinterventionen und -präventionen im Säuglings-, Kleinkind- und frühen Kindesalter. In F. Petermann, K. Niebank & H. Scheithauer (Hrsg.), Risiken in der frühkindlichen Entwicklung. Entwicklungspsychopathologie der ersten Lebensjahre (S. 331-356). Göttingen: Hogrefe.

Scheithauer, H. & Petermann, F. (2002). Aggression. In F. Petermann (Hrsg.), Lehrbuch der Klinischen Kinderpsychologie und –psychotherapie, 5. korrigierte Auflage (S. 187-226). Göttingen: Hogrefe.

Scheithauer, H. & Petermann, F. (2003). Wirksame und effektive psychotherapeutische Interventionen im Kindesalter. In F. Petermann (Hrsg.), Kinderverhaltentherapie (2., völlig veränd. Aufl.). Baltmannsweiler: Schneider.

Scheithauer, H. & Petermann, F. (2004). Aggressiv-dissoziales Verhalten im Kindes- und Jugendalter. In F. Petermann, K. Niebank & H. Scheithauer, Entwicklungswissenschaft. Entwicklungspsychologie - Genetik -Neuropsychologie (S. 367-410). Berlin: Springer.

Scheithauer, H. & Petermann, F. (2005). Versorgungsstrukturen bei Jugendlichen mit aggressiv-dissozialem Verhalten. In R. Frank (Hrsg.). Rehabilitation von Jugendlichen mit neuropsychiatrischen Erkrankungen (S. 65-91). Freiburg i. Br.: Lambertus.

Scheithauer, H., Petermann, F., Meyer, G. & Hayer, T. (2005). Entwicklungsorientierte Prävention von Substanzmissbrauch und problematischem Spielverhalten im Kindes- und Jugendalter. In R. Schwarzer (Hrsg.), Enzyklopädie der Psychologie. Themenbereich C: Theorie und Forschung. Serie X: Gesundheitspsychologie. Band 1: Gesundheitspsychologie (S. 503-523). Göttingen: Hogrefe.

Scheithauer, H., Petermann, F. & Niebank, K. (2002). Frühkindliche Risiko- und Schutzbedingungen: Der Familiäre Kontext aus entwicklungspsychopathologischer Sicht. In Rollett, B. & Werneck, H. (Hrsg.), Klinische Entwicklungspsychologie der Familie (S. 69-97). Göttingen: Hogrefe.

Schick, A. & Cierpka, M. (2004). Evaluation des Faustlos-Curriculums (Januar 2003 – Oktober 2004). Stuttgart: Schriftreihe der Landesstiftung Baden-Württemberg; 7.

Schmidt-Grunert, M. (2002). Soziale Arbeit mit Gruppen – Eine Einführung. 2. veränd. Aufl. 2002. Freiburg i. Br.: Lambertus.

Schmitt-Rodermund, E. (1999). Entwicklungsorientierte Prävention am Beispiel des Drogengebrauchs im Jugendalter. In R. Oerter, C. von Hagen, G. Röper & G. Noam (Hrsg.), Klinische Entwicklungspsychologie (S. 421-436). Weinheim: Psychologie Verlags Union.

Schneewind, J. (2003). Die Welt erschließt sich auch über Gefühle – Zur Entwicklung emotionaler Kompetenzen im Kindergarten. In S. Weber (Hrsg.), Die Bildungsbereiche im Kindergarten. Basiswissen für Ausbildung und Praxis (S. 30-50). Freiburg i. Br.: Herder.

Schulz von Thun, F. (2004). Miteinander reden, Band 1, Störungen und Klärungen. Reinbek: Rororo.

Schwartz, C.E., Snidman, N. & Kagan, J. (1999). Adolescent social anxiety as an outcome of inhibited temperament in childhood. Journal of the American Academy of Child and Adolescent Psychiatry, 38, 1008-1015.

Schwarzer, R. & Jerusalem, M. (Hrsg.). (1999). Skalen zur Erfassung von Lehrer- und Schülermerkmalen. Dokumentation der psychometrischen Verfahren im Rahmen der wissenschaftlichen Begleitung des Modellversuchs Selbstwirksame Schulen. Berlin: Freie Universität Berlin.

Schweinhart, L.J., Barnes, H.V. & Weikart, D.P. (1993). Significant benefits: The High/Scope Perry Preschool Study through age 27. Monographs of the High/ Scope Educational Research Foundation, Nr. 10. Ypsilanti: High/Scope Press.

Schweinhart, L.J. & Weikart, D.P. (1997). Lasting differences: The High/Scope Preschool Curriculum Comparison Study through age 23. Monographs of the High/Scope Educational Research Foundation, Nr. 12. Ypsilanti: High/Scope Press.

Sebanc, A.M. (2003). The Friendship Features of Preschool Children: Links with Prosocial Behavior and Aggression. Social Development, 12, 249-268.

Selg, H., Mees, U. & Berg, D. (1997). Psychologie der Aggressivität, 2., überarb. Aufl. Göttingen: Hogrefe.

Shields, A., Dickstein, S., Seifer, R., Giusti, L., Magee, K.D. & Spritz, B. (2001). Emotional competence and early school adjustment: A study of preschoolers at risk. Early Education & Development, 12, 73–96.

Spiess, C.K., Büchel, F. & Wagner, G.G. (2003). Children's school placement in Germany : Does Kindergarten attendance matter? Early Childhood Research Quarterly, 18, 255-270.

Sroufe, L.A., Schork, E., Motti, F., Lawroski, N. & LaFreniere, P. (1984). The role of affect in social competence. In C.E. Izard, J. Kagan& R.B. Zajonc (Eds.), Emotions, cognition, and behavior (pp. 289–319). Cambridge: Cambridge University Press.

Stansbury, K. & Zimmermann, L.K. (1999). Relations among child language skills, maternal socializations of emotion, and child behaviour problems. Child Psychiatry and Human Development, 30, 121-142.

Teschner, A. (2004). Erzieherinnen im Kindergarten – eine empirische Untersuchung zu einem Verständnis ihrer Professionalität (Schriftreihe der Evangelischen Fachhochschule Freiburg, 27). Münster: LIT Verlag.

Textor, M.R. (2000). Der entwicklungsgemäße Ansatz. In W.E. Fthenakis & M.R. Textor (Hrsg.). Pädagogische Ansätze im Kindergarten (S. 234-248). Weinheim: Beltz.

Textor, M.R. (2005). Elternarbeit im Kindergarten. Ziele, Formen, Methoden. Norderstedt: BoD.

Textor, M.R. & Blank, B. (2004). Elternmitarbeit: Auf dem Wege zur Bildungs- und Erziehungspartnerschaft. Verfügbar unter: http://www.arbeitsministerium.bayern.de/kinderbetreuung/tageseinrichtungen/elternmitarbeit.pdf [02.07.2007].

Tramontana, M.G., Hooper, S.R. & Selzer, S.C. (1988). Research on the preschool prediction of later academic achievement: A Review. Developmental Review, 8, 89-146.

Tremblay, R.E. (2000). The development of aggressive behaviour during childhood: What have we learned in the past century? International Journal of Behavioural Development, 24, 129-141.

Tremblay, R.E., Masse, B., Perron, D., LeBlanc, M., Schwartzman, A.E. & Ledingham, J.E. (1992). Early disruptive behavior, poor school achievement, delinquent behavior, and delinquent personality: Longitudinal analyses. Journal of Consulting and Clinical Psychology, 60, 64-72.

Tremblay, R.E., Pagani-Kurtz, L., Masse, L.C., Vitaro, F. & Pihl, R.O. (1995). A bimodal preventive intervention for disruptive kindergarten boys: Its impact through mid-adolescence. Journal of Consulting and Clinical Psychology, 63, 560-568.

Vallance, D. & Wintre, M.G. (1997). Discourse processes underlying social competence in children with language learning disabilities. Development and Psychopathology, 9, 95-108.

Velting, O.N. & Whitehurst, G.J. (1997). Inattention–hyperactivity and reading achievement in children from low-income families: A longitudinal model. Journal of Abnormal Child Psychology, 25, 321-331.

von Salisch, M. (2002). (Hrsg.). Emotionale Kompetenz entwickeln. Grundlagen in Kindheit und Jugend. Stuttgart: Kohlhammer.

Wanke, K. & Täschner, K.-L. (1985). Rauschmittel. Drogen - Medikamente - Alkohol. Stuttgart: Enke.

Weber, S. (2003). (Hrsg.). Die Bildungsbereiche im Kindergarten. Basiswissen für Ausbildung und Praxis. Freiburg: Herder.

Webster-Stratton, C. & Hammond, M. (1998). Conduct problems and level of social competence in Head Start children: Prevalence, pervasiveness and associated risk factors. Clinical Child Psychology and Family Psychology Review, 1, 101-124.

Webster-Stratton, C., Reid, J. & Hammond, M. (2001). Social skills and problem-solving training for children with early-onset conduct problems: Who benefits? Journal of Child Psychology and Psychiatry, 42, 943-952.

Webster-Stratton, C. & Taylor, T. (2001). Nipping early risk factors in the bud: Preventing substance abuse, delinquency, and violence in adolescence through interventions targeted at young children (0-8 years). Prevention Science, 2, 165-192.

Wentzel, K.R. (1991). Relations between social competence and academic achievement in early adolescence. Child Development, 62, 1066-1078.

Werner, E.E. (1996). How children become resilient: Observations and cautions. Resiliency in Action, 1, 18-28.

Wetzels, P., Enzmann, D., Mecklenburg, E. & Pfeiffer, C. (1999): Gewalt im Leben Münchener Jugendlicher. Abschlußbericht über die Ergebnisse einer repräsentativen Dunkelfeldbefragung von Schülern der 9. Jahrgangsstufe und des Berufsvorbereitungsjahres, Hannover: KFN.

White, H.R., Bates, M.E. & Labouvie, E. (1998). Adult outcomes of adolescent drug use: A comparison of process-oriented and incremental analyses, in: R. Jessor (Ed.), New Perspectives on Adolescent Risk Behavior (pp. 150-181). Cambridge: Cambridge University Press.

WHO (1993). Internationale Klassifikation psychischer Störungen. ICD-10, Kapitel V (F). Klinisch diagnostische Leitlinien, 2. Aufl. Bern: Huber

Whitehurst, G.J. & Lonigan, C.J. (1998). Child development and emergent literacy. Child Development, 69, 848-872.

Williams, S. & McGee, R. (1994). Reading attainment and juvenile delinquency. Journal of Child Psychology and Psychiatry, 35, 441-461.

Windle, M. (1995). An alcohol involvement typology for adolescents: Convergent validity and longitudinal stability. Journal of Studies on Alcohol, 57, 627-637.

Wittmann, W.W. & Matt, G.E. (1986). Meta-Analyse als integration von Forschungsergebnissen am Beispiel deutschsprachiger Arbeiten zur Effektivität von Psychotherapie. Psychologische Rundschau, 37, 20-40.

Wittchen, H.-U., Höfler, M., Perkonigg, A., Sonntag, H. & Lieb, R. (1998). Wie stabil sind Drogenkonsum und das Auftreten klinisch-diagnostisch relevanter Missbrauchs- und Abhängigkeitsstadien bei Jugendlichen? Kindheit und Entwicklung, 7, 188-198.

Wittchen, H.-U., Lieb, R. & Perkonigg, A. (1999). Early developmental stages of substance abuse and dependence. Bibliotheca Psychiatrica, 168, 7-22.

Wolff Metternich, T. & Döpfner, M. (2000). Oppositionelle Verhaltensstörungen im Vorschulalter. Kindheit und Entwicklung, 9, 30-37.

Yoshikawa, H. (1994). Prevention as cumulative protection: Effects of early family support and education on chronic delinquency and its risks. Psychological Bulletin, 115, 28–54.

Zahn-Waxler, C., Radke-Yarrow, M., Wagner, E. & Chapman, M. (1992). Development of concern for others. Developmental Psychology, 1, 126-136.

Zentner, M.R. (2000). Das Temperament als Risikofaktor in der frühkindlichen Entwicklung. In F. Petermann & K. Niebank & H. Scheithauer (Eds.), Risiken der frühkindlichen Entwicklung. Entwicklungspsychopathologie der ersten Lebensjahre (pp. 257-281). Göttingen: Hogrefe.

Zhou, Q., Eisenberg, N., Losoya, S.H., Fabes, R.A., Reiser, M., Guthrie, I.K., Murphy, B.C., Cumberland, A.J. & Shepard, S.A. (2002). The relations of parental warmth and positive expressiveness to children's empathy-related responding and social functioning: A longitudinal study. Child Development, 73, 893-915.

Zimmer, R. (2002) Gesundheitsförderung im Kindergarten. Bundesgesundheitsblatt – Gesundheitsforschung – Gesundheitsschutz, 45, 964-969.

Zimmerman, M. & Arunkumar, R. (1994). Resiliency research: Implications for schools and policy. Social Policy Report: Society for Research in Child Development, 8, 1-17.

Das Autorenteam

Heidrun Mayer, geb. 1960
Dipl.-Sozialpädagogin (FH), Projekt- und Studienleitung Papilio

Mehrjährige Berufserfahrung als Erzieherin im Elementar- und Jugendhilfebereich, Studium zur Dipl.-Sozialpädagogin (FH) an der Kath. Stiftungsfachhochschule in München, Mitarbeit in der Kindergartenfachberatung, NLP-Master, Rhetoriktrainerin, Fortbildung in Themenzentrierter Interaktion, langjährige Lehrtätigkeit an der Fachakademie für Sozialpädagogik mit Schwerpunkt Elementar- und Hortpädagogik, Kommunikation, Praxisbetreuung und -beratung.

Anschrift:
beta Institut für sozialmedizinische Forschung und Entwicklung gGmbH
Kobelweg 95, 86156 Augsburg
E-Mail: heidrun.mayer@beta-institut.de

Petra Heim, geb. 1961
Dipl.-Sozialpädagogin (FH), Implementierung von Papilio in Kindergärten

Studium zur Dipl.-Sozialpädagogin (FH), Familientherapieausbildung, Berufserfahrung im Krippen-, Elementar- und Jugendhilfebereich sowie in der Freizeitpädagogik. Lehrtätigkeit an der Fachakademie für Sozialpädagogik mit Schwerpunkt Sozialpädagogisches Seminar und Praxisbetreuung.

Anschrift:
beta Institut für sozialmedizinische Forschung und Entwicklung gGmbH
Kobelweg 95, 86156 Augsburg
E-Mail: petra.heim@beta-institut.de

Prof. Dr. Herbert Scheithauer, geb. 1970
Dipl.-Psychologe

Studium der Psychologie und Promotion, Mitarbeiter im Zentrum für klinische Psychologie der Universität Bremen, derzeit Juniorprofessur für Pädagogische Psychologe und Entwicklungspsychologie an der Freien Universität Berlin, Erfahrungen in verschiedenen Präventions- und Forschungsprojekten, zahlreiche Publikationen und Lehrveranstaltungen im Bereich der Klinischen Kinderpsychologie, Pädagogischen und Entwicklungspsychologie, praktische Erfahrungen bei der Umsetzung von Präventionsmaßnahmen in Schulklassen für den Kinderschutzbund in Bremen, einjährige Tätigkeit als Betreuer in einer Eltern-Kind-Gruppe.

Anschrift:
Freie Universität Berlin
Fachbereich Erziehungswissenschaft und Psychologie – Wissenschaftsbereich Psychologie – Arbeitsbereich Entwicklungswissenschaft und Angewandte Entwicklungspsychologie
Habelschwerdter Allee 45, 14195 Berlin
E-Mail: hscheit@zedat.fu-berlin.de